普通高等学校
体育教育专业主干课教材

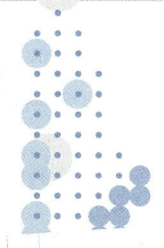

体操

4 第四版

张涵劲　主编

中国教育出版传媒集团
高等教育出版社·北京

内容提要

　　本书是普通高等学校体育教育专业主干课教材,是根据《普通高等学校本科专业类教学质量国家标准》中提出的"培养学生掌握体操教学、训练和竞赛的理论与方法,强化专业技能"的总体要求,在第三版教材的基础上修订而成。

　　全书共分9章,包括体操概述、体操术语、基础类体操、体操保护与帮助、体操技术动作教学、技术类体操项目、实用类体操、体操体能训练、体操比赛的组织与欣赏。

　　本书为新形态教材,通过二维码链接技术动作视频及拓展内容等,方便体操课程的教与学。本书既可供普通高等学校体育教育专业学生使用,也适合社会体育指导与管理、休闲体育等其他体育类专业的学生学习。

图书在版编目（CIP）数据

体操 / 张涵劲主编. -- 4版. -- 北京 : 高等教育出版社, 2025.8. -- ISBN 978-7-04-064877-5

Ⅰ. G83

中国国家版本馆CIP数据核字第2025J1X968号

Ticao

策划编辑　汪　鹂	责任编辑　汪　鹂	封面设计　张申申		版式设计　徐艳妮
责任绘图　马天驰	责任校对　刁丽丽	责任印制　高　峰		

出版发行	高等教育出版社	网　　址	http://www.hep.edu.cn
社　　址	北京市西城区德外大街4号		http://www.hep.com.cn
邮政编码	100120	网上订购	http://www.hepmall.com.cn
印　　刷	北京顶佳世纪印刷有限公司		http://www.hepmall.com
开　　本	787mm×1092mm　1/16		http://www.hepmall.cn
印　　张	23	版　　次	2005年7月第1版
字　　数	460千字		2025年8月第4版
购书热线	010-58581118	印　　次	2025年8月第1次印刷
咨询电话	400-810-0598	定　　价	48.00元

本书如有缺页、倒页、脱页等质量问题,请到所购图书销售部门联系调换

版权所有　侵权必究

物料号　64877-00

编　委　会

主　编：张涵劲（福建师范大学）

副主编：许文鑫（福建师范大学）

　　　　蔺新茂（淮阴师范学院）

　　　　关朝阳（海南师范大学）

　　　　谭长青（扬州大学）

　　　　张　繁（北京师范大学）

参编者（以姓氏笔画为序）：

　　　　王海云（广州商学院）

　　　　龙建新（宜春学院）

　　　　史海现（洛阳师范学院）

　　　　匡梨飞（湖南师范大学）

　　　　朱昌义（福建师范大学）

　　　　刘建生（福建师范大学）

　　　　陈　晶（南京师范大学）

　　　　周红妹（福建师范大学）

　　　　戴立平（福州职业技术学院）

前　言

　　党的二十大报告指出："加强教材建设和管理。"加快建设高质量教材体系与全面提高人才自主培养质量是当前教育改革和发展的重要方向。本教材深入贯彻党的二十大、全国教育大会精神，立足守正创新，遵循普通高校体育教育专业人才培养的规律和特点，在保留几十年来《体操》教材经典内容的基础上，汲取了教育学、艺术学等领域的研究成果，按照原创性教材建设要求，结合体操课程教学实际，在体操育人价值、体操教学内容、体操欣赏，以及预防损伤的医疗体操与康复处方等方面有所突破与创新。本教材具有以下特点：

　　一是强化育人功能。新增了我国竞技体操比赛取得的最新成绩、以中国竞技体操运动员姓名命名的动作等内容，以激发学生爱国情感；在队列队形比赛欣赏中融入秩序美感理论，提升学生的审美素养；在体操保护与帮助教学中提升学生的保护帮助意识和能力，培养学生团结互助、责任担当的精神；通过引导学生克服体操学习的害怕心理，培养学生勇敢坚毅的意志品质。

　　二是拓展教学内容。在第三版教材的内容基础上，为满足体育专业人才培养以及社会发展的需求，拓展了专门器械体操、排舞、跑酷、医疗保健体操等内容。

　　三是顺应时代需求。紧扣"健康中国"战略，坚持以人民为中心，增加体操体能训练、预防损伤的医疗体操与康复处方等章节内容，满足体操为社会服务的需求。

　　四是夯实基础教学。针对中小学体育课体操教学现状，基于全体学生的学习需求，补充了技巧、跳跃、双杠、单杠和技巧造型等技术类基础动作教学规格，包含两个层面的参照标准：一是教师示范的高规格标准；二是针对中小学体育教学中大部分学生能够达到的基本动作规格标准。

　　五是开发数字化资源。通过拍摄相关技术动作视频、精选拓展阅读内容等，以二维码的呈现方式，方便教师的教与学生的学。

　　本教材编写分工如下：第一章，张涵劲、关朝阳、许文鑫、周红妹；第二章，张繁、刘建生；第三章，关朝阳、许文鑫、周红妹；第四章，蔺新茂、匡梨飞；第五章，许文鑫、谭长青；第六章，谭长青、朱昌义、史海现、王海云；第七章，谭长青、刘建生、戴立平；第八章，张繁、蔺新茂、史海现；第九章，张涵劲、龙建新、陈晶、许文鑫；附录1、附录2，张繁、刘建生。全书最后由张涵劲统稿。

本教材的插图和技术动作视频由福建师范大学、淮阴师范学院、福州职业技术学院组织教师与学生拍摄。本教材的修订得到了福建师范大学、淮阴师范学院的大力支持，也得到了高等教育出版社的悉心指导，在此一并表示衷心的感谢。

由于编写人员水平有限，书中不足之处在所难免，敬请广大读者批评指正。

编者

2025 年 3 月

目 录

第一章　体操概述

内容提要

本章主要介绍体操的概念、内容、分类与体操课程内容类别、特点等，并介绍了我国体操和世界体操的发展概况。

学习目标

1. 了解体操的概念、内容和分类。
2. 知晓体操三个层面的不同内涵。
3. 理解体操的特点及课程内容类别的设定。
4. 从我国体操运动发展轨迹与发展成就出发，触发学生爱国情感，激发勇于拼搏的精神。

第一节　体操的概念

一、体操概念的发展

体操的英语单词 gymnastics 于 16 世纪 70 年代开始使用，其主要来源于拉丁语 gymnasticus（与体操或体育锻炼有关的），希腊语 gymnastikos（偏好或擅长身体锻炼）、gymnazein（进行锻炼或训练）。古希腊人将锻炼中的各项走、跑、跳、攀登、爬越、舞蹈、军事游戏的内容统称为体操，体操是当时所有运动的总称。这一概念沿用了较长时间。19 世纪，欧美各国相继涌现了一些新的运动项目，并建立起"体育是以身体活动为手段的教育"这一新概念。从 19 世纪末到 20 世纪初，随着体育运动的发展，一些生理学家、医学家和体育学家对体育运动的本质和价值做了深入的研究及科学分类，"体育"一词才逐步取代原来的体操概念成为身体运动的总称，体操也是从这一时期开始在内容、方法上区别于其他的身体运动形式，并成为一种独立的运动形式和形成现代体操的概念。

随着社会的不断发展，体操的内涵在不断变化，其特征表现也越来越趋向两极分化，一类沿着竞技体操的方向发展，另一类朝着以增强体质为目的的各种非竞技性体操的方向发展。在提高运动技术水平、创造优异成绩、为国争光的任务中，我国的竞技体操多年来一直处于国际体坛领先地位，并多次在世界体操大赛中获得优异成绩，是我国奥运争光计划的一个优势项目。然而，在深入推进全民健身计划过程中，体操的功效和作用却没有得到充分体现，20 世纪 50 年代在学校和厂矿企业掀起的全国体操锻炼热潮已不复存在，体操在当前的学校体育教育中被严重曲解，有人甚至认为体操是危险的项目，部分学校甚至拆除了单杠和双杠等器械，体育教学大纲和教材中的体操内容几乎成了摆设。产生这些现象的原因主要是由于对体操的概念和内涵理解不清。

现代体操的概念是指通过徒手、持轻器械或在器械上完成不同类型与难度的单个动作、组合动作或成套动作，充分挖掘人的潜能，表现人的控制能力，并具有一定艺术要求的体育项目。它是学好其他运动项目的基础，对人的发展、综合素质的提高具有明显的作用与功效。

二、对体操内涵的理解

对体操内涵的理解包括三个层面：

第一，竞技层面上的体操，即竞技体操。竞技体操源于生活，高于生活，是竞技文化的一种表现形式；竞技体操动作复杂，技术含量高，且一套动作的编排变化无穷，运动员在完成动作的过程中体现了运用技能的高超水准；竞技体操动作惊险，有极强的感官刺激，观看竞技体操比赛或表演，不仅能给人带来赏心悦目的感受，而且能激发人们勇于拼搏的激情与斗志。因此，竞技体操是大众欣赏体育表演的一个重要选择。体操作为奥运会的正式比赛项目，是我国奥运争光计划的优势项目。多年来，我国的竞技体操一直在国际体坛处于领先地位，形成了国家集训队、省市体操队和地区不同形式的业余体操相互衔接的三级训练网。

第二，基础层面上的体操，指队列队形、徒手体操、轻器械体操、利用器械的体操、简化了的竞技体操，以及与生活相关的实用体操、医疗保健体操等。长期以来，学校的体操课程因过多地选择竞技体操的内容，导致体操课程脱离了学生健身锻炼与生活的实际，忽视了体操的综合功能，削弱了体操对人的发展作用，这并不是体操内容本身的缺陷，而是人为因素所致。因此，必须进一步加强对体操内涵的全面理解，以达到体操在体育教育中应有的效果。我国高校体育教育专业中体操课程、教学大纲和教材内容基本上按照学科体系的规律安排，这一层面的体操在学校教育中具有独特的价值，尤其是体操课程中动作变化形式独特、艺术表现力强、自我保护能力的培养等方面是其他学校体育课程所无法替代的。目前，体操课程改革正随着时代发展的方向，从教育、文化、健身等多元层面确立体操在学校教育中的地位，更强调生活化、实用化。这就要求学校体操教学的内容突破传统意义上的以竞技体操内容为主的形式，使新的教学内容体系重新回归到适合学生实际情况和实现体操教学目标的层面上来。

第三，拓展层面上的体操，即类别体操，包括技巧运动、艺术体操、健美操、蹦床、啦啦操、跑酷、排舞等运动项目。类别体操中的许多运动项目原本属于体操的范畴，尽管这些项目逐渐发展为独立的运动项目，但仍属于体操的派生项目，它们在运动形式、竞赛特征等方面与体操有着不可分割的、千丝万缕的关系。

第二节　体操的内容

体操从最早作为体育的代名词发展到今天，其内容也随着社会的发展而不断变化。18 世纪前，体操是走、跑、跳、投掷、攀登、摔跤、舞蹈、骑马、军事游戏等各种活动的总称。18 世纪末到 19 世纪中叶，德国体操体系和瑞典体操体系先后形成，20 世纪初又形成了丹麦体操体系。在此基础上，体操逐步发展成为相对独立的内容体系。根据体操练习的特征及其对人体的主要作用，目前体操的内容主要包括以下几个方面：

一、队列队形

队列队形练习分为队列练习和队形练习两部分。队列练习有原地队列动作和行进间队列动作。队形练习包括图形行进、队形变换、散开和靠拢等。队列队形是体育教学、军事训练、团体操训练和表演的主要内容和必要形式，也是日常活动中必不可少的组织手段和方法。通过队列队形练习，可以形成正确的身体姿势，养成动作迅速、准确、协调一致和令行禁止的优良作风，培养严格的组织纪律性和集体主义精神。准确地指挥队列队形也是体育教师必备的专业技能。

二、徒手体操

徒手体操是根据人体各部位的特点，由举、绕、绕环、屈、伸、振、摆、踢、蹲、转、跳等一系列徒手动作，以不同的方向、路线、幅度、频率和节奏，按照一定的编排所组成的身体练习，包括单人动作、双人动作和集体动作。它是体操中最基本的练习，动作简单，不受场地和器械条件的限制，易于普及，具有广泛的群众性，如广播体操和生产操等。经常做操可使头颈、四肢和躯干灵活，动作协调，对增强神经系统机能、促进血液循环、加速新陈代谢、消除疲劳、预防疾病、振奋精神等都有积极作用。

三、轻器械体操

轻器械体操是在徒手体操的基础上，通过手持哑铃、实心球、体操棍、跳绳、火棒、沙袋等轻器械所进行的身体练习。在练习中，可以充分利用各种轻器械的特点，增加趣味性和娱乐性。轻器械体操是各级各类学校体操教学与训练的重要内容，也是大众健身体操活动中富有观赏性的练习形式。

四、技巧运动

技巧运动是融翻跟头、造型、舞蹈、音乐于一体的竞技体育项目。技巧运动中的滚动、滚翻、手翻、空翻、平衡、倒立等练习对提高人体前庭器的功能有特殊作用，能发展力量、速度、灵敏、协调等身体素质，也是各项器械体操的基本练习和其他项目的辅助练习内容。

五、器械体操与专门器械体操

器械体操通常指单杠、双杠、吊环、鞍马、平衡木、高低杠等竞技体操器械项目。专门器械体操借助肋木、云梯、体操凳、爬绳（杆）以及各种专门练习器等进行练习，其目的在于增强练习者体质，助力健身塑形，同时帮助练习者掌握实用技能。通过器械体操与专门器械体操练习，可以有效地提高身体的灵活性，全面发展力量、灵敏、柔韧等身体素质，培养勇敢果断、不畏困难的意志品质。

六、跳跃

跳跃包括一般跳跃和支撑跳跃。一般跳跃是以脚用力跳起腾空的动作，如跳上跳下器械、交换腿跳、跳起转体、兔跳、跨跳、结环跳、鹿跳等。支撑跳跃是指以脚起跳后，再以两手推撑器械使身体腾空并越过器械的练习。它是竞技体操项目之一。通过跳跃练习，可以发展腿部、上肢和肩带肌群的力量，培养克服障碍、树立信心及勇敢顽强的意志品质。

七、自由体操

自由体操主要由徒手动作、翻腾动作、跳跃动作、静止用力动作、柔韧动作以及倒立、平衡等编排的成套动作。女子自由体操还包括波浪和舞蹈等动作，并伴有音乐伴奏。自由体操是发展柔韧、灵敏、协调、力量等身体素质，培养正确的身体姿势、节奏感、表现能力和提高艺术修养的有效手段。

八、健美操

健美操包括大众健美操和竞技健美操。健美操是融体操、舞蹈、音乐于一体，通过徒手和使用健身器械进行的健身和竞赛项目。健美操的音乐具有韵律美和节奏感，旋律明快的音乐能使人活泼轻快、精神愉悦，产生跃跃欲试的感觉，在欢快的音乐氛围中进行锻炼，可以使人消除疲劳、增强体质、改善体形与体态，达到健身、健心的目的。

九、艺术体操

艺术体操是在音乐伴奏下以徒手或持轻器械进行的身体练习，是女子特有的、符合女子生理和心理特点的艺术性较强的竞技运动项目。艺术体操的成套动作主要由走、跑、跳、转体、波浪、绕环、平衡、抛接器械和舞蹈动作组成。通过艺术体操练习，可以发展柔韧、协调、灵敏等身体素质，锻炼体魄，培养节奏感，提高音乐素养和表现力。

十、蹦床运动

蹦床运动是一项利用弹网的反弹力来表现练习者空中技巧的竞技项目。蹦床运动是竞技运动项目之一，也是体操、跳水等运动的辅助性训练手段。通过蹦床练习，可以发展弹跳力和灵敏性，训练身体的控制能力，有效地锻炼前庭器的功能，培养勇敢无畏的拼搏精神。

十一、啦啦操

啦啦操是在音乐或口号的衬托下，借助标语、道具等表达手段，以徒手或手持轻器械的技巧动作或舞蹈动作为基本载体，以团队表演为主要呈现形式，通过展示各种具有强烈鼓动性、感染性的身体动作，体现团队意识与集体主义精神，反映朝气蓬勃的精神面貌，集竞技性、观赏性与表演性于一体的一项运动项目。啦啦操运动起源于美国，至今已有 100 多年的历史。啦啦操是追求团队荣誉、倡导奉献精神的体育运动，不仅能塑造练习者积极向上的意志品质，同时还能培养其团结协作、健康向上的精神。

十二、排舞

排舞是一种融合多种舞蹈元素的舞蹈形式，属于全球化健身运动类别的一个分支，已经逐渐成为一种全球性的健身运动。排舞形式多样，丰富多彩，具有多样性、规范性、适应性、互动性和健身性等特点，既可以集体共舞，又可以个人独舞。排舞有益于身心健康，具有塑造健美体形、缓解压力、陶冶情操、增强社交互动能力等作用。

十三、跑酷

跑酷是以日常生活环境（多为城市）为运动场所，将各种日常设施当作障碍物或辅助物，依靠自身的体能，快速、有效地在其间做各种跑、跳、翻越、翻腾等动作的竞技运动。通过跑酷练习，不仅可以发展敏捷性和灵巧性、训练体能，而且可以使人在火灾、地震、紧急突发事件等危险中逃脱危险的概率大大增加。

十四、实用体操

实用体操是指根据生产、劳动和军事等的实际需要而选用的身体操练。主要内容包括攀登、爬越、搬运、工间操等。其主要功能是学习和掌握一定的实用技能，为生产、劳动和军事服务，并能增强体质，磨炼意志。

十五、医疗保健体操

医疗保健体操是指根据伤病或保健的需要，配合各种医疗措施选用徒手或各种特殊器械（保健球、波速球、抗阻弹力带、泡沫轴等）进行的身体练习。医疗保健体操练习的主要功能是使身体局部或整体功能得到改善，辅助治疗运动创伤，从而达到预防伤病、促进康复的效果。

第三节　体操的分类与体操课程内容类别的设定

一、体操的分类

体操有着丰富的内涵，按照逻辑学原理和体操项目的特征及规律对体操进行分类，对指导体操理论与实践具有现实意义。18世纪末，近代体育的倡导者——德国体育的先驱古茨穆茨最早对体操进行分类。此后，各国的体操大都在此基础上结合本国的特点进行分类。目前体操的分类主要有以下两种：

第一，根据练习形式的不同，可以将体操分为徒手体操、轻器械体操、器械体操及专门器械体操四类。

第二，根据体操的目的与任务，可以将体操分为基本体操、竞技性体操、实用类体操和表演体操四类。

（一）基本体操

以增强体质、促进身体全面发展、培养人体基本活动能力及提高基本运动技能为目的的体操练习都属于基本体操的范畴。基本体操包括队列队形、徒手体操、轻器械体操、器械体操的简易练习，以及专门器械体操、健身健美操和生活技能体操等，是各级各类学校体操教学内容的重要组成部分。

（二）竞技性体操

竞技性体操指所有以竞赛争胜为目的的体操，包括竞技体操、艺术体操、技巧运动、蹦床运动、竞技健美操等。

1. 竞技体操

竞技体操是国际竞赛项目之一。男子竞技体操有6项，即自由体操、鞍马、吊环、跳马、双杠和单杠；女子竞技体操有4项，即跳马、高低杠、平衡木和自由体操。世界大型竞技体操赛事有奥运会体操比赛和世界体操锦标赛。奥运会体操比赛有4种形式，即资格赛、团体决赛、个人全能决赛和个人单项决赛，4种比赛都进行自选动作的比赛。世界体操锦标赛比赛的形式不固定，奥运周期隔年设团体赛，但无论选择哪几种比赛形式，都进行自选动作比赛。

2. 艺术体操

艺术体操是纯女子比赛项目，1984年首次进入奥运会。国际体操联合会艺术体操技术委员会所规定的正式比赛器械有绳、圈、球、棒、带等，每届世界艺术体操锦标赛使用的器械都有具体规定。艺术体操比赛项目分为团体赛和个人赛。团体赛又分为集体全能赛和单项赛，各项比赛均进行自选动作的比赛。艺术体操大型的赛事有奥运会艺术体操比赛和世界艺术体操锦标赛。

3. 技巧运动

技巧运动的比赛内容从垫上运动发展而来。直至20世纪50年代，才成为独立的比赛项目。技巧比赛设有男子双人、女子双人、混合双人、女子三人、男子四人共5个项目。在国内外大型赛事中，有团体赛、全能赛和单套赛三种形式，且只进行自选动作的比赛。技巧比赛根据动作难度、编排、完成情况、总印象和完成动作的时间5个因素进行评分。大众性的技巧比赛，可从实际出发，根据参加者的实际水平和技术情况确定项目和内容。

4. 蹦床运动

1965年，国际蹦床联合会获得国际体操联合会的正式认可，蹦床正式成为一项国际比赛项目。蹦床比赛设有三个项目，即蹦床网上、单跳和双蹦床，分别进行个人和团体比赛。世界蹦床锦标赛设男子双人同步、女子双人同步、男子单跳个人、女子单跳个人、男子双人小蹦床、女子双人小蹦床等项目。1997年，国际奥委会决定将蹦床列入奥运会项目，在2000年悉尼奥运会上，蹦床网上男、女个人项目成为奥运会正式比赛项目。大型蹦床赛事有奥运会蹦床比赛和世界蹦床锦标赛。

5. 竞技健美操

竞技健美操是在广泛开展的大众健美操基础上形成的竞技项目，要求在音乐的伴奏下，通过难度动作的完美呈现，展示运动员连续表演复杂和高强度动作的能力。竞技健美操必须通过所有动作、音乐和表现的完美融合体现创造性。目前大型的赛事主要是世界健美操锦标赛和健美操世界杯赛。竞赛项目包括男子单人、女子单人、混合双人、三人项目（性别不限）和集体项目（性别不限，通常由5名运动员组成）。1983年，世界健美操联合会（IAF）举办了首届健美操国际比赛。

（三）实用类体操

实用类体操包括实用体操、医疗保健体操等。通过实用类体操练习，不仅可以锻炼身体、增强体质，还可以培养人们生存所需的各项基本技能，具备一定的预防与康复运动损伤的基本能力。

（四）表演体操

体操是一项健、力、美的运动项目，它不但具有健身强体和美育的功能，还富有表演的功能，它可以和各种表演艺术融合出现在各种大型集会和文艺舞台上。表演性体操主要包括团体操和舞台体操。

1. 团体操

团体操是以体操内容为主体的大型表演项目，它是国内外大型运动会开幕式上必不可少的精彩节目。在我国，团体操的盛行程度极高，无论全国性的重大体育盛会，还是地方性的大型运动会，都要准备一场精彩的团体操表演。不仅如此，一些大型庆典活动和学校的运动会也都要举行团体操表演。

2. 舞台体操

体操与文艺节目合台表演，已有相当一段历史了。20 世纪 80 年代以来，健美操、艺术体操、啦啦操等已成为各种文艺汇演的精彩节目，技巧和一些器械体操表演也开始登上舞台，为舞台表演增添了色彩。

二、体操课程内容类别的设定

体操课程内容类别的设定必须依据学校体育教育和大众健身体操的需要，并根据体操自身的特点，在学校体育中能较好地贯彻落实立德树人根本任务和"健康第一"的教育理念，充分体现体操的价值，重在发挥其教育、健身、提高生活技能、为人的发展服务等功效来设定体操课程内容。据此，将体操分为以下三类：

（一）基础类体操

内容有队列队形、徒手体操、轻器械体操等。该类内容是进一步学习体操的基础。

（二）实用类体操

内容有专门器械体操（如肋木、云梯、爬杆等）和实用体操的走、跑、跳、平衡、投掷、爬行、搬运、攀登与爬越，以及防治损伤和促进健康的医疗保健体操等。该类内容重在体现生存和生活需要。

（三）技术类体操

内容有简化了的技巧、支撑跳跃、双杠、单杠等项目。该类内容能够充分激发学生兴趣，提高学生在体操运动方面的能力，满足学生多样化的发展需求。

第四节　体操的特点

一、具有广泛的群众性

体操包括徒手体操、轻器械体操等 15 个方面的内容，不同的人群可以根据年龄、性别、职业、身体条件、训练水平以及不同的设备条件，因人、因时、因地制宜地从中选择适合自己的项目和动作进行练习，达到增强体质、促进健康和提高运动技术水平的目的。中小学体育教师组织的大课间活动，大部分是体操内容；面向全国健身爱好者推广的大众健身操、健身舞、排舞等成为大众体育中最受欢迎的健身项目之一。

二、能全面而有针对性地锻炼身体

体操的内容丰富，可以徒手练习、手持轻器械练习和在器械上练习。完成动作的形式灵活多样，可以倒立、转体、屈伸、支撑、悬垂、滚翻和翻腾等。合理地选择锻炼项目和内容并坚持锻炼，能全面增强人体运动系统、神经系统和内脏器官的功能，促进人体的全面发展。同时，还可以有针对性地锻炼身体的某些部位或发展某种身体素质，如肩关节的灵活性、腿的柔韧性、腰腹部的力量等，达到提高身体素质的目的。

三、广泛运用保护与帮助

保护与帮助不仅是一项安全措施，而且是体操教学与训练中特有的教学手段。对一些难度较大的或技术较复杂的动作内容，采用保护与帮助，既可以预防伤害事故的发生，也能加速建立正确的动作技术概念，相互间的保护与帮助还能培养练习者团结互助的良好作风。保护与帮助也是各级学校体育教师必备的教学技能之一。

四、具有较强的艺术性

体操内容丰富，每项内容都有其独特的美感、形态与特征。总体而言，体操练习不仅要求所做的技术动作准确到位，而且要根据完成动作过程的技术质量和身体姿态来评定成绩。因此，在体操教学与训练中，无论是单个动作还是成套动作，都要求协调、准确、优美、舒展地完成。广播体操、健美操、啦啦操、健身舞、排舞、女子自由体操等都是在音乐的伴奏下进行，将音乐融于动作之中，来展现动作美、形体美、音乐美、服饰美和精神风貌美，充分体现了体操运动健、力、美的艺术魅力。

五、持续不断的创新性

创新是体操的生命，没有创新就没有发展，也就没有竞争力。实践证明，在竞技体操技术的发展中，一名优秀运动员除了具备超群的身体素质和心理素质，还必须在动作难度、连接、编排和风格等方面有所创新，这样才能获得比赛的胜利。同样，在其他类体操的创编中，也要求根据不同的目的任务，有创造性地选编动作，推陈出新，做到新颖而不落俗套，使动作常做常新。此外，数字化技术的迅猛发展，体操与人工智能深度融合，为体操领域带来革命性创新。AI技术凭借对体操技术动作精准度和表现力的优化，为教练员提供了丰富教学工具。与此同时，信息化平台借助数据驱动精准管理，不仅可提升训练效果，还可降低伤病风险。因此，不断创新是推动体操运动持续发展的灵魂所在。

第五节 体操发展概况

一、我国体操的发展概况

在我国，体操有着悠久的历史，我国体操的发展可以分为古代体操的发展和近、现代体操的发展。

（一）古代体操的发展

远古时期，人们为了生存，必须与自然作艰巨的斗争，在打猎、捕鱼、采集野果等劳动中，提高了走、跑、攀登、爬越、跳跃等生活技能，这些可以看作古代体操的萌芽。大量的文物和史料也记载了古代体操的产生和发展历程。

我国古代体操总体可以归纳为两大类：

第一类，强筋骨、防疾病的医疗体操。古代中国虽无"体操"一词，却有类似体操的"养生""导引""八段锦""十二段锦"和"易筋经"等健身活动，展现出浓郁的文化性和养生健体的特色。

第二类，古代歌舞、戏剧、杂技和流传于民间的技巧运动。例如，在出土的西汉乐舞杂技陶俑中，有手倒立、后手翻、桥和空翻等动作。

（二）近、现代体操的发展

1. 体操在群众体育中的发展

1840 年鸦片战争以后，西方的器械体操陆续传入我国，体操被运用到军事训练、学校教育、日常锻炼等活动中。首先传入我国的是德式体操的兵操和器械体操，随着洋务运动的开展与对日派出留学生的增多，继之而来的是日本化的德国和瑞典体操的传入。而伴随着青年会活动的开展，美国式的德国和瑞典体操也在我国传播。1908年，上海成立了第一所体操学校，体育课教学内容主要有徒手体操、轻器械体操、器械体操和垫上运动。同时，我国关于体操运动的译著和专著也相继问世。由于政治、经济条件的限制，以及内战、抗日战争的影响，中华人民共和国成立前体操运动的发展十分缓慢，只有一些徒手体操、垫上运动、项目不全的器械体操和简易的器械体操在学校和社会上流传。

中华人民共和国成立后，体操得到蓬勃发展。1951 年 11 月 24 日，国家体委公布了第一套成人广播体操。1954 年 3 月 1 日，中央人民政府政务院发出《关于在政府机关中开展工间操和其它体育运动的通知》。1954 年、1955 年先后公布了第一套少年和儿童广播体操。70 多年来，我国已经推广 28 套适合各种不同人群锻炼的广播体操，广播体操的发展极大地推动了学校体育和群众体育的发展，对增强人民体质、促进身心健康和丰富人民文化生活具有深远的意义。此外，体育工作者还深入现场，根据不同工种的劳动特点，创编和推行了各种生产操，如钢铁工人操、纺织女工操、煤矿工人操等，对促进职工健康、提高生产效率起到了良好作用。1954 年，在全国普遍推行了《"准备劳动与卫国"体育制度暂行条例》(简称《劳卫制》),对学校开展体操活动起到了推动作用。1979 年,教育部和国家体委联合发布了《高等学校体育工作暂行规定》和《中小学体育工作暂行规定》,成为学校体育工作的指导性文件,促进了体操在学校体育中的开展。1995 年,随着《全民健身计划纲要》的出台,许多健身、健心、健美、娱乐身心、陶冶情操的体操内容成为群众健身的手段,如基本体操中的广播体操、轻器械体操、医疗康复体操和简易的单杠、双杠、吊环、平衡木、鞍马训练器、肋木架、仰卧起坐平台等器械体操,已成为全民健身的主要内容。

同时为了开展"阳光体育"活动,在青少年中普及体操运动,2022 年国家体育总局发布的《中国体操项目等级规定动作及评分标准(2022 年版)》,将体操项目划分为从入门到精英 12 个等级,推动了体操项目的规范化和标准化发展。2024 年由国家市场监督管理总局和国家标准化管理委员会共同发布了《体操课程学生运动能力测评规范》。该测评规范规定了在体操课程中学生运动能力等级划分与达标要求,描述了各等级测评方法,为测评提供了明确的指导。该测评规范对于促进体操课程教学的规范化、助力学生全面发展、推动体操运动的普及与发展具有积极作用。适用于小学、初中、高中、大学各学段学生体操运动能力的测评。

2. 体操在竞技体育中的发展

在大众健身体操、普及性体操蓬勃开展的同时,竞技体操的技术和运动成绩也不断提高,逐渐成为我国竞技体育的优势项目,为我国的竞技体育事业赢得了荣誉。

1953 年,在北京举办了第一次全国田径、体操、自行车运动会,参加竞技体操比赛的运动员共计 67 人,其中男运动员 40 人,女运动员 27 人,比赛规模小,项目不全,技术处于发展之中。同年 9 月,苏联国家体操队来华访问表演,带来了当时竞技体操的新技术,这为我国竞技体操的发展打下了基础。从 1955 年开始,我国的竞技体操进入了快速发展期,每年都会举办全国性的比赛,运动员人数迅速增加,技术水平不断提高。1956 年是我国竞技体操发展史上十分重要的一年,主要有三个标志性的事件:一是中国体操协会成立;二是加入了国际体操联合会;三是颁布了竞技体操运动员技术等级制度。1956 年在天津举行的全国体操冠军赛上,通过了第一批运动健将等级标准(其中男、女运动员各 8 名),并培养了一批裁判员和教练员,为后来竞技体操的发展和走向世界奠定了基础。

1958 年,我国运动员首次参加世界大型体操比赛,在第 14 届世界体操锦标赛上,男队获得团体第 11 名,女队获得团体第 7 名。1962 年,在第 15 届世界体操锦标赛上,男队跃居团体第 4 名,女队获得团体第 6 名,于烈峰夺得男子鞍马第 3 名,国际体操赛场上第一次升起五星红旗,标志着我国竞技体操进入世界水平。

1964 年,由于国际体操联合会的原因,我国退出国际体操组织。1978 年,重新恢复我国在国际体操联合会的合法地位。

1979 年，在第 20 届世界体操锦标赛上，我国运动员重新站在国际体操赛场上，男队获得团体第 5 名，女队获得团体第 4 名，马燕红一鸣惊人，夺得女子高低杠冠军，中华人民共和国国歌第一次在国际体操赛场上奏响，写下了中国竞技体操历史的新篇章。

20 世纪 80 年代，我国的竞技体操历经几代体操工作者的努力拼搏，终于跨进世界竞技体操强国的行列。获得 13 个世界体操锦标赛冠军、6 个奥运会体操冠军和 10 个世界杯赛体操冠军（其中一个并列）。1982 年，李宁在第 6 届世界杯体操赛上一人夺得全能和 5 个单项冠军，开创竞技体操史上在一届比赛中个人夺取金牌数最多的纪录。1983 年，在第 22 届世界体操锦标赛上，我国国家男子体操队首次战胜强大的苏联队，荣登世界体操团体冠军的领奖台。

20 世纪 90 年代，在体操赛制、规则等发生重大变化的情况下，我国竞技体操运动员奋力拼搏，再创辉煌，先后获得 10 个世界锦标赛冠军、3 个奥运会冠军、2 个世界杯赛冠军、5 个世界杯总决赛冠军和 2 个世界杯单项赛冠军。男子体操队异军突起，先后夺得 1995 年世界锦标赛、1997 年世界锦标赛、1998 年世界杯总决赛、1999 年世界锦标赛男子团体冠军，展示出雄厚的整体实力。

进入 21 世纪，我国竞技体操持续稳定地保持在世界领先水平。在 2000 年悉尼奥运会上，男队首次获得奥运会团体冠军。在 2006 年世界体操锦标赛上，女队首次获得团体冠军。在 2008 年奥运会上，男队、女队双双获得奥运会团体冠军，并一举夺得 9 枚金牌，写下我国竞技体操运动新的辉煌。2012 年伦敦奥运会上，男队团体成功卫冕。截至 2024 年 8 月，我国竞技体操运动员在世界锦标赛上共获得了 92 枚金牌，在奥运会比赛中共获得了 24 枚金牌。

从体操发展的历程可以看出，我国竞技体操走过了一条坎坷的发展之路，在起点低、基础差的条件下起步，经过几代人的努力，训练水平与技术水平由低到高，进步速度由慢到快，运动成绩由差到好，发展成为举世公认的竞技体操强国，拥有了一批以我国运动员名字命名的动作，为世界体操的发展作出了贡献。

二、世界体操发展概况

18 世纪，在德国体操之祖古兹穆茨的倡导下开始了体操运动。他在 1793 年出版了《青年体操》一书，到 18 世纪末、19 世纪初，德国体操之父弗里德里希·路德维希·杨在古兹穆茨建立的体操体系基础上，创建了以器械练习和军事游戏为基础的民族体操体系，后被称为杨氏体操或德国体操。他在继承和发展原有的吊环、鞍马、单杠运动的基础上，开创了双杠、吊绳、吊杆等项目，改革了木马、跳箱、跳跃器等器械，并于 1816 年出版了《德国体操》一书。

19 世纪初叶，在德国体操之后产生了瑞典体操。瑞典体操的创始人比尔·亨利克·林认为，体操的唯一任务是保健和富国强兵。他将体操分为教育体操、医疗体操、健美（艺术）体操。另外，他还发明了不少实用器械，如体操凳、体操梯、垂直绳、水平绳、斜绳、木马、平衡木等，进一步丰富了体操的内容。瑞典体操体系完整且深入地研究了体操的基础理论，使体操的发展建立在人体解剖学、生理学及卫生学的基础上，并沿着科学化的方向发展。瑞典注重在各级学校推广体操运动。瑞典体操在近代世界体育运动发展史上占有重要地位，为体操的发展打下了基础。

体操运动发展到现代奥林匹克时期，终于展露出现代体操的雏形。在 1896 年首届现代奥运会上，就设有男子体操比赛项目。1903 年，第 1 届世界体操锦标赛在比利时举行，参加的国家只有 4 个（比利时、法国、卢森堡和荷兰）。当时的运动员不但要参加单杠、双杠、吊环等项目的比赛，还要进行游泳、赛跑、跳远、跳高等项目的较量。另外，还会参加一些非正式的比赛，如爬绳和类似于艺术体操的棒操。比赛的场地不是在体育馆内，而是在田径场地，器械项目都安排在跑道内的空场地上进行。1905 年，第 2 届世界体操锦标赛时，爬绳等项目仍旧保留，而现代体操不可缺少的吊环却被取消了。1909 年，吊环又被重新列为比赛项目。世界体操锦标赛中的游泳项目直到 1922 年才被废除。1946 年，国际体操联合会技术委员会的成员国 Pierre Hentges（卢森堡）和 Claude Lapalu（法国）提出由包括裁判长在内的 5 人裁判组及有效分概念的提案，并于 1949 年正式出版了第一部国际体操比赛的评分规则。现代竞技体操的发展大体上可以分为以下几个阶段：

20 世纪 50 年代以前，现代竞技体操处于形成和起步阶段。比赛项目较多，内容不固定，技术水平较低、不够普及。体操运动开展得较好的国家有捷克、法国、意大利等。

20 世纪 50 年代，竞技体操比赛内容得以固定，竞赛规则逐渐完善，难度动作被合理分类，促进了体操技术的发展。在第 15 届奥运会上，苏联队以其高质量和优美熟练的成套动作，夺得男女团体冠军，竞技体操开始步入苏联时代。

1960 年，在第 17 届奥运会上，日本男子体操队以高质量的规定动作和高难创新动作，战胜苏联队，并从此称雄世界体坛 18 年。1968 年，国际男子竞技体操评分规则增加了在决赛中采用"熟练性、惊险性、独特性"的三性加分因素，为竞技体操技术的发展注入了新的活力。

20 世纪 70 年代是竞技体操技术新的发展时期。以日本著名运动员家原光男首创的单杠"旋"空翻下为先导，以美国运动员托马斯完成的鞍马"分腿波浪式全旋"为推动，世界体操进入了全面创新阶段。1976 年，罗马尼亚 14 岁的科马内齐传奇般地在比赛中获得 7 次满分，一举夺得第 21 届奥运会女子体操比赛全能、高低杠、平衡木三项冠军，开创了女子体操年轻化的新纪元，运动员的"早期专项化"训练新理念也随之得到世界各国的普遍重视，使得新、难动作不断涌现，成套动作的技术规格、质量和编排达到了较高的水平。

20世纪80年代，国际体操联合会对团体比赛的形式、个人全能和个人单项决赛的计分方法作了修改，并在规则难度表中增加了"D"组难度动作，使得拥有高难动作成为运动员取胜的法宝，高难创新动作层出不穷。在1981年、1983年的第21届、22届世界体操锦标赛上，苏联体操队19岁的科罗廖夫和17岁的比洛泽尔采夫先后获得男子全能冠军，为男子运动员的"年轻化"开辟了新路径。女运动员在保持女子技术特点的基础上，技术动作出现男子化趋势。

20世纪90年代，国际竞技体操规则取消了规定动作，先后增加了"E"组和"SE"组难度动作，使得成套动作难度越来越大。1997—2000年规则实行"难度裁判组"和"完成情况裁判组"共同评定成套动作，力求公平、公正、准确地对运动员的动作进行评价。随着竞技体操比赛的复杂化、体操运动员的年轻化、体操训练的科学化以及规则的不断变化，竞技体操运动取得了突破性进展。

进入21世纪，国际竞技体操评分规则经过多次修订，男女运动员的动作发展至"J"组，如男子自由体操屈体后空翻3周（纳戈尔内），女子自由体操团身后空翻2周转体1080°（拜尔斯2）；团体赛先后采用6-3-3制、5-3-3制，使得团体夺冠变得更加激烈，团体冠军的争夺已经由2~3个国家间的竞争发展为5~6个国家间的竞争，呈现群雄并起的局面。单项冠军的争夺也由原来的几个国家发展到十几个国家，由几个国家垄断国际竞技体操比赛金牌的局面已经不复存在。

三、国内外竞技体操大型赛事简介

（一）国内竞技体操比赛简介

1. 全国运动会竞技体操比赛

中华人民共和国全国运动会简称"全运会"，是我国国内水平最高、规模最大的综合性运动会。全运会每4年举办1次，一般在奥运会结束后一年举行。截至2024年，全运会共举办了14届。竞技体操均被列为比赛项目。

2. 全国竞技体操锦标赛

全国竞技体操锦标赛始于1957年，是全国性的重要竞技体操赛事。除了三年困难时期和"文化大革命"期间中断了9次，全国竞技体操锦标赛一般每年举办一次。

（二）国外竞技体操的大型赛事简介

1. 奥运会体操比赛

1896 年，国际体操联合会成立。同年，在希腊举行的第 1 届现代奥运会上，举办了首届奥运会体操比赛，但只有男子比赛，以后每隔 4 年举行一届。由于第一次世界大战和第二次世界大战的原因，第 6、12、13 届（1916 年、1940 年、1944 年）奥运会体操比赛未能举办，至今已举办了 33 届。1928 年，奥运会增设了女子体操比赛。在 1936 年和 1952 年奥运会上，分别确定了男子竞技体操比赛项目为 6 项、女子竞技体操比赛项目为 4 项，并沿用至今。

2. 世界体操锦标赛

世界体操锦标赛是国际体操联合会组织的规模最大的世界性体操比赛，首届世界体操锦标赛于 1903 年进行，每两年举行一次，从 1922 年的第 7 届开始，改为每 4 年举行一次，由于第一次世界大战和第二次世界大战的原因，其间中断过两届。1978 年第 19 届世界体操锦标赛后，又改为每两年举行一次。为了保证世界体操锦标赛与奥运会不在同一年进行比赛，时隔一年，1979 年举行了第 20 届世界体操锦标赛。1992 年，国际体操联合会将世界体操锦标赛改设为团体赛和单项赛两种形式。我国分别于 1999 年在天津和 2014 年在广西南宁承办了世界体操锦标赛。

3. 世界杯体操赛

世界杯体操赛开始于 1975 年，到 1990 年为止，共举行了 8 届。世界杯体操赛对参赛运动员的资格作了规定，参赛选手必须是上一届世界体操锦标赛上获得全能前 18 名和各单项前 6 名的选手，且只进行自选动作的比赛。因此，世界杯体操赛是世界优秀体操运动员之间的比赛。至 1991 年，世界杯体操赛形式被更改，目前世界杯体操赛以国际体联系列分站赛的形式出现，年终对男子 6 项、女子 4 项进行单项总积分排名。

（三）国际大众健身体操

与世界性竞技体操的蓬勃开展相比，国际大众健身体操（world gymnaestrada）活动的开展相对较晚，世界大众体操节是当今世界最典型的大众体操活动。

大众体操源于欧洲，属于非竞技体操。1949 年，在国际体操联合会的全体会议上，荷兰代表提出建议：希望国际体操联合会组织世界大众体操节的活动。这一建议于 1950 年被国际体操联合会全体代表大会通过，取名为 gymnaestrada（译为团体操，通常被人们称为大众体操节或体操大汇演）。此后，大众体操被纳入国际体操联合会官方活动的议事日程，每 4 年举行一次活动。首届世界大众体操节活动于 1953

年在荷兰的鹿特丹举行，截至 2023 年已经举行了 17 届，历届世界大众体操节的基本情况如表 1-5-1 所示。据报道，从 8 岁儿童到 80 岁的老年人都参与世界大众体操节活动。从表 1-5-1 可看出，从第 1 届参与活动人数 5 000 人，到近几届万余人参加；从第 1 届 14 个国家参加，到第 16 届 65 个国家参加，体现出国际奥委会和联合国教科文组织倡导的"体育面向所有人"的精神。在第 13 届世界体操节上，中国香港首次派出 40 名表演成员参加三项室内表演和一项街头表演。

表 1-5-1　历届世界大众体操节的基本情况

届 次	举办时间 / 年	举办城市	举办国家	参加单位数量 / 个	参演人数 / 人
1	1953	鹿特丹	荷兰	14	5 000
2	1957	萨格勒布	南斯拉夫	16	6 000
3	1961	斯图加特	德国	16	10 000
4	1965	维也纳	奥地利	28	25 000
5	1969	巴塞尔	瑞士	29	9 000
6	1975	柏林	德国	23	10 000
7	1982	苏黎世	瑞士	23	14 000
8	1987	赫尔宁	丹麦	25	17 000
9	1991	阿姆斯特丹	荷兰	29	19 000
10	1995	柏林	德国	35	19 000
11	1999	哥德堡	瑞典	39	31 000
12	2003	里斯本	葡萄牙	50	25 000
13	2007	多伯恩	奥地利	49	22 000
14	2011	洛桑	瑞士	55	19 000
15	2015	赫尔辛基	芬兰	60	25 000
16	2019	多恩比恩	奥地利	65	25 000
17	2023	阿姆斯特丹	荷兰	56	19 000

　　大众体操活动通常以集体表演的方式进行，它是融体操、艺术体操、技巧、健美操、蹦床运动、杂技、舞蹈及各种文体活动形式于一体的综合性盛会，可以徒手练习，也可以持轻器械练习，还可以在器械上练习。1984 年，国际体操联合会正式设立了大众体操技术委员会，对大众体操活动的普及与推广起到了促进作用。

大众体操以健身、休闲娱乐为主要目的，旨在增进健康、提高个人身体素质，其内容丰富、形式多样，动作可易、可难、可简、可繁，不受年龄、性别、职业和水平的限制（包括伤残人士在内），是一项适合任何个体的体操活动。

思考与实践

❶ 基于对体操概念的理解，以及体操内容丰富多元的特性，试分析体操课程内容应如何设定更加合理？

❷ 体操具有哪些特点？

❸ 中华人民共和国成立后，大众健身体操、普及性体操、竞技体操分别取得了哪些标志性的成果？

❹ 结合我国体操运动取得的伟大成就，围绕体操课程学习的经历，谈谈自己对于勇于拼搏这一精神的理解。

第二章 体操术语

内容提要

    本章主要阐述体操术语的概念、意义和分类，介绍体操的基本术语，以及常用的器械体操和技巧、队列队形和徒手体操术语及其实际应用。

学习目标

1. 知晓运用体操术语的要求。
2. 了解体操术语的构成。
3. 熟练掌握已学体操技术类动作术语、队列队形和徒手体操动作术语。
4. 运用体操术语工具，学会体操术语记写。

第一节　体操术语的概念与分类

一、体操术语的概念、意义、要求

（一）概念

术语是指各领域各学科中的专门用语。体操术语是体操理论和技术等方面的专门用语。其文字简练，且含有特定的信息，是传播交流体操信息不可缺少的工具。

（二）意义

正确地运用体操术语不仅有利于体操教学训练的顺利进行，而且对于体操运动的普及和提高、体操科学研究、体操理论的规范和发展等方面都有着重要意义。

（三）要求

体操术语不是对体操动作过程的"描绘"，而是确切说明和界定动作结构特点的词语。准确运用体操术语的基本要求是：正确，即要确切地说明动作的性质和形式；简明，即语言要精练；易懂，即要使人容易理解，不产生歧义。

二、体操术语的分类

目前，体操术语主要分为结构术语和命名术语两种类型（图2-1-1）。

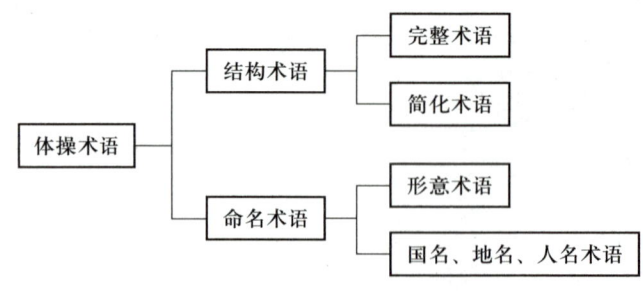

» **图 2-1-1　体操术语类型**

（一）结构术语

结构术语是指描述动作形式及其本质特征的专门用语。这一类术语称为标准性或规范性术语，是体操术语运用的主流。由于结构术语中有些动作文字描述较长，为了方便教学训练，在实践中常使用简化后的结构术语。结构术语分为以下两种：

1. 完整术语

完整术语是指结构完整、书写规范的用语。完整术语是典范的体操术语，它是其他术语的基础。完整术语的结构包括开始和结束姿势、动作部位、动作方向、动作形式和动作做法，如蹲撑分腿慢起头手倒立。

2. 简化术语

简化术语是指为了便于平时教学、训练而使用的将某些结构术语简化了的专门用语。随着体操技术的日益发展，这类术语也有着不断增加的趋势，其共同特点是表达方式与动作有着紧密联系，易引起动作联想，使用简单方便，如用"前团"代替团身前空翻。

（二）命名术语

命名术语是指根据动作形态或国名、地名、人名对动作进行描述的专门用语。这类动作术语的特点是便于记忆。命名术语分为以下两种：

1. 形意术语

形意术语是用形象、形意来描述体操动作的一类术语，是广大体操工作者从歌舞、戏剧、杂技中借用而来的，具有浓厚的民族传统性。这类术语由于有形象、形意等特点，简单易记，很容易被人们接受。有一部分形意术语一直在体操教学训练中得到运用，并有发展的趋势，如垛子、蛇腰、拉拉提等。

2. 国名、地名、人名术语

国名、地名、人名术语是指国际体联依照动作形式和创造该动作并在世界体操大赛中率先成功使用的国家、地区或运动员的名字命名的一类术语，如捷克腾跃、阿拉伯空翻、马燕红下等。

第二节 体操的基本术语

体操术语是随着体操技术的发展而不断丰富和完善的。体操动作很多，体操术语也很多。下面列举的基本术语是一些主要的概括性术语。

一、人体运动轴和器械轴

（一）人体运动轴

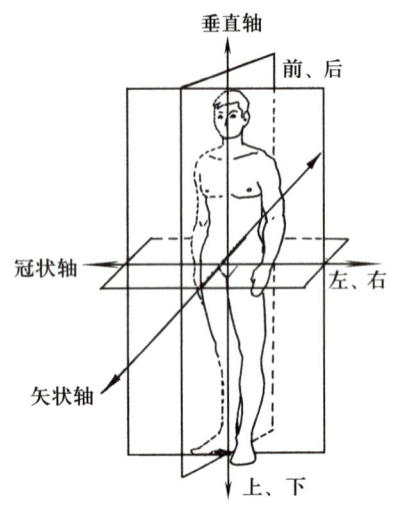

» 图 2-2-1 人体运动轴

人体运动轴是为了更好地理解人体的旋转运动而假设的三个互相垂直的基本轴（图 2-2-1）。

（1）垂直轴：通过身体重心上下的连线，也称为纵轴。人体围绕垂直轴可进行各种转体运动，如原地跳转 180°、双杠向内转体 180° 下等。

（2）冠状轴：通过身体重心左右的连线，也称为横轴。人体围绕冠状轴可进行各种前、后翻的动作，如垫上前滚翻、单杠支撑前翻下。此外，通过人体两肩的连线称为肩轴，同属冠状轴。

（3）矢状轴：通过身体重心前后的连线，也称为前后轴。人体通过矢状轴可做各种左、右翻的动作，如侧手翻、侧空翻等。

（二）器械轴

器械最长的工作部分两端的中心连线称为器械轴。例如，单杠、双杠、高低杠杠面两端的中心连线（图 2-2-2a、b）；平衡木木面两端的中心连线；吊环两握点间的假设连线（图 2-2-2c）。

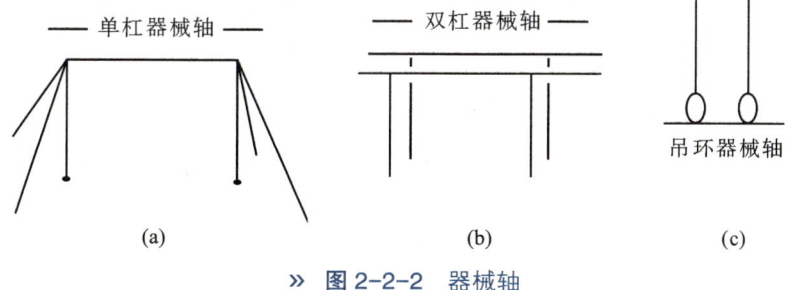

» 图 2-2-2 器械轴

二、身体部位与器械关系术语

（1）正：指肩轴与器械轴平行的关系。如前正立（"前"字可省略）、后正立、左（右）正立、内正立（图 2-2-3）。

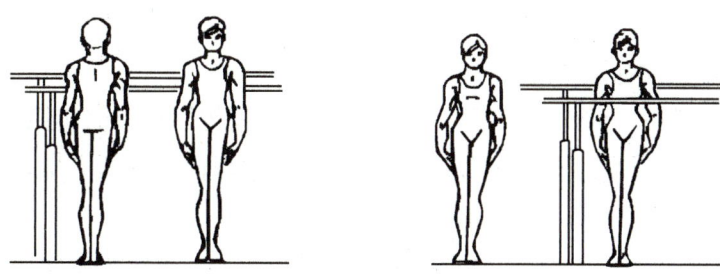

» 图 2-2-3 正

（2）侧：指肩轴与器械轴垂直的关系。如前（后）侧立（"前"字可省略）、左（右）侧立、内侧立（图 2-2-4）。

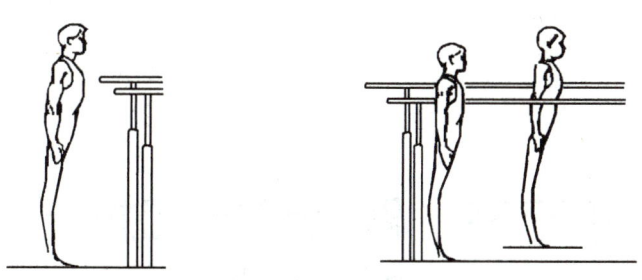

» 图 2-2-4 侧

（3）前、后：胸向器械为前，背向器械为后。但身体倒置（倒立或倒悬垂）时则相反，背部所向为前，胸部所向为后。

（4）左、右：肩侧对器械的方向。左右不是固定的，是依照人的位置来确定的。当练习者做转体 180° 以后，原来的左就变成了右。

（5）内、外：指人与双杠、高低杠之间的关系。例如，人在两杠之间称为"杠内"，在两杠之外称为"杠外"。

（6）远、近：指身体和器械的距离。例如，在与双杠成正立时，靠近身体的一杠为近杠，远离身体的一杠为远杠；在支撑跳跃时，靠近纵器械起跳点一端为近端，远离起跳点一端为远端。

（7）纵、横：人体前后轴与器械轴成平行时为纵；人体前后轴与器械轴成垂直时为横。

（8）斜：人体前后轴与器械轴约成 45° 角时为斜。

三、动作关系术语

（1）同时（一般可以省略）：单个动作中身体不同部位要在同一时间内完成或两个动作必须在同一时间内完成时用"同时"表示。例如，徒手体操左脚侧出，（同时）两臂侧举；双杠支撑前摆（同时）向外转体 90° 下。

（2）依次：在单个动作中，身体某些动作部位有先后动作时，用"依次"表示。例如，做侧手翻时，两手依次撑垫成分腿手倒立，两臂依次顶肩推垫，两脚依次落垫成分腿站立；鞍马单腿依次摆越成后撑。

（3）接：两个单个完整动作之间要求连续完成时用"接"字表示。例如，单杠支撑后回环接后倒弧形下；技巧前滚翻接头手翻。

（4）经：在完成动作过程中，途经某个方向（非最短路线）再到达某个指定位置时用"经"字表示。例如，徒手体操两臂经前至侧举。

（5）成：指动作完成后身体应处在的结束姿势。例如，单杠翻上成支撑；平衡木跳起成分腿支撑。

第三节　器械体操和技巧动作术语

一、握器械的方法

（1）正握：两臂平行，两手虎口向内握器械（图 2-3-1）。

（2）反握：两臂平行，两臂旋外，两手虎口向外握器械（图2-3-2）。

（3）正反握：一手正握，另一手反握器械（图2-3-3）。

» 图2-3-1　正握　　　　　» 图2-3-2　反握　　　　　» 图2-3-3　正反握

（4）扭臂握：两臂平行、旋内，两手虎口向外握器械（图2-3-4）。

（5）反扭握：一手反握，另一手扭臂握器械。

（6）交叉握：两臂交叉握器械。应指明是交叉正握，还是交叉反握，并指出哪一臂在上面（图2-3-5）。

（7）深握：在靠近腕关节的掌根部位握杠或握环，通常在吊环握环中使用（图2-3-6）。

» 图2-3-4　扭臂握　　　　» 图2-3-5　交叉握　　　　» 图2-3-6　深握

（8）从内握：两手从两杠的内侧握杠，手背相对（图2-3-7）。

（9）从外握：两手从两杠的外侧握杠，手掌相对（图2-3-8）。

» 图2-3-7　从内握　　　　　» 图2-3-8　从外握

（10）全握：大拇指与四指并拢的握法，通常在女子高低杠上使用，也称为合握或钩握。

（11）窄握：两手距离小于肩距的握法。

（12）宽握：两手距离明显大于肩距的握法。

二、器械体操和技巧动作术语

（一）基本动作术语

（1）悬垂：身体某部位接触器械，肩轴低于器械轴，并对器械产生拉力的姿势。分为单纯悬垂和混合悬垂。

① 单纯悬垂：只用手或身体某部位悬挂在器械上的动作，如单杠悬垂（图2-3-9）。

② 混合悬垂：除手握器械外，还有身体其他部位接触器械或地面，如单杠单挂膝悬垂（图2-3-10）。

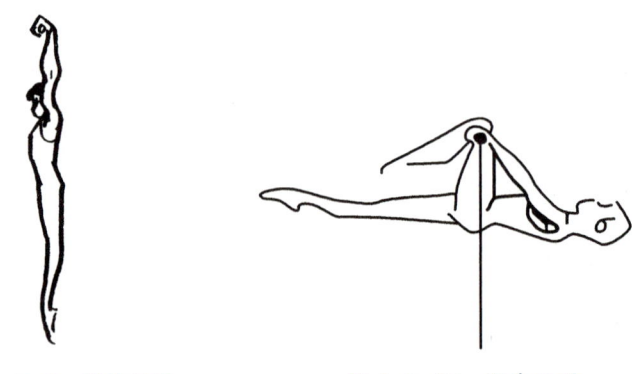

» **图 2-3-9** 单纯悬垂　　　　　» **图 2-3-10** 混合悬垂

（2）支撑：手、臂或身体某（些）部位撑于地面或器械，肩轴高于（或平于）地面或器械轴，并对支点产生压力的姿势。分为单纯支撑和混合支撑。

① 单纯支撑：只用手或身体某部位支撑在器械或地面上的动作，如双杠支撑、吊环十字支撑等。

② 混合支撑：用手与身体其他部位同时支撑在器械或地面上，如单杠支撑、双杠分腿坐撑等（图2-3-11）。

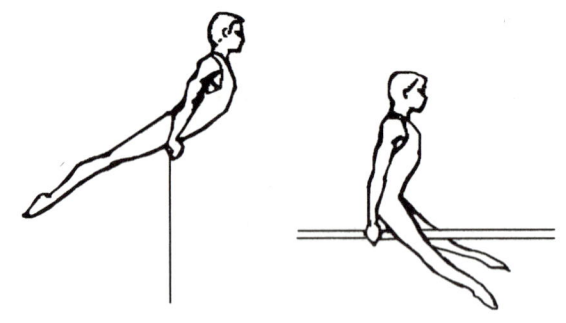

» **图 2-3-11** 混合支撑

（3）摆动：在悬垂或支撑中做向前、向后或向左右钟摆式的摆动动作，如单杠悬垂摆动、双杠支撑摆动等。

（4）摆荡：身体和器械一同摆动的动作，如吊环或吊绳上的前荡、后荡等。

（5）振浪：通过髋关节有节奏地急速屈伸（甩腿或踢腿）加速摆动的动作，又称为鞭打式摆动。

（6）弧形：由支撑或悬垂开始，通过髋关节的屈伸使身体重心沿抛物线轨迹运动的动作。例如，单杠支撑后倒弧形下、双杠弧形上成支撑等。

（7）极点：身体做某方向摆动动作达到的最高点。

（8）转体：绕身体纵轴转动的动作。

（9）回环：身体绕器械轴转动一周或一周以上的动作。例如，单杠支撑后回环、向后大回环等。

（10）腾越：整个身体腾起后从器械上越过的动作。例如，跳马分腿腾越、单杠直角腾越。

（11）摆越：腿从器械的上面或下面越过的动作。例如，单杠支撑单腿摆越成骑撑。

（12）全旋：腿做一周或一周以上的绕旋式动作。例如，鞍马单腿同侧全旋、双腿全旋、分腿全旋等。

（13）横向移位：身体横轴与器械轴平行的左、右移位动作，也称平移。例如，鞍马环上全旋平移至一手撑环，另一手撑马身。

（14）纵向移位：身体横轴与器械轴垂直的前、后移位动作，也称纵移。例如，鞍马的马乔尔纵向前移或纵向后移等。

（15）倒立：头在下，脚在上，身体与地面成垂直的一种支撑姿势。例如，手倒立（图2-3-12）、单臂倒立、头手倒立等。

» **图 2-3-12** 手倒立

（16）滚动：身体不同部位依次接触地面或器械，但不经过头部翻转的弧形动作。例如，团身滚动、挺身滚动等。

（17）滚翻：身体的不同部位依次支撑器械或地面并经过头部的翻转动作。例如，（团身）前滚翻、屈体后滚翻、双杠挂臂挺身后滚翻等。

（18）手翻：用手或头手支撑经过头部翻转的动作。例如，技巧前手翻、后手翻、侧手翻、头手翻等。

（19）空翻：身体腾空时做围绕横轴或前后轴、经过头部翻转的动作。例如，（团身）后空翻、屈体前空翻、直体分腿侧空翻等。

（20）空翻转体：把空翻和转体同时做成一个动作，以人体横轴或前后轴为轴的空翻，同时完成以人体纵轴为轴的转体，如屈体前空翻一周（同时）转体180°等。空翻两周或两周以上同时转体360°以上的动作又称为"旋"。例如，团身后空翻两周（同时）转体360°称为360°旋等。

（21）上：通过一定的方法，从地面或器械较低位置到器械较高位置的动作。包括三种形式：一是由较低悬垂升至较高悬垂，如单杠直臂悬垂引体向上至屈臂悬垂；二是由较低支撑升至较高支撑，如双杠屈体挂臂撑屈伸上成支撑；三是由悬垂升至支撑，如单杠站立悬垂翻上成支撑等。

（22）下：通过一定的方法，从器械较高位置到较低位置或地面的动作。包括三种形式：一是由较高支撑降至较低支撑，如双杠支撑后倒成屈体挂臂撑；二是由较高悬垂降至较低悬垂，如吊环前水平悬垂下落成直臂悬垂；三是由支撑降至悬垂，如单杠支撑后倒成屈体悬垂等。

（23）上法：整套动作或联合动作中第一个上器械的动作。例如，平衡木跳上成分腿支撑、单杠跑动挂膝上等。

（24）下法：整套动作或联合动作中最后一个离开器械直到地面的动作。例如，双杠支撑后摆下、单杠支撑后摆下等。

（25）转肩：以肩关节为轴做的两臂旋内或旋外的动作。例如，吊环直体前转肩。

（二）基本技术要领术语

（1）梗头：在动作完成过程中，头颈部紧张固定、正直、下颌内收的技术。例如，单杠支撑后回环的梗头技术。

（2）低头：头部以环枕关节为轴做前屈技术。在做团身等动作时，往往要求低头，如前滚翻。

（3）抬头：头部以环枕关节为轴做后屈技术。在做挺胸、身体后屈等动作时，往往采用抬头技术，例如，技巧俯平衡等。

（4）顶肩：手在支撑及推离地面或器械时，肩胛骨外展或上回旋，是用以加固、提高支撑位置及加大推撑力量的技术。例如，跳马的顶肩推手技术。

（5）推手：在支撑过程中伸前臂肌群及屈臂肌群的短发性收缩，配以顶肩做推离支点的技术。例如，技巧前手翻的推手技术等。

（6）跟肩：上体前跟，肩部向前加速移动的技术。例如，单杠骑撑前回环后半部分动作的跟肩技术。

（7）含胸：两肩和胸内收，稳定和提高身体重心的技术。例如，技巧手倒立。

（8）挺胸：肩背肌群收缩、胸廓扩展，防止身体前翻或使动作更富美感的技术。例如，技巧头手翻的挺胸展体技术。

（9）立腰：通过腰腹部肌群收缩，使脊柱充分伸直、立上体做短暂固定的紧腰技术。例如，平衡木上的各种转体动作的立腰技术。

（10）送髋：在下肢加速前摆运动过程中，骨盆后倾，使髋部向上远离支点的技术，主要用以加大动作摆幅。例如，双杠挂臂上成分腿坐的送髋技术。

（11）提臀：髋关节前屈使臀部由较低位置上至较高位置的技术。例如，双杠慢起肩倒立、技巧慢起头手倒立的提臀技术。

第四节 队列队形与徒手体操术语

一、队列队形术语

（1）列：左右排成一直线称为列。一般由右向左按高矮顺序排列。

（2）路：前后重叠成一直线称为路。一般从前到后按高矮顺序排列。

（3）横队：按"列"排成的队形称为横队。一般横队的宽度大于纵深。

（4）纵队：按"路"排成的队形称为纵队。一般纵队的纵深大于宽度。

（5）排头：位于纵队之首或横队右翼者称为排头。

（6）排尾：位于纵队最后或横队左翼者称为排尾。

（7）翼：队列的左右两端称为翼。左端为左翼，右端为右翼；多列行进变换方向时，转弯内侧一翼为轴翼，另一侧为外翼。

（8）伍：在两列或数列（路）站立时，前后（左右）排列成的学生称为伍。各伍人数相等称为满伍，人数少于列（路）数称为缺伍。

（9）间隔：学生或成队彼此之间左右的间隙称为间隔。横队之间左右间隔距离一般为一拳（约10厘米）。

（10）距离：学生或成队彼此之间前后的间隙称为距离。纵队学生之间前后距离一般为一臂长（约75厘米），队与队之间的距离约两步。

（11）基准：被指定作为看齐目标者称为基准学生。被指定作为基准者应举手示意（左臂前举上屈，握拳，拳心向右）。

（12）步幅：一步的长度（前后脚脚跟之间的距离）称为步幅。

（13）步速：每分钟所走的步数称为步速。

（14）口令：在队列队形练习中，指挥者所发出的操练指令称为口令。

二、徒手体操术语

（1）立：人体站立的姿势，例如，直立、并立、开立、点地立和起踵立等。

① 直立：两脚跟并拢，两脚尖向外自然分开，两臂自然下垂，手指伸直，身体与地面垂直的站立姿势。

② 并立：与直立相同，但两脚尖并拢。

③ 开立：两脚左右分开同肩宽的站立姿势。其他开立（如大、小、前、后开立等）应特别指明。

④ 点地立：一脚侧出，脚尖点地，重心落在另一腿上的站立姿势，如前、后点地立等。

⑤ 起踵立：两脚跟提起的站立姿势。

（2）蹲：两膝并拢同时屈膝的姿势。成蹲时，一般指两脚并拢，全脚掌着地。

① 全蹲：大腿与小腿夹角小于 45° 的蹲姿。

② 半蹲：大腿与小腿夹角约为 90° 的蹲姿。

（3）跪：膝关节与小腿前面着地，两腿并拢，上体与地面垂直的姿势。其他（如单膝跪立等）应特别指明。

（4）撑：两手支撑在地上的姿势。例如，俯撑（图2-4-1）、仰撑、侧撑、蹲撑、跪撑等。

（5）弓步：一腿向某方向迈出一大步，膝关节弯曲成 90° 左右，另一腿伸直，上体正直的姿势。例如，前弓步、侧弓步（图2-4-2）、后弓步等。做弓步时，一般为全脚掌着地。

» 图 2-4-1　俯撑　　　　　　　　　　» 图 2-4-2　弓步

（6）劈腿：两腿分开成 180° 的姿势。例如，左右劈腿、前后劈腿和半劈腿（一腿弯曲）。前后劈腿时，必须指明哪条腿在前，如右腿在前的前后劈腿（图2-4-3）。

（7）坐：坐在地上或器械上的姿势。例如，直角坐、跪坐（有单腿和双腿之分）。

（8）卧：人体在地面上躺着（或趴着）的姿势。例如，俯卧、仰卧、侧卧等。

（9）倾：身体偏离垂直面又不失去平衡的姿势。

（10）平衡：以身体某（些）环节支撑地面，保持一定时间的静止姿势。例如，单脚站立的俯平衡、侧平衡（图2-4-4）、搬腿平衡等。

» 图2-4-3　前后劈腿　　　　　　» 图2-4-4　平衡

（11）桥：身体背向地面，手和脚支撑成弓形的姿势（图2-4-5）。

（12）举：四肢移动范围不超过180°而停止在某一部位的动作。例如，前、侧、上、后、侧上、侧下、斜前上、后斜下举等。做前举、上举、后举，以及中间方向的举时，一般掌心相对；做侧举或侧下举时，一般掌心向下。

» 图2-4-5　桥

（13）绕：某关节做大于180°且小于360°以下的弧形动作。绕的方向由动作的开始姿势与身体的关系而定。绕时应指明结束姿势，例如，直立，两臂向内经上绕至侧举。

（14）绕环：身体某部位做360°或大于360°的圆形动作。绕环的方向与绕的要求相同。例如，由直立或两臂上举姿势开始，可做两臂向前、向后绕和绕环，还可做向内、向外绕和绕环；由两臂侧举姿势开始，可做两臂向下绕和绕环、向上绕和绕环。

（15）振：臂或躯干做快速用力的弹性动作。例如，两臂侧举后振。

（16）屈：关节角度缩小或弯曲的动作。例如，两臂肩侧屈、上体前屈等。

（17）伸：关节角度扩展或伸直的动作。例如，臂上伸、腿前伸等。

（18）摆：四肢做匀速较放松的挥动并还原的摆动动作。做摆时，应指出极点的方向。例如，两臂侧摆。

（19）踢：腿向各方向做加速摆动动作。例如，腿前踢等。

（20）转：全身、上体和头绕人体纵轴转动的动作。例如，上体左转。

（21）出：一脚迈出一步或半步的动作。脚向何方向做"出"时，一般两脚距离取与肩同宽，但半步或脚尖点地等应指出。例如，左脚前出，右脚尖点地。

» 图2-4-6 手臂波浪

（22）压：四肢或上体做向下加力压的动作。例如，压肩、压腿等。

（23）跳：脚蹬地使身体腾空的动作。做跳时，一般用双脚，方向朝上。例如，跳成开立、跳成并立、跳成左腿在前弓步等。

（24）波浪：身体某部分相邻的关节顺序做屈伸的动作。例如，手臂波浪（图2-4-6）、身体波浪和跪波浪等。

第五节　体操动作术语的构成与运用

一、体操动作术语的构成

按结构术语的要求，体操动作术语一般由6部分构成（表2-5-1）。

表2-5-1　体操动作术语结构分析

动作术语	动作结构					
	开始姿势	动作部位	动作方向	动作形式	动作做法	结束姿势
直立，两臂向后经上绕至前举	直立	两臂	后	直臂	绕	前举
支撑后回环	支撑	—	后	直体	回环	支撑
支撑后摆转体180°成分腿坐	支撑摆动	—	后	分腿	转体	分腿坐
蹲撑分腿慢起头手倒立	蹲撑	—	上	分腿	慢起	头手倒立

（1）开始姿势：有悬垂、支撑、直立、分腿坐、支撑摆动、蹲撑、挂臂撑等。

（2）动作部位：有头、臂、腿等部位，通常用于徒手体操术语的构成部分，器械体操和技巧动作术语一般省略。

（3）动作方向：① 基本方向：前、后、左、右、上、下；② 中间方向：常用的有前上、前下、侧上、侧下、前上外、前上内、后下外等。

（4）动作形式：有团身、屈体、直体、分腿、直臂、屈臂等。

（5）动作做法：有摆动、慢起、回环、转体、弧形、屈伸、滚翻、空翻、腾越，以及举、绕、绕环、转、踢、跳、振等。

（6）结束姿势：有直立、半蹲等。

二、体操动作的记写方法

1. 完整记写法

根据结构术语记写的要求，详细、准确地说明具体动作。一般多用于编写比赛规定动作、测验动作、等级大纲、体育锻炼标准等。例如，一套单杠动作可记写为：悬垂摆动屈伸上接后摆—支撑后回环—左（右）腿摆越成骑撑—两手换反握，骑撑前回环—右（左）腿摆越向左（右）转体 180° 成支撑—后摆转体 90° 下。

2. 缩写法

只简单记写动作的做法或动作名称。多用于编写教学大纲、教案，如动作名称简写"十字""水平"和"人名术语"。

3. 图解法

用单个或连续图说明动作。包括单线条、黑块（图 2-5-1）、轮廓等绘图方法。其特点是直观、运用方便，一般用于编写教材、教案等。

单线条图

黑块图

» **图 2-5-1** 图解法

三、徒手体操动作的记写方法

徒手体操一般采取分"节"记写，各"节"的单个动作，应写出以下内容：预备姿势、动作部位、动作方向、动作形式、动作方法、结束姿势。

1. 记写每拍动作的方法

记写的顺序一般从左至右，从下而上（腿、上体、臂、头）或下肢、上肢、上体和头部的顺序记写。在一拍动作中，各部位的动作一般是同时进行的，"同时"二字可以省略。各部位动作不是同时进行的，可按先后顺序记写。

2. 记写一节动作的方法

（1）该节动作的名称，表明由几个8拍组成（如2×8、4×8或8×8）。

（2）预备姿势，如直立。

（3）按节拍的顺序记写动作内容，说明动作方向、动作路线、动作方法，最后一拍要指明结束姿势。应注意的是：当后一拍动作按原来的路线恢复到前一拍动作的结束姿势时，可用"还原"两字代替后一拍动作的详细记写。后面若干拍与前面若干拍动作完全相同，只指出同前若干拍即可，如⑤~⑧同①~④。若是对称动作，后若干拍动作可以省略，只指出对称的部位或方向即可，如"唯两腿（臂）交换"，只是左右方向对称改变时，可写成"唯左右相反"。以"第九套广播体操第五节的体转运动"为例：

第五节　体转运动（4×8拍）

预备姿势：直立。

第1×8拍：

①左脚侧出，两臂侧举。

②上体左转，两臂屈肘，胸前击掌两次。

③上体右转，两臂侧上举，抬头。

④成直立。

⑤~⑧同①~④，唯左右相反。

第2×8拍同1×8拍，3×8拍至4×8拍同1×8拍至2×8拍。

要求：上体转时，两脚不动。

四、体操术语记写的注意事项

1. 关于可以省略的术语

能够熟练运用体操术语，达到"简练"表述术语的要求，做到该省略的术语不必表述，是运用术语的难点。所以，除经常使用术语外，可在如下几方面省略一些术语。

（1）动作基本方向可以判定身体某部位的位置，可以省略表明动作方向状态的术语。例如，做徒手体操动作时，两臂侧（平）举，意思是两臂向外侧平举，在这里"平"字可省略。动作方向由动作开始时与身体的方向来确定。例如，徒手体操动作，两臂上举时，向前—向下—向后做绕或绕环时，称为向前绕或绕环；在做摆越、腾越、全旋等动作时，其方向是由开始运动时身体与器械的方向确定的，如跳马（箱）时，身体向右方向做的斜进直角腾越，称斜进向右直角腾越；鞍马支撑时，顺时针方向做的全旋称向左全旋，后撑时顺时针做的全旋，则称向右全旋；单杠由支撑开始单腿向前摆越时，可省略"向前"两个字，因为支撑腿开始时只能向前摆越。其他情况下必须指明方向。

（2）徒手体操动作形式是常态要求的，可以省略。例如，直立，两臂向前经上（直臂）绕至侧举，"直臂"可以省略。

（3）徒手体操动作的做法是身体唯一部位做的，身体的部位可以省略。例如，（两脚）跳成开立，"两脚"可以省略。

（4）徒手体操的动作方法可以判断动作的性质及结束姿势，不必在动作方法后再说明。例如，左脚侧出（一步成开立），这里的"出"字，不会理解为二步（否则动作方法为"走"）；脚侧出后的姿势一般"成开立"，当然，如果是"小开立""大开立"则必须说明。

（5）在做一拍徒手体操动作时的"次数""周数""用力程度""动作关系术语"等，一般不表述在徒手体操动作术语中。例如，两臂侧举后振（一次）；两臂向前绕环（一周）；左腿（有力）前踢；左脚侧出，（同时）两臂上举等。

（6）某部位有明确接触另一部位的动作，该动作形式可以省略。例如，两手抱头后、两手扶膝等，不必表述（两臂侧举上屈）两手抱头后、（两臂弯曲）两手扶膝。

（7）属于体操基本姿势的术语可省略，如直臂、直腿、并腿、绷脚尖等。

（8）完成动作的速度和肌肉紧张程度与平时相同的可省略，不同的要说明。例如，技巧练习中平时做手倒立一般用蹬地摆腿做；如果要以慢速做手倒立时，必须说明其做法和形式，如直臂屈体慢起倒立。

（9）做器械体操动作时，"正"的部位在单杠、鞍马和吊环上就可省略不用，只指出"侧"的部位。但是在双杠上则可省略"侧"的部位术语。又如，在单杠、鞍马、平衡木上，"正撑""正握"等术语可以省略，只说明"后撑""反握"等术语；在双杠上可省略"侧撑""从内握"等术语，只写"从外握"术语；在记写单杠、鞍马、吊环、平衡木上的"正撑"和双杠上的"侧撑"术语时，一般都称为

"支撑"。

（10）在鞍马各个不同部位上做双腿全旋时，"腿""双腿"可省略，如环上全旋、侧撑全旋、单环全旋等。如果做单腿全旋则必须说明。

（11）做空翻和空翻转体动作时，团身空翻可以省略"团身"二字。

（12）在器械上纵轴转体度数一般都要指明转多少度，如转体 90°、180°、360°、720° 等。但有时可省略 180°，如双杠前摆上转体成支撑，鞍马直角上、直角出等。徒手体操中的"转"或"转体"一般省略 90°，如上体左转、向右转体等。

2. 关于开始姿势

开始姿势通常是在动作开始时加以说明。在记写动作时，要指明第一个动作的开始姿势。对下面动作的开始姿势则不必指明，因为前一个动作的结束姿势就是后一个动作的开始姿势。

3. 关于结束姿势

结束姿势与开始姿势相同，一般可以省略结束姿势，如双杠支撑前摆转体 180°（成支撑）。结束姿势是唯一的，一般也可以省略，如双杠挂臂屈伸上、单杠挂膝摆动上、技巧前手翻等。

第六节 形意术语与地名、国名、人名术语简介

一、形意术语的渊源及发展

体操术语是与体操运动同步发展起来的，虽然体操运动起源于西方，但早在远古时期，我国就有了体操的萌芽。我国的杂技、戏曲、武术等民间活动内容在不同历史时期以不同的形式渗透和移植到体操运动当中，从而影响到体操术语的运用，并逐渐形成我国体操术语独有的民族特色，如中国戏剧"毯子功"的术语就将侧手翻内转 90° 接后手翻这个动作称为"踺子小翻"。与现代的结构术语相比，它具有更简练、通用的特点。因此，被我国广大体操工作者从中借用，并逐渐成为我国体操术语体系的一部分，这类术语称为形意术语，形意术语一直在我国体操教学训练中广泛运用，并有发展的趋势。形意术语与结构术语对照见表 2-6-1。

表 2-6-1　形意术语与结构术语对照表

项目	形意术语	结构术语
技巧	顶	手倒立
技巧	小翻	后手翻
技巧	虎跳	侧手翻向外转体 90° 两脚依次落地跳起
技巧	垛子	侧手翻向内转体 90° 跳起向外转体 180°
技巧	聂子	侧空翻
技巧	旋	空翻两周转体
技巧	回笼	后空翻接前空翻
平衡木	拉拉提	分腿挺身后空翻
平衡木	倒插虎	后手翻接胸滚

二、国名、地名、人名术语简介

随着体操技术动作难度的提高、体操动作的不断创新，国际体操联合会决定采用人名、地名、国名来命名体操动作。被命名的体操动作必须来源于第一个在世界体操锦标赛或奥运会上完成这个动作的运动员的名字或该运动员所属地区、国家的名字，也就是说，体操运动员每创造一个新的动作，就伴随着新的体操动作名称术语的产生。

中国竞技体操运动员名字命名的动作一览表

进入 20 世纪 80 年代，我国体操技术水平飞速发展，在世界锦标赛、奥运会等国际级大赛中，我国体操健儿均取得优异成绩。在 1979 年第 20 届世界体操锦标赛上，"马燕红下"（支撑后回环绷杠团身后空翻转体 360° 下）成为世界上第一个以中国运动员名字命名的体操动作，截止到 2024 年，以中国运动员名字命名的体操动作已达到 52 个，彰显了我国竞技体操飞速发展的事实。

以下是具有代表性的命名术语：

1. 国名与地名术语

日本倒立（自由体操"宽臂倒立"）、俄式转体（身体以两手为支点做大于 360° 绕旋动作）、双腿瑞士人（鞍马"环上正撑转体 180°"）等。

2. 人名术语

塚原空翻（也称为"旋"空翻，既绕身体横轴，又绕身体纵轴的空翻动作）、托马斯全旋（即分腿全旋）、阿扎良（吊环"悬垂直臂直体慢翻上成'十'字"）、李宁摆上（吊环"吊臂前摆上成支撑"）、李小鹏跳（跳马"踺子后手翻转体 180° 直体前空翻转体 900°"）、程菲跳（跳马"踺子后手翻转体 180° 接前直空翻 540°"）、周施雄转体（双杠"后上转体 450° 成倒立"）、邹敬园十字（吊环"倒十字慢落下成悬垂再压上成锐角十字"）、特卡切夫（单杠"大回环后切越杠抓杠"）等。

思考与实践 "

❶ 举例说明运用体操术语有哪几方面的要求。

❷ 简述体操术语的构成。

❸ 请用体操术语记写一套体操技巧动作术语和一套 8 节运动的徒手体操动作。

第三章　基础类体操

📑 **内容提要**

　　本章介绍队列队形、徒手体操与轻器械体操的内容与分类，分析徒手体操和轻器械体操的教学要求与注意事项，阐述徒手体操和轻器械体操的创编依据、原则、要素、方法、应考虑的技术因素、创编步骤等，并简要介绍基础类体操的教学组织。

📖 **学习目标**

　　1. 了解基础类体操练习的特点与价值。

　　2. 熟练掌握队列队形、徒手体操和轻器械体操的基础动作，具备动作示范、呼喊口令能力，知晓徒手体操和轻器械体操的教学要求与注意事项。

　　3. 掌握徒手体操和轻器械体操的创编方法与步骤。

　　4. 学会基础类体操教学组织中示范与讲解的运用。

基础类体操是指用以提高体操基本技能的各类练习。该类练习是依据人体发展的一般规律，以健身、娱心为目的，以促进人的全面发展为目标，并有机融合生理学、心理学、运动学、美学等于一体，主要以徒手、持轻器械等方式进行的各种基本的简易练习。

基础类体操的特点是内容丰富、形式多样、简便易行、适应性强、易于普及与推广。练习形式多种多样、千变万化，可单人练习，也可双人配合练习或集体统一练习；可定位练习，也可行进间练习；可徒手练习，也可手持轻器械练习。根据练习者的健康状况、身体素质和训练水平，内容可多可少，动作可简可繁，难度可大可小，练习的时间可长可短，强度可大可小，方法可连续可间断等。基础类体操不仅有利于提高身体素质、改善机能状况、塑造健美形体、增进心理健康及社会适应能力，还在培养学生良好的组织性、纪律性、集体主义意识以及"严肃与活泼"的精神面貌等方面具有十分重要的育人作用。

第一节　队列队形

一、队列队形练习的内容与分类

队列练习是指全体学生按照一定的队形做协同一致的动作，并严格按照《中国人民解放军队列条令》进行的操练。队列练习可分为原地动作和行进间动作两大类，它是体育教学或军事训练中的基本内容和必要形式。运用队列练习，不仅能合理地组织学生有序活动，展示学生的精神面貌，还有益于完成教学任务或军事训练。队列练习的内容与分类如表 3-1-1 所示。

表 3-1-1　队列练习的内容与分类

		常用动作	立正，稍息，整齐，报数，集合，解散，蹲下，坐下，起立
队列练习	原地队列动作	转法	向左转，向右转，向后转，半面向左（右）转
		队列变换	一列横队变二列横队及还原
			一路纵队变二路纵队及还原
			一列横队变三列横队及还原

队列练习	原地队列动作	队列变换	二列横队变三列横队及还原
			一列横队变二路纵队及还原
	行进间队列动作	步法及其变换	齐步，正步，跑步
			便步，踏步，移步
			立定
			齐步与正步，齐步与跑步，齐步与踏步，跑步与踏步互换
		转法	齐步、跑步向左（右）转走
			齐步、跑步向后转走
		队列变换	一列横队变二列横队及还原
			一路纵队变二路纵队及还原
		转弯	横队左（右）转弯走和左（右）后转弯走
			纵队左（右）转弯走和左（右）后转弯走

队形练习是指在队列练习的基础上所做的各种队形和图形的变化。队形练习可分为图形行进、队形变换、散开与靠拢等，它是大、中、小型赛事文化活动中团体操的必备内容。练习形式通常是以群体同做或分做不同队形、图形的变化与互换，可多人甚至百人以上操练。在体育教学中，有目的地进行各种队形的变换和图形组合，可以培养学生辨别方向、位置和图形造型的能力，并可起到集中学生注意力和提高兴奋性的教学目的。尤其是通过各种图形的趣味练习，可使学生领悟并建立正确的身体姿势，并培养协同一致的集体主义品质。队形练习的内容与分类如表 3-1-2 所示。

表 3-1-2 队形练习的内容与分类

队形练习	图形行进	直线	绕场行进，错肩行进
		斜线	对角线行进，交叉行进，三角形行进
		曲线	蛇形行进，圆形行进，"8"字形行进，螺旋行进
	队形变换		裂队走、并队走；分队走、合队走
			一路纵队变多路纵队及还原
	散开与靠拢	间距	要求间隔距离的各种散开与靠拢
		梯形	梯形散开与靠拢
		弧形	弧形散开与靠拢

二、队列练习的基本内容

（一）原地队列动作

1. 常用动作

（1）立正：口令为"立正！"

两脚跟靠拢并齐，两脚尖向外分开约 60°；两腿挺直；小腹微收，自然挺胸；上体正直，微向前倾；两肩要平，稍向后张；两臂下垂自然伸直，手指并拢自然微屈，拇指尖贴于食指第二指节，中指贴于裤缝；头要正，颈要直，口要闭，下颌微收，两眼向前平视。

（2）跨立：口令为"跨立！"

跨立即跨步站立。左脚向左跨出约一脚长，两腿挺直，上体保持立正姿势，身体重心落于两脚之间；两手后背，左手握右手腕，拇指根部与外腰带下沿或者内腰带上沿同高；右手手指并拢，自然弯曲，拇指贴于食指第二节，手心向后。

（3）稍息：口令为"稍息！"

左脚顺脚尖方向伸出约全脚的 2/3，两腿自然伸直，上体保持立正姿势，身体重心大部分落于右脚。稍息过久，可自行换脚，动作应当迅速。

（4）整齐：整齐是使列队人员按照规定的间隔、距离，保持横向、纵向平齐的一种队列动作。队列分为向右/左看齐、向中看齐和向前对正。

向右/左看齐的口令为"向右/左看——齐！"和"向前——看！"

基准学生不动，其他学生向右/左转头，眼睛看右/左邻学生腮部，前四名能通视基准学生，自第五名起，以能通视到本人以右/左第三人为度；左右间隔（两肘间的间隙）为 10 厘米（约一拳），前后距离为 75 厘米（约一臂）；后列学生，先向前对正，后向右/左看齐；听到"向前——看！"的口令，迅速将头转正，恢复立正姿势。

向中看齐的口令为"以 ××× 为准，向中看——齐！"和"向前——看！"

当教师指定"以 ××× 为准（或者以第 × 名为准）"时，基准学生答"到"，同时左手握拳，大臂前伸与肩略平，小臂垂直举起，拳心向右；听到"向中看——齐！"的口令后，其他学生按照向左/右看齐的要领实施；听到"向前——看！"的口令后，基准学生迅速将手放下，其他学生迅速将头转正，恢复立正姿势。

纵队看齐时，可以下达"向前——对正！"的口令。

（5）报数：口令为"报数！"

横队从右至左（纵队由前向后）依次以短促洪亮的声音转头（纵队向左转头）报数，最后一名不转头；数列横队时，后列最后一名报"满伍"或者"缺 × 名"。数路纵队时，右路最后一名报"满伍"或"缺 × 名"。

（6）集合（横队、纵队）：口令为"成 × 列横队——集合！"或"成 × 路纵队——集合！"

集合时，教师应当先发出预告或者信号，如"全体（或某组）注意"，然后，站在预定队形的中央前，面向预定队形成立正姿势，下达"成 × 列横队（或成 × 路纵队）——集合"的口令。学生听到预告或者信号，原地面向教师成立正姿势；听到口令，跑步到指定位置面向教师集合（在教师后侧的人员，应当从教师右侧绕过）。横队集合时，基准学生迅速到教师左前方适当位置，成立正姿势；其他学生以基准学生为准，依次向左排列，自行看齐。纵队集合时，基准学生迅速到教师前方适当位置，成立正姿势；其他学生以基准学生为准，依次向后排列，自行对正。

（7）解散：口令为"解散！"

队列学生迅速离开原列队位置。

2. 停止间转法

（1）向右/左转、半面向右/左转：口令为"向右/左——转！""半面向右/左——转！"

以右/左脚跟为轴，右/左脚跟和左/右脚掌前部同时用力，使身体协调一致向右/左转90°，身体重心落在右/左脚，左/右脚迅速靠拢右/左脚成立正姿势。转动和靠脚时，两腿挺直，上体保持立正姿势。

半面向右/左转，按照向右/左转的要领转45°。

（2）向后转：口令为"向后——转！"

同向右转的做法，向后转180°。

3. 原地队列变换

（1）一列横队变二列横队及还原：口令为"成二列横队——走！"和"成一列横队——走！"

变换前，先报数。听到口令，双数学生左脚后退1步，右脚（不靠拢左脚）向右跨1步，左脚向右脚靠拢，站到单数学生后面，自行对正、看齐。还原时，听到口令，双数（后列）学生左脚左跨1步，右脚（不靠拢左脚）向前1步，左脚向右脚靠拢，回到原位，自行看齐。

二列横队变四列横队及还原时，做法与一列横队变二列横队及还原相同。但做前应调整前后距离。

（2）一列横队变三列横队及还原：口令为"成三列横队——走！"和"成一列横队——走！"

变换前，先1至3报数。听到口令，2数学生不动，1数学生左脚向左前上1步至2数学生前面，3数学生右脚向右后退1步至2数学生后面，自行对正、看齐。还原时，听到口令，1、3数学生动作方向与上相反，回到原位，自行对正、看齐。

（3）二列横队变三列横队及还原：口令为"成三列横队——走！"和"成二列横队——走！"

变换前，先1至3报数。听到口令，1、3数学生不动，前列2数学生右脚向右后退1步至1数学生之间，后列2数学生左脚向左上1步至3数学生之间，自行对正、看齐。还原时，听到口令，2数学生动作方向与上相反，回到原位，自行对正、看齐。

（4）一路纵队变二路纵队及还原：口令为"成二路纵队——走！"和"成一路纵队——走！"

变换前，先报数。听到口令，双数学生右脚右跨1步，左脚（不靠拢右脚）向前1步，右脚向左脚靠拢，站到单数学生右侧，自行对正、看齐。还原时，听到口令，双数学生右脚后退1步，左脚（不靠拢右脚）站到单数学生之后，自行对正。

二路纵队变四路纵队及还原时，做法与一路纵队变二路纵队及还原相同。但做前应调整左右间隔。

（5）一列横队变二路纵队及还原：口令为"向右成二路纵队——走！"和"向左成一列横队——走！"

变换前，先报数。听到口令，全体向右转，同一路纵队变二路纵队的做法。还原时，听到口令，全体向左转，同二列横队变一列横队的做法。

二列横队变四路纵队及还原时，做法与一列横队变二路纵队及还原相同。但做前应调整前后列距离。

（二）行进间队列动作

1. 各种步法与立定

（1）齐步：口令为"齐步——走！"

左脚向正前方迈出约75厘米，按照先脚跟后脚掌的顺序着地，同时身体重心前移，右脚照此法动作；上体正直，微向前倾；手指轻轻握拢，拇指贴于食指第二节；两臂前后自然摆动，向前摆臂时，肘部弯曲，小臂自然向里合，手心向内稍向下，拇指根部对正衣扣线，并高于最下方衣扣约5厘米，离身体约30厘米；向后摆臂时，手臂自然伸直，手腕前侧距裤缝线约30厘米。行进速度为每分钟116~122步。

（2）正步：口令为"正步——走！"

左脚向正前方踢出约75厘米，腿要绷直，脚尖下压，脚掌与地面平行，离地面约25厘米，适当用力使全脚掌着地，同时身体重心前移，右脚照此法动作；上体正直，微向前倾；手指轻轻握拢，拇指伸直贴于食指第二节；向前摆臂时，肘部弯曲，小臂略成水平，手心向内稍向下，手腕下沿摆到高于最下方衣扣约15厘米处，离身体约10厘米；向后摆臂时，左手心向右、右手心向左，手腕前侧距裤缝线约30厘米。行进速度为每分钟 110~116 步。

（3）跑步：口令为"跑步——走！"

听到预令，两手迅速握拳（四指蜷握，拇指贴于食指第一指节和中指第二指节），提到腰际，约与腰带同高，拳心向内，肘部稍向里合。听到动令，上体微向前倾，两腿微屈，同时左脚利用右脚掌的蹬力跃出约 85 厘米，前脚掌先着地，身体重心前移，右脚照此法动作；两臂前后自然摆动，向前摆臂时，大臂略垂直，肘部贴于腰际，小臂略平，稍向里合，两拳内侧各距衣扣线约 5 厘米；向后摆臂时，拳贴于腰际。行进速度为每分钟 170~180 步。

（4）便步：口令为"便步——走！"

用适当的步速、步幅行进，两臂自然摆动，上体保持良好姿态。

（5）踏步：停止间口令为"踏步——走！"；行进间口令为"踏步！"

两脚在原地上下起落（抬起时，脚尖自然下垂，离地面约 15 厘米；落下时，前脚掌先着地），上体保持正直，两臂按照齐步或者跑步摆臂的要领摆动。

（6）移步（5 步以内）：

① 右 / 左跨步：口令为"右 / 左跨 × 步——走！"

上体保持正直，每跨 1 步并脚一次，其步幅约与肩同宽，跨到指定步数停止。

② 向前或者后退：口令为"向前 × 步——走！"或"后退 × 步——走！"

向前移步时，应当按照单数步要领进行（双数步变为单数步）。向前 1 步时，用正步，不摆臂；向前 3 步、5 步时，按照齐步走的要领进行。向后退步时，从左脚开始，每退 1 步靠脚一次，不摆臂，退到指定步数停止。

（7）立定：口令为"立——定！"

齐步和正步时，听到口令，左脚再向前大半步着地，脚尖向外约 30°，两腿挺直，右脚迅速靠拢左脚，成立正姿势。跑步时，听到口令，继续跑 2 步，然后左脚向前大半步（两拳收于腰际，停止摆动）着地，右脚靠拢左脚，同时将手放下，成立正姿势。踏步时，听到口令，左脚踏 1 步，右脚靠拢左脚，原地成立正姿势。跑步的踏步，听到口令，继续踏 2 步，再按照上述要领进行。

2. 各种步法变换

步法变换，均从左脚开始。除齐步、正步互换时动令落在左脚外，其他步法变换的动令均落在右脚。

齐步、正步互换，听到口令，右脚继续走 1 步，即换正步或者齐步行进。

齐步换跑步，听到预令，两手迅速握拳提到腰际，两臂前后自然摆动；听到动令，即换跑步行进。

齐步换踏步，听到口令，即换踏步。

跑步换齐步，听到口令，继续跑 2 步，然后换齐步行进。

跑步换踏步，听到口令，继续跑 2 步，然后换踏步。

踏步换齐步或者跑步，听到"前进"的口令，继续踏 2 步，再换齐步或者跑步行进。

3. 行进间转法

（1）齐步、跑步向右 / 左转：口令为"向右 / 左转——走！"（向右转的动令落在右脚，向左转的动令落在左脚）。

左 / 右脚向前半步（跑步时，继续跑 2 步，再向前半步），脚尖向右 / 左约 45°，身体向右 / 左转 90° 时，左 / 右脚不转动，同时出右 / 左脚按照原步法向新方向行进，转走时步伐交替行进。

半面向右 / 左转走，按照向右 / 左转走的要领转 45°。

（2）齐步、跑步向后转：口令为"向后转——走！"

动令落在右脚，左脚向右脚前迈出约半步（跑步时，继续跑 2 步，再向前半步），脚尖向右约 45°，以两脚的前脚掌为轴，向后转 180°，出左脚按照原步法向新方向行进。

动作用两拍完成，听到动令时，左脚前迈出半步为第一拍，向后转 180° 为第二拍，然后保持行进时的节奏，两臂自然摆动，不得外张；两腿自然挺直，上体保持正直。

4. 行进间队列变换

（1）横队变换：

① 行进间一列横队变二列横队：口令为"成二列横队——走！"（动令落在左脚上）。

听到动令后，单数者继续前进，双数者右脚向前迈 1 步，原地踏 1 步，第 3 步右脚向右跨 1 步至单数者后面，随之继续前进。

② 行进间二列横队变一列横队：口令为"成一列横队——走！"（动令落在左脚上）。

听到动令后，全体右脚向前迈 1 步，然后单数者（前列）原地踏 2 步，双数者（后列）向左前上 2 步至单数者的左侧，成一列横队前进。

（2）纵队变换：

① 行进间一路纵队变二路纵队：口令为"成二路纵队——走！"（动令落在右脚）。

听到动令后，单数者以小步前进，双数者出右脚进到单数者右侧，调整好间隔距离，恢复原来的步幅继续前进。

② 行进间二路纵队变一路纵队：口令为"成一路纵队——走！"（动令落在左脚上）。

听到动令后，排头继续前进，其余则以小步行进，待左路加大到适当的距离后，右路依次向左插到左路单数者的后面，并保持规定距离，恢复原步幅前进。

5. 行进间转弯走

（1）纵队转弯走：

① 纵队左 / 右转弯走：口令为"左 / 右转弯——走！"

听到动令后，排头立即向左 / 右转走，其余逐次行进至排头变向的位置时，亦向左 / 右转行进。多路纵队转弯走时，基准学生用小步行进，外翼学生则用大步行进，并保持排面整齐，边行进边变换方向，转至 90° 继续前进。

② 纵队左 / 右后转弯走：口令为"左 / 右后转弯——走！"

听到动令后，排头向左 / 右后转体 180° 方向行进。其余依次行进到排头变向的位置，做法与排头相同，并随之继续行进。

（2）横队转弯走：

① 横队左 / 右转弯走：口令为"左 / 右转弯——走！"

听到动令后，轴翼第一名踏步，并逐渐向左 / 右旋转，同相邻者动作协调，外翼第一名用大步行进，注意掌握方向。其他学生用眼睛的余光向外翼取齐，并保持排面整齐，越接近轴翼者，其步幅越小，待转到 90° 时踏步。

② 横队左 / 右后转弯走：口令为"左 / 右后转弯——走！"

同横队左 / 右转弯走，唯转到 180° 时踏步。

三、队形练习的基本内容

（一）图形行进

1. 直线行进

（1）绕场行进：口令为"绕场——走！"

全队练习者在教师规定的场地边线上行进，每到一角，排头带领自行转弯（图 3-1-1）。

（2）错肩行进——即纵队迎面相遇的对走方法（有三种走法）。

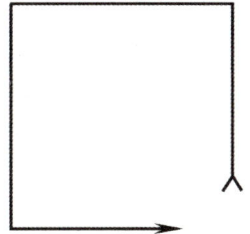

» 图 3-1-1 绕场行进

① 从左 / 右边走：口令为"从左 / 右边——走！"

两路迎面相遇时，各路靠左 / 右边走过，彼此互错右 / 左肩，间隔为一步（图 3-1-2）。

② 一路隔一路走：口令为"一路隔一路从左 / 右边——走！"

各路参差隔开从左 / 右边通过（图 3-1-3）。

③ 从里 / 外边走：口令为"从里 / 外边——走！"

练习前应确定基准学生。基准学生从里 / 外边通过（图 3-1-4）。

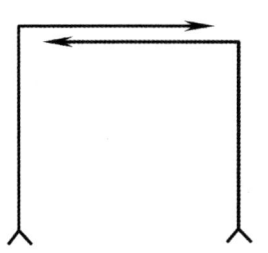

» 图 3-1-2 从左边走

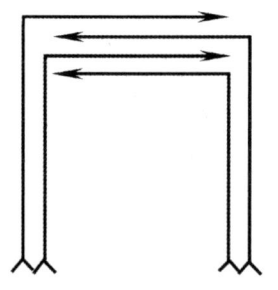

» 图 3-1-3 一路隔一路走
（从左边走）

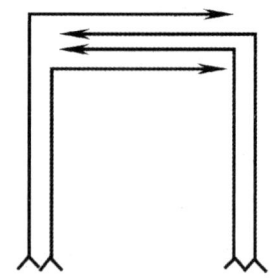

» 图 3-1-4 从里/外边走

2. 斜线行进

（1）对角线行进：口令为"沿对角线——走！"

由一角转体 135° 向相对的一角行进（图 3-1-5）。

（2）交叉行进：口令为"交叉——走！"

两路纵队斜向相遇，依次交叉穿过中点向不同方向行进（图 3-1-6）。

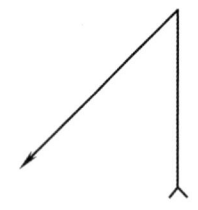

» 图 3-1-5 对角线行进

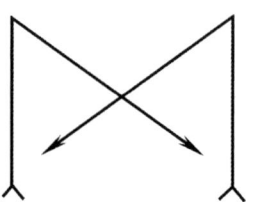

» 图 3-1-6 交叉行进

3. 曲线行进

（1）蛇形行进：口令为"成蛇形——走！"

听到口令后，排头左/右后转弯走至一定距离后，再右/左后转弯走，以此循环来回行进两次以上（图 3-1-7）。

（2）圆形行进：口令为"成圆形——走！"

口令是在排头走至场地某边中点时发出。听到口令后，排头以该中点至场地中心的距离为半径，沿弧线走成圆形（图 3-1-8）。

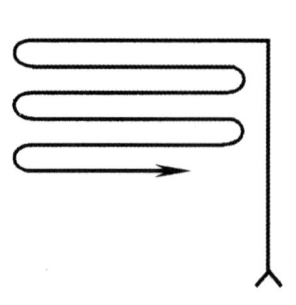

» 图 3-1-7 蛇形行进

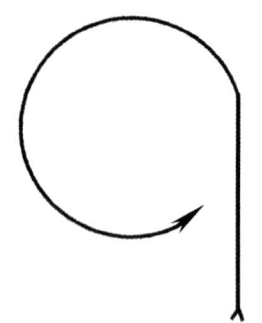

» 图 3-1-8 圆形行进

（3）螺旋形行进：口令为"成开／闭口螺旋形——走！"

排头循圆周向内做螺旋形行进到场地中心，排头自行向右后转向相反的方向，由内向外成螺旋形走出来。其他学生依次由场地中心，跟随排头走出来（图3-1-9）。

成闭口螺旋形走时，当排头旋绕至场地中心时，教师应发"立定和向后转"的口令，全体向后转，由原排尾带领，按教师指示的方向继续前进（图3-1-10）。螺旋形行进时，应注意保持一定的间隔，特别是做开口螺旋形走时，应保证有足够间隔使学生由内向外成螺旋形走出来。

（4）"8"字形行进：口令为"成'8'字形——走！"

练习前要先指明所通过地点（一般是场地中心点）。听到动令后，按"8"字形沿弧线走两个相连的圆形。排头遇队身时，依次交叉通过交叉点继续沿弧线行进（图3-1-11）。

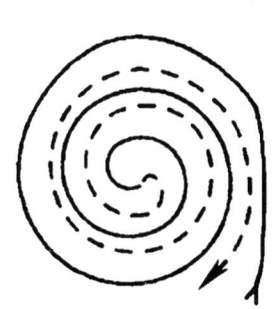
» 图3-1-9 螺旋形行进
（开口）

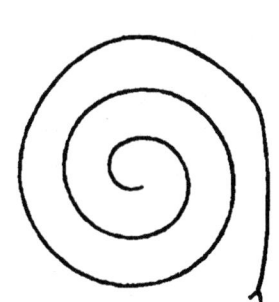
» 图3-1-10 螺旋形行进
（闭口）

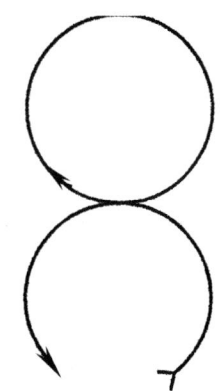
» 图3-1-11 "8字
形"行进

（二）队形变化

1. 分队走和合队走

口令为"分队——走！""合队——走！"

听到分队走口令后，单数者左转弯走，双数者右转弯走（图3-1-12）。在两个纵队迎面接近相遇时，听到合队走口令后，左路左转弯走，右路右转弯走，右路依次插在左路后面，成一路纵队前进（图3-1-13）。

» 图3-1-12 分队走

» 图3-1-13 合队走

2. 裂队走和并队走

口令为"裂队——走！""并队——走！"

听到裂队走口令后，左路左转弯走，右路右转弯走（图 3-1-14）。在两个纵队接近迎面相遇时，听到并队走口令后，左路左转弯走，右路右转弯走，成并列纵队前进（图 3-1-15）。

» 图 3-1-14 裂队走　　　　　　　　» 图 3-1-15 并队走

3. 行进间由一路纵队变成多路纵队及还原

口令为"成某路纵队·左转弯——走！""成一路纵队·左转弯——走！"

听到口令后，前 n 名学生同时向左转走，后面 n 名走到同一地点也同时向左转走，依次跟随前进（图 3-1-16）。还原时，听到口令后，各路排头同时向左转走，其他依次行进到同一地点也同时向右转走，跟排头走成一路纵队（图 3-1-17）。

» 图 3-1-16 四路纵队左转弯走　　　» 图 3-1-17 一路纵队左转弯走

（三）散开与靠拢

1. 左右间隔两臂、前后距离两步散开和靠拢

口令为"以某某为基准，间隔两臂，距离两步——散开！""向右 / 左看——齐！"或"以某某为基准，向中看——齐！""向前一看！"

基准学生不动，其余用跑步散开。前列或全体学生两臂侧举，对正看齐，然后两臂自动放下，成立正姿势。当下达靠拢口令后，迅速跑步靠拢看齐。

2. 横队变梯形散开和靠拢（以一列变三列为例）

口令为"成三列梯形横队——走！"

先 1、3、5 或 5、3、1 报数。听到动令后，报 × 数的学生向前几步走（图 3-1-18）。当下达靠拢口令后，先向后转，再按各自报的数字走回原位，然后向后转。

3. 弧形散开和靠拢（以四路纵队为例）

口令为"间隔两步弧形——散开！""向中弧形——靠拢！"

1、4 路不动，2、3 路前 6 拍分别沿弧线经前绕过临近的学生走至规定的距离，7、8 拍向后转（图 3-1-19）。靠拢时，原 2、3 路的学生按原路线走回原处，再向后转，同样用 8 拍完成。

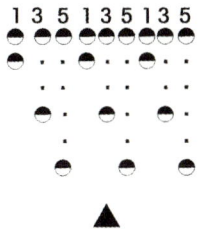

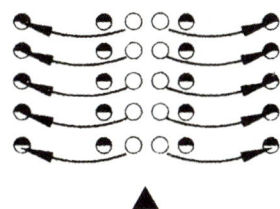

» 图 3-1-18 一列横队成三列梯形横队散开   » 图 3-1-19 四路纵队弧形散开

4. 依次散开和靠拢 [以 10 列（100 人）方阵为例]

口令为"向前向左·成体操队形——散开！""向后向右——靠拢！"

听到散开口令后，从第 10 列（前列）开始用齐步或正步前进。每列起动依次相差两步，各列走的步数为列次的 2 倍减 1（如第 10 列即 10×2－1＝19）。向前同时走完规定的步数后立定，全体向左转。再以各排尾开始向新的方向前进。步数为每人所报序数的 2 倍减 1。走完后立定，全体向右转即成散开队形（图 3-1-20）。当下达靠拢口令后，全体向右转，按散开时的做法和步数向前靠拢，再向右转，向前成密集队形靠拢，然后全体向后转，即还原成原队形。

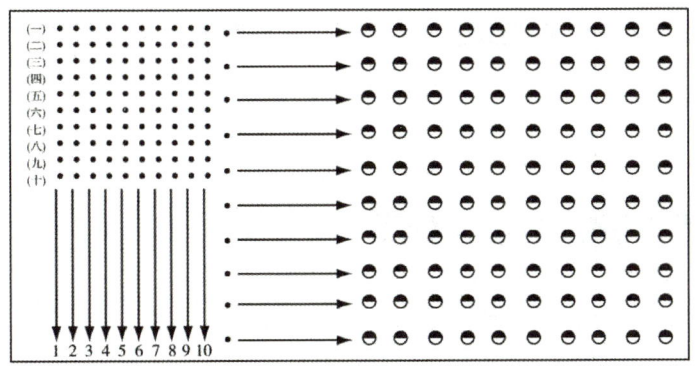

» 图 3-1-20 10 列方队向前向左依次散开

第二节　徒手体操

　　徒手体操是基础类体操的主要内容之一，是徒手进行身体各部位简单、对称动作及非对称动作的练习。其内容包括身体各部位、各关节不同动作组成的单个动作和成套动作。主要动作包括各种举、摆、振、屈、伸、绕、绕环、踢、蹲、跳、转、跪、立、坐、卧等。

　　徒手体操具有形式简便，动作多变，不受场地、器材设备和气候条件的限制，适合于不同年龄、不同对象练习和运动量易于调节等特点。练习形式可分为单人、双人和集体练习等。双人动作是在单人动作的基础上，两人互相协调配合共同进行的身体练习。它可充分利用两人的条件，通过互相协作、互相借助、互相对抗等手段进行练习；集体动作则是在单人和双人的基础上，由多人互相配合做协同一致或整齐划一的身体练习。

　　徒手体操按动作部位可分为头颈动作、上肢动作、下肢动作、躯干动作，也有身体各部位相互配合的动作和全身协调配合的动作；从形式上可分为单人练习、双人练习、集体练习，也可原地练习或行进间练习。练习者可根据自身的性别、年龄、体力状况、锻炼基础、练习目的，以及场地、器材、气候条件等选择练习的内容，确定练习的形式和运动负荷等。

　　徒手体操练习能培养人体的正确姿态，矫正身体不良形态，有利于发展身体各部位的协调性，提高内脏器官功能，增强肌肉力量，提高韧带的柔韧性和关节的灵活性，促进身体的正常发育，达到增强体质和全面提高身体健康水平的作用。同时，徒手体操也是各项运动很好的辅助练习，有利于发展身体的基本能力，促进运动技术的掌握和提高。

一、徒手体操的内容与分类

　　徒手体操的内容与分类如表 3-2-1 所示。

表 3-2-1　徒手体操的内容与分类

徒手体操	单人动作	头颈	前屈、后屈、左屈、右屈；左转、右转；向左 / 右绕和绕环
		上肢	举（前、后、上、下、侧、侧上、侧下、侧后、前斜上、前斜下、后斜下等）；振（上、侧、后、胸前屈振）；屈（前、肩侧、两手叉腰等）；伸（前、上、侧等）；绕和绕环（前和后、左和右、内和外）
		下肢	举（前、后、左、右）；踢（前、后、侧）；屈（前、侧）；伸（前、后、侧）；绕环（前、后、左、右）；弓步（前、后、侧、斜）；蹲（全、半）；跳（单脚、双脚）；出（侧、前、后）；立（直、开、起踵、点地）；坐（并腿、分腿、屈腿）
		躯干	屈（上体前、后、左、右）；转（上体向左、右）；绕环（上体向左、右）；倾（上体向前、后、左、右）
		全身	撑（蹲、坐、跪、侧、屈体立撑、俯撑、仰撑）；卧（俯、仰、侧）；波浪（全身向前、后、侧）
	双人动作	助力性	指一人帮助另一人做动作，如帮助拉肩、搬腿、上体前屈等
		对抗性	指两人相互对抗做动作，如两人互拉、互推等
		协同性	指两人互相协调配合做动作，如两人相对分腿立、两手互扶肩、上体前屈压肩；两人并立，外侧臂上举、内侧臂下垂互相握手，同时向外做弓步上体侧屈等
	集体动作	横队	一列或多列横队站立，集体做上下波浪和俯平衡等
		纵队	一路或多路纵队站立，集体做前屈、后屈等相扶造型平衡等
		复合队形	成圆形手互握；前弓步做臂上举、上体后屈、后弓步做臂后举、上体前屈等

二、徒手体操的基本动作

（一）单人动作

按人体解剖特征和运动部位，通常分为头颈动作、上肢动作、下肢动作、躯干动作和全身动作。

（二）双人动作

双人动作根据相互配合及用力方法，通常可分为助力性动作、协同性动作和对抗性动作三类。

1. 助力性动作（一人帮助另一人做动作）

例如，两人相互帮助拉肩、搬腿、上体前屈等（图 3-2-1）。

» 图 3-2-1 助力性动作

2. 协同性动作（两人相互配合做动作）

例如，两人面对站立，两手互扶肩，上体前屈压肩；两人背对左弓步站立，两臂侧举互握扩胸；两人侧对站立，两手互握，外侧弓步上体侧屈（图 3-2-2）。

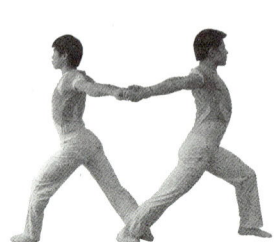

» 图 3-2-2 协同性动作

3. 对抗性动作（两人相互对抗用力做动作）

例如，两人面对面弓步站立，两臂依次互推、弓步顶肩；两人侧向侧弓步站立，内侧手互握对拉（图 3-2-3）。

» **图 3-2-3** 对抗性动作

（三）集体动作

集体动作是在单人和双人动作的基础上，由多人互相配合进行的练习。大体可分为两种形式，即多人配合做同类动作和多人配合做不同类动作或造型动作。

1. 多人配合做同类动作

前后站立，两臂前举搭肩下蹲；弓步，臂侧上举，手互握；前踢腿，两臂下举后振等（图 3-2-4）。

» **图 3-2-4** 多人配合做同类动作

集体动作——
多人配合做不
同类动作一

集体动作——
多人配合做不
同类动作二

2. 多人配合做不同类型动作或造型动作

中间人直立，两臂侧上举，两侧人做侧弓步，内侧臂侧上举，外侧臂侧下举；中间人跪立两手叉腰，两侧人内侧手扶中间人肩，做侧搬腿平衡（图3-2-5）。

» **图3-2-5** 多人配合做不同类型动作或造型动作

三、徒手体操的教学要求

（一）全面掌握徒手体操的理论知识，科学选编操的内容

教师要全面系统地掌握徒手体操的基本理论知识和教学技能，根据锻炼的任务和练习者的基础，科学地选择徒手体操的教学内容。例如，做准备活动时，应选择有利于调动机体进入运动状态，且易掌握的基本动作。此外，应创编各部位配合较复杂的动作等（如何创编徒手体操动作见本章第四节徒手体操与轻器械体操的创编）。

（二）教学中突出重点、难点，讲求教学方法，注重学生的能力培养

教师首先必须了解各节徒手体操动作的重点、难点，以及学生的基本情况，在此基础上选择适合的教学方法。例如，复杂动作可采用分解教学的方法，幅度大、速度快的动作可采用慢速练习的方法等，目的是使学生尽快地学会动作，并按要求进行练习，以保证最佳练习效果。同时，教学中应注重学生的能力培养，在教师教授的基础上，可要求学生正确地运用术语创编并相互教授徒手体操，将理论知识更好地运用于实践中，提高学生的创编及教学能力。

（三）练习时严格要求，适时鼓励，及时纠正，讲究教学效果

练习时，对身体基本姿态、动作规格必须严格要求，讲求动作的正确性和各部位的准确性，这是提高示范能力和教学质量的保证。同时，为提高学生的积极性，教师应善于发现学生的优点，并及时加以肯定和表扬，以提高学生的自信心和练习兴趣。此外，对于练习中出现的错误，应及时纠正，从而保证动作准确和锻炼效果。

四、徒手体操教学应注意的事项

（一）适宜的着装是安全锻炼的前提

为了保证练习的安全性和实效性，练习时必须穿着适合运动的服装和鞋子。

（二）科学的运动负荷是取得最佳锻炼效果的重要因素

练习时，应根据学生的水平和课程的教学目标，科学地选择动作难度、练习时间和运动负荷，以保证教学任务的有效完成。

（三）安全的场地是练习徒手体操的基本条件

徒手体操练习虽对场地无特殊要求，但也决不能掉以轻心，必须保证场地平整，无碎石、杂物和积水等，防止扭伤、滑倒等情况的发生。

（四）合理的做操队形是完成徒手体操练习的前提保证

做操队形多种多样，应根据学生的数量、场地的大小等因素决定。选择队形的前提是学生能看清教师的示范动作并保证每位学生拥有足够的练习空间。另外，对队形的面向选择应该考虑有利于教学的方向，如学生应背太阳、背风，并尽量避免分散学生注意力的各种因素。

（五）正确的讲解、示范和口令指挥是提高徒手体操教学质量的直接因素

讲解是帮助学生理解动作要领和要求最简捷的方法。因此，讲解必须做到简明扼要、生动形象、通俗易懂、重点突出。示范是徒手体操教学中最直接、最有效的方法。正确的示范有利于学生建立正确的动作表象。因此，示范必须做到规范、准确、优美。同时，应根据操的难易程度和形式决定示范方法、形式、示范位置及示范面。口令是指挥做操的号令。口令的好坏直接关系做操的效果，故要求口令清晰、洪亮、节奏感强。同时合理使用语言提示口令，能及时提醒学生改正错误，提高练习质量。

五、徒手体操成套动作范例

【范例一】基本姿态操

练习价值：通过身体各部位基本动作的练习，使学生体会各姿态练习时肌肉用力及身体控制的基本方法，培养身体各部位的基本姿态，为形成良好的体态及其他体操类动作的学习打好基础。

【范例二】定位徒手操

练习价值：通过身体各部位的练习，使学生充分活动身体各关节，拉伸肌肉、韧带，提高身体各部位的协调配合能力和基本活动能力。

定位徒手操体侧运动　定位徒手操体转运动　定位徒手操腹背运动　定位徒手操全身运动　定位徒手操跳跃运动

【范例三】双人操

练习价值：通过双人练习，培养学生的协作意识和协同能力，同时有利于加大动作幅度，提高动作质量，达到锻炼效果。

双人操图文说明　双人操上肢运动　双人操四肢运动　双人操扩胸运动　双人操踢腿运动

双人操体侧运动　双人操体转运动　双人操腹背运动　双人操跳跃运动

【范例四】集体操

练习价值：集体操有利于提高学生学习兴趣，增强学生的合作和互助精神，提高动作的规范性，改进动作的一致性，为团体操的学习和编排打好基础。

集体操图文说明　集体操上肢运动　集体操四肢运动　集体操踢腿运动　集体操体侧运动

集体操体转运动　集体操全身运动　集体操跳跃运动　集体操整理运动

第三节 轻器械体操

　　轻器械体操是在徒手体操的基础上，手持轻器械进行的身体练习。通常有体操棍、实心球、跳绳、木哑铃等。它是以徒手体操为基础，利用不同器械的特点以及器械与动作间的变化，达到丰富练习内容、改变练习形式、提高练习强度和难度的效果。

　　轻器械体操的主要特点是种类繁多、内容丰富、形式多变、特点鲜明、功效显著。可根据练习的不同目的选用轻器械，练习时充分利用不同器械的特点，变换器械对身体的影响，从而改变练习强度；变换器械与身体各部位动作的配合，改变练习的难度；利用不同器械的使用方法，变换多种多样的练习形式，最终达到锻炼的目的。

　　通过持轻器械练习，可培养正确优美的身体姿态，纠正不良的身体形态；增强身体各关节的灵活性，以及肌肉、韧带的力量和柔韧性；提高身体各部位的协调性和控制能力。另外，还可利用不同轻器械的特点和性能进行各种游戏，以提高学生的学习兴趣，改善身体的灵敏度，增强协作能力和集体荣誉感。

　　轻器械体操不仅可作为体育课和各项运动的准备活动、辅助练习、身体素质练习内容，还可用于各种形式的体育表演和团体操。因此，轻器械体操是集学习、锻炼、娱乐等为一体的体育锻炼项目。

一、轻器械体操的内容与分类

　　依据轻器械的材料质地，将轻器械体操分为硬轻器械、软轻器械和弹性器械体操。硬轻器械体操包括体操棍、实心球、火棒、木哑铃等；软轻器械体操包括纱巾、彩旗、彩带、跳绳等；弹性器械体操包括健身球等。根据学校体育课程教学实际，本节仅介绍体操棍、实心球、跳绳、木哑铃和健身球等轻器械的基本动作。

二、轻器械体操的基本练习

（一）体操棍

　　体操棍为木质棍棒，一般长为1~1.2米，直径为2~2.5厘米，少年儿童用时长度可适当减短。在无专用体操棍时，可用小竹竿等代替，但必须保证表面光滑，以防划伤。练习时，体操棍主要作为限制物使用，以增强关节柔韧性、灵活性，提高完成动作的肌肉控制能力。这样有利于促进少年儿童正常的生长发育。但因体操棍为硬器械，故练习时必须禁止用体操棍进行打闹、抛砸等，确保练习的安全性。

1. 持棍的基本方法及部位

（1）持棍方法：正握、反握、正反握、交叉握、翻握、正翻握等。可单手握，也可双手握。

（2）握棍部位：握棍两端、握棍一端、握棍中间、与肩同宽握棍等。

2. 单人动作

（1）持棍基本动作

① 持棍立正：右臂下垂，用拇指和食指握棍下端，其余三指贴于棍身，使棍垂直靠于右肩（图 3-3-1）。

② 持棍稍息：稍息的同时右手压棍，使棍上端轻放于左脚尖前地上（图 3-3-2）。

③ 持棍行进：同持棍立正姿势，但行进中一般右手持棍不动，左臂自然摆动（图 3-3-3）。

 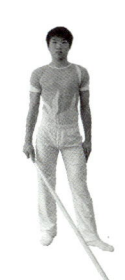 

持棍立正、
稍息

持棍行进

» 图 3-3-1 持棍立正 » 图 3-3-2 持棍稍息 » 图 3-3-3 持棍行进

（2）持棍限制性动作

① 上肢动作：握棍两端（宽度根据学生肩关节活动度确定），两臂同时或依次向后或向前转肩。一臂上举，另一臂后举，握棍两端，上举臂前拉或后举臂下拉，使另一侧肩关节充分拉伸。

② 下肢动作：两手握棍两端，两腿依次跨越过棍或同时跳越过棍；手扶棍一端，将体操棍另一端垂直放于地上，单腿摆越过棍等。

持棍限制性动作上肢动作一　持棍限制性动作上肢动作二　持棍限制性动作下肢动作一　持棍限制性动作下肢动作二　持棍限制性动作下肢动作三

（3）体操棍操

预备姿势：直立，两手体前正握棍（以下各节的预备姿势相同）。

第一节，上肢运动：① 左脚侧出，两臂前举；② 左臂在上，持竖棍前举；③ 握棍两端，两臂侧上举；④ 两臂持棍向后转肩至体后侧下举；⑤ 持棍上举；⑥ 两臂翻转体操棍，左臂在上、右臂在下，胸前交叉，体操棍与地面平行；⑦ 两臂经上至前举；⑧ 还原成预备姿势（图3-3-4）。

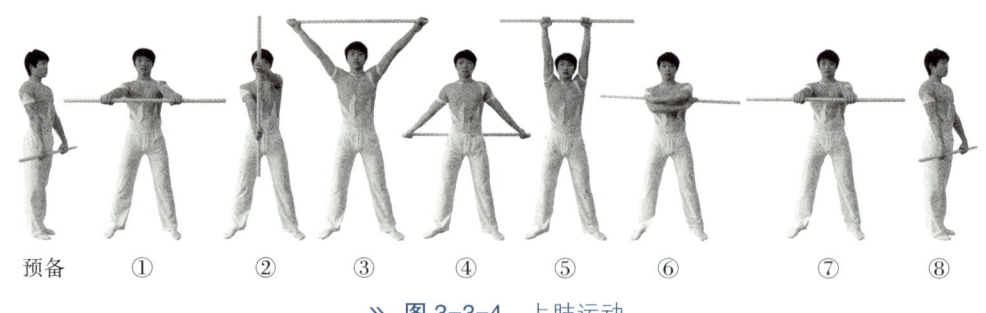

预备　①　②　③　④　⑤　⑥　⑦　⑧

» **图 3-3-4** 上肢运动

第二节，伸展运动：① 左脚侧出，左臂胸前平屈，右臂侧举；②～③ 两臂向下绕环至下举；④ 向左转体90°，重心移至左腿，右脚尖点地，两臂上举；⑤ 两臂肩侧屈，持棍于颈后；⑥ 还原成④的姿势；⑦ 身体右转还原成开立，两臂前举；⑧ 还原成预备姿势（图3-3-5）。

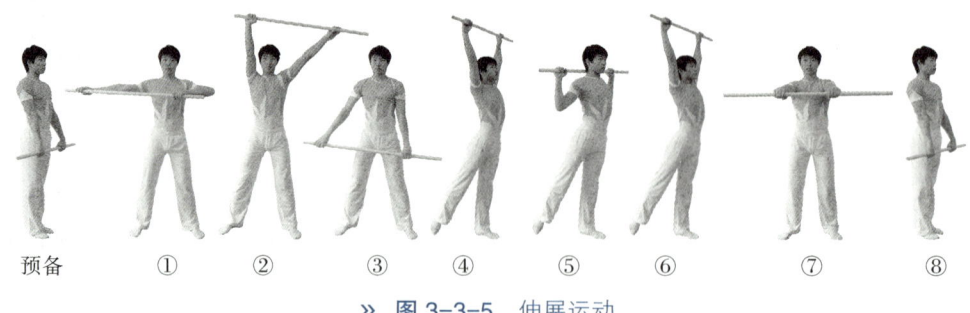

预备　①　②　③　④　⑤　⑥　⑦　⑧

» **图 3-3-5** 伸展运动

第三节，四肢运动：① 起踵立，两臂上举；② 半蹲，两臂前举；③ 左腿屈膝前举，左臂胸前平屈，右臂侧举；④ 左脚前出成弓步，左臂前上举，右臂后下举；⑤～⑥ 左手持棍以腕关节为轴，棍向下绕环，还原成④的姿势；⑦ 两臂上举后振；⑧ 还原成预备姿势（图3-3-6）。

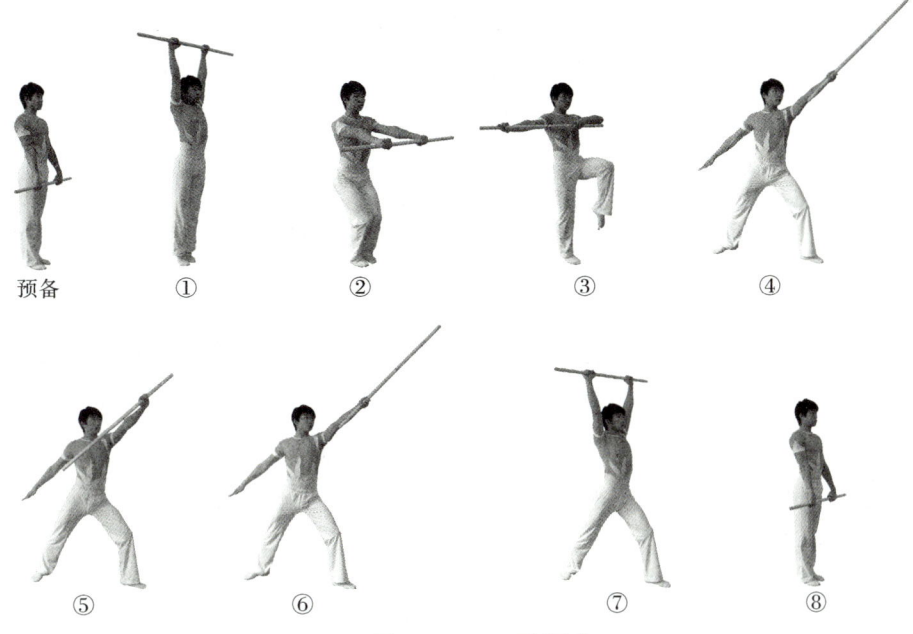

» **图 3-3-6** 四肢运动

第四节，踢腿运动：① 左脚前出，右脚尖点地，两臂上举；② 右腿前踢，两臂右下摆；③ 还原成①的姿势；④ 还原成预备姿势；⑤ 半蹲，两臂前举；⑥ 左腿侧踢，两臂经下摆至右臂上举，左臂腹前屈，棍垂直于地面；⑦ 左脚并于右脚，两臂前举；⑧ 还原成预备姿势（图 3-3-7）。

体操棍操踢腿运动

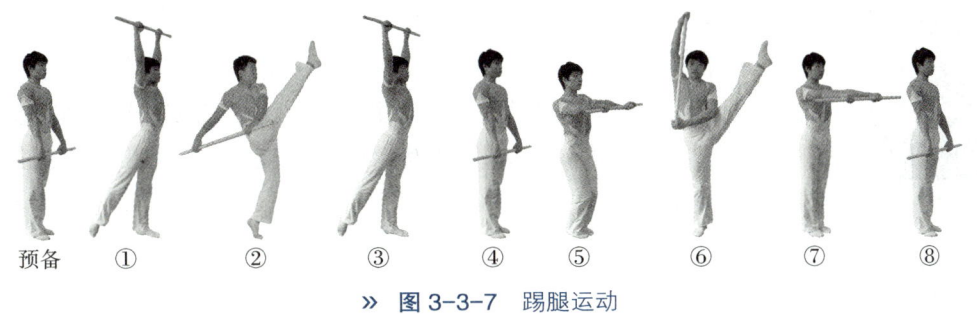

» **图 3-3-7** 踢腿运动

第五节，体侧运动：① 左脚侧出，脚尖点地，两臂上举；② 两臂肩侧屈，持棍于颈后；③ 上体左屈；④ 成开立，上体还原，两臂上举；⑤ 两臂经下摆至右臂上举，左臂前下内举，棍垂直于地面；⑥ 上体左屈；⑦ 上体还原，两臂前举；⑧ 还原成预备姿势（图 3-3-8）。

体操棍操体侧运动

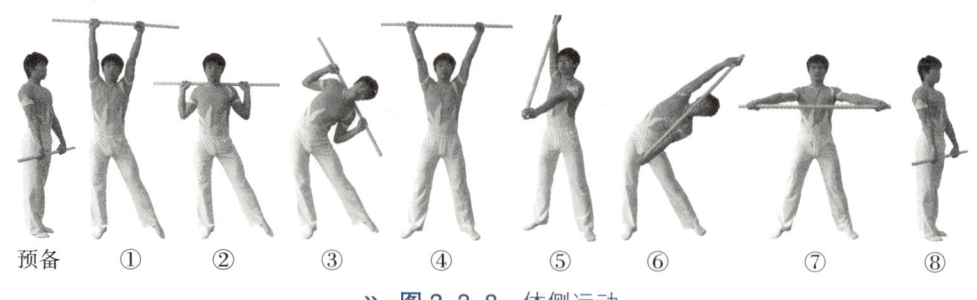

预备　①　②　③　④　⑤　⑥　⑦　⑧

» **图 3-3-8　体侧运动**

体操棍操体转运动

第六节，体转运动：① 左脚侧出，两臂侧举，右手持棍成水平；② 两臂侧上举；③ 左转，两臂肩侧屈，持棍于颈后；④ 还原成②的姿势；⑤~⑥ 半蹲，右臂在上，竖棍前举，上体左转；⑦ 两腿伸直，上体还原，两臂前举，右臂在上持棍，棍垂直于地面；⑧ 还原成预备姿势（图3-3-9）。

预备　①　②　③　④　⑤~⑥　⑦　⑧

» **图 3-3-9　体转运动**

体操棍操全身运动

第七节，全身运动：① 左脚前出成弓步，两臂上举；② 上体前屈，左臂屈肘下内举，右臂侧后上举；③ 上体还原，左臂前上举，右臂持棍腰侧屈；④ 左脚并于右脚，两臂前举；⑤ 左脚侧出，两臂上举；⑥ 上体前屈，棍触脚尖；⑦ 左腿并右腿成半蹲，上体抬起，两臂前举；⑧ 还原成预备姿势（图3-3-10）。

预备　①　②　③　④　⑤　⑥　⑦　⑧

» **图 3-3-10　全身运动**

第八节，跳跃运动：①～④ 4 次后踢腿跑，第④拍跳成并立，两臂经胸前屈、上举、前举至下举；⑤ 跳成左腿前弓步，两臂上举；⑥ 跳成并立，两臂肩侧屈持棍于颈后；⑦ 跳成开立，两臂上举；⑧ 还原成预备姿势（图 3-3-11）。

体操棍操跳跃运动

预备　①　②　③　④　⑤　⑥　⑦　⑧

» **图 3-3-11**　跳跃运动

3. 双人动作

（1）协同性动作：两人面对开立，握同一体操棍两端，做上体前屈转练习；两人面对开立，握两体操棍两端，做两臂上举、侧举动作；两人侧对开立，握两体操棍两端，一臂上举、一臂侧下举，做体侧屈练习；两人侧对开立，握同一体操棍，做上举和上体前屈练习（图 3-3-12）。

体操棍双人动作协同性练习一

体操棍双人动作协同性练习二

体操棍双人动作协同性练习三

» **图 3-3-12**　双人协同性动作

（2）对抗性动作：两人面对弓步站立，两臂屈肘于腰际，握两体操棍两端，两人用力推顶对方；两人背对弓步站立，两臂屈肘于腰际，分别握两体操棍两端，两人用力向前拉对方（图 3-3-13）。

体操棍双人动作对抗性练习一

体操棍双人动作对抗性练习二

» **图 3-3-13** 双人对抗性动作

（3）助力性动作：两人重叠站立，练习者弓步站立，两臂持棍上举，助力者一手握棍中部向后用力拉，另一手向前顶练习者后背部，帮助练习者改善肩关节柔韧性；两人重叠站立，练习者两腿开立，两臂持棍后举，助力者两手握棍中部向上用力提拉，帮助练习者改善肩关节柔韧性（图 3-3-14）。

体操棍双人动作助力性练习一

体操棍双人动作助力性练习二

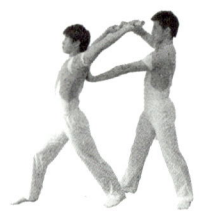 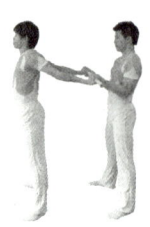

» **图 3-3-14** 双人助力性动作

4. 集体动作

（1）跳越棍练习：练习者围成圈（或成纵队和横队），间隔（距离）一步，由持棍者将棍放置于小腿高度，依次从练习者腿下"扫"过，练习者依次跳越体操棍。通过练习提高练习者的弹跳力和灵敏性。

（2）定位跳练习：将体操棍保持一定间隔排列（间隔根据练习者的弹跳能力确定），练习者一路纵队依次跳越。通过练习提高练习者的弹跳力。

（3）挂腿跳练习：练习者成一路纵队，相邻的两人分别握同一体操棍的两端，将体操棍一侧的腿向后屈膝抬起，并将脚放于棍上，练习者在口令指挥下集体向前跳跃。通过练习提高练习者的弹跳力和协同配合能力。

练习价值：利用体操棍这一硬器械的特点，进行一些限制性、模仿性动作的练习，有助于提高练习者学习兴趣，加大动作幅度，提高动作的规范性，提高关节活动度，培养良好的身体控制能力。另外，还可以通过一些游戏活动，增强集体荣誉感和组织纪律性。

（二）实心球

实心球是用棉花、布头、沙子等细软物，装在用帆布、皮革及胶皮等制成的球壳内，并有一定重量的实心圆球。实心球一般重 0.5~2 千克，直径有 15 厘米、20 厘米、25 厘米等多种规格。可根据练习者的具体情况选用 0.5 千克、1 千克、2 千克等不同重量的实心球。练习时，应注意重量的选择，以及传递、抛接的方向和方法的运用，防止实心球砸伤自己或同伴。

1. 持球的基本方法

（1）单手持球：单手托球下部或扶握球上部，如单手体侧持球、单手肩上持球等（图 3-3-15）。

（2）双手持球：五指自然分开持球两侧，如双手体前持球、双手胸前持球、双手体后持球等（图 3-3-16）。

（3）两脚夹球：用脚内侧夹球，如直立两脚夹球、直角坐两脚夹球等（图 3-3-17）。

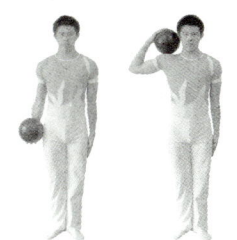

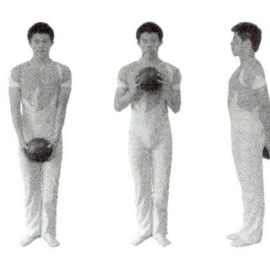
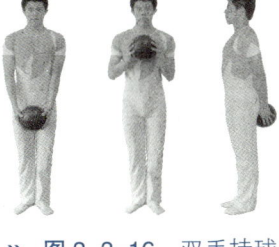
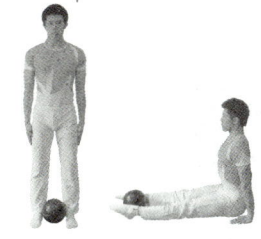

» 图 3-3-15　单手持球　　　» 图 3-3-16　双手持球　　　» 图 3-3-17　两脚夹球

（4）持球行进：右手持球于体侧不动，左臂自然摆动。

2. 传递球练习

（1）单人传递球练习：练习者一手将球在踝、膝、腰等部位传递给另一手（图 3-3-18）。

（2）双人传递球练习：两人可采用重叠、面对、侧对、背对站立的形式，通过腰侧、胯下、头上等部位进行传递（图 3-3-19）。

» 图 3-3-18　单人传递球　　　　　　» 图 3-3-19　双人传递球

（3）多人传递球练习：多人可站成圆、纵队、横队等各种队形，将球由头上、胯下、体侧、背后、体前等部位依次传递。

3. 抛接球练习

（1）单人抛接球练习：可做单手抛接、双手抛接、单抛双接、双抛单接、体前抛背后接或背后抛体前接等练习，可采用原地、走动、跑动、跳起、转体等形式。

（2）双人抛接球练习：两人可采用重叠、面对、侧对、背对站立，用单手或双手从胸前、头上、肩上、胯下、腰侧等部位进行抛接，也可用两脚夹球抛接。同单人抛接相同，也可在原地、走动、跑动、跳起等形式中进行。

4. 实心球游戏

利用实心球的性能和特点可做各种类型的游戏，通常有搬运球接力、跳越或跑绕定位球接力，以及各种传递、抛接球游戏。例如，分组搬运球接力赛、分组一路纵队（或一列横队）传递球接力、分组脚带球迎面接力、分组跳越按一定距离摆放的实心球比赛，以及以一定距离实心球为标志物，跑动绕过定位球的比赛和定位站立抛接球比赛等。

5. 实心球操

实心球操伸展运动

预备姿势：直立，两手持球于体前（以下各节的预备姿势相同）。

第一节，伸展运动：① 左脚侧出，两臂左前举；② 胸前持球；③ 两臂上举；④ 颈后持球；⑤ 提踵立，两臂上举；⑥～⑦ 向左转体90°，右脚尖点地，两臂向右绕环；⑧ 还原成预备姿势（图3-3-20）。

预备 ① ② ③ ④ ⑤ ⑥ ⑦ ⑧

» 图3-3-20 伸展运动

实心球操四肢运动

第二节，四肢运动：① 左脚侧出，胸前持球；②～③ 向上抛球；④ 两臂下举持球；⑤ 左腿屈膝前举，两臂左前举；⑥ 左脚前出成弓步，两臂经前至上举；⑦ 左脚并于右脚，半蹲，两臂前举；⑧ 还原成预备姿势（图3-3-21）。

» **图 3-3-21** 四肢运动

第三节，踢腿运动：① 左脚前出，右脚尖点地，两臂侧举，右手持球；② 右腿前踢，将球于右腿下传递至左手；③ 右腿还原，两臂前举；④ 还原成预备姿势；⑤ 半蹲，胸前持球；⑥ 左腿后踢，两臂上举；⑦ 左腿并右腿，两臂前举；⑧ 还原成预备姿势（图 3-3-22）。

实心球操踢腿运动

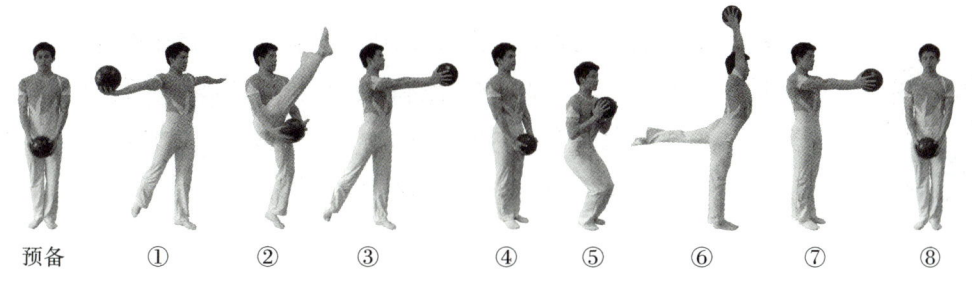

» **图 3-3-22** 踢腿运动

第四节，体侧运动：① 左脚侧出脚尖点地，两臂上举；② 两手将球置于左肩上方；③~④ 两臂上举，上体左屈；⑤ 还原成②的姿势；⑥ 还原至①的姿势；⑦ 左手持球置于左肩，右臂向内绕环，上体左屈；⑧ 还原成预备姿势（图 3-3-23）。

实心球操体侧运动

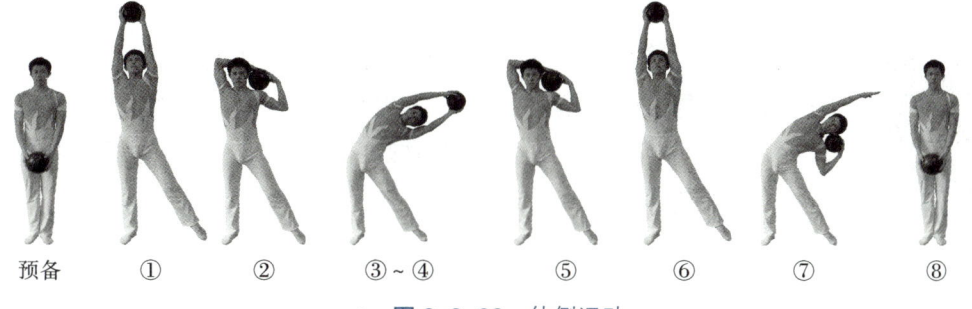

» **图 3-3-23** 体侧运动

第五节，体转运动：①～② 左脚侧出，两手经胸前向上抛球，胸前接球；③ 两臂上举；④ 半蹲，上体左转，颈后持球；⑤ 还原成③的姿势；⑥ 两臂向右绕至下举；⑦ 半蹲，上体左转，两臂前举；⑧ 还原成预备姿势（图 3-3-24）。

实心球操体转运动

预备　　①　　②　　③　　④　　⑤　　⑥　　⑦　　⑧

» **图 3-3-24**　体转运动

第六节，腹背运动：① 左脚侧出，右手持球，两臂侧举；② 两臂持球上举，挺胸抬头；③～④ 上体前屈，左手持球于左腿小腿后传递给右手；⑤ 还原至开立，两臂上举；⑥ 左脚收回，上体前屈，球触脚尖；⑦ 半蹲，两臂前举；⑧ 还原成预备姿势（图 3-3-25）。

实心球操腹背运动

预备　　①　　②　　③～④　　⑤　　⑥　　⑦　　⑧

» **图 3-3-25**　腹背运动

第七节，全身运动：① 左脚前出成弓步，两臂上举；②～③ 上体向右绕环还原成①的姿势；④ 左脚收回，上体前屈，将球放于两脚间；⑤ 成蹲撑；⑥ 两脚夹球蹬起成俯撑；⑦ 两脚夹球蹬起成蹲撑；⑧ 还原成预备姿势（图 3-3-26）。

实心球全身运动

预备 ① ② ③ ④ ⑤ ⑥ ⑦ ⑧

» **图 3-3-26** 全身运动

第八节，跳跃运动：① 半蹲，球放脚前；② 起立；③ 向前跳越实心球；④ 向后跳越实心球；⑤ 半蹲，两手于地面持球；⑥ 两腿伸直，两臂持球经胸前至下举；⑦ 跳成开立，两臂上举；⑧ 跳起成预备姿势（图 3-3-27）。

实心球跳跃运动

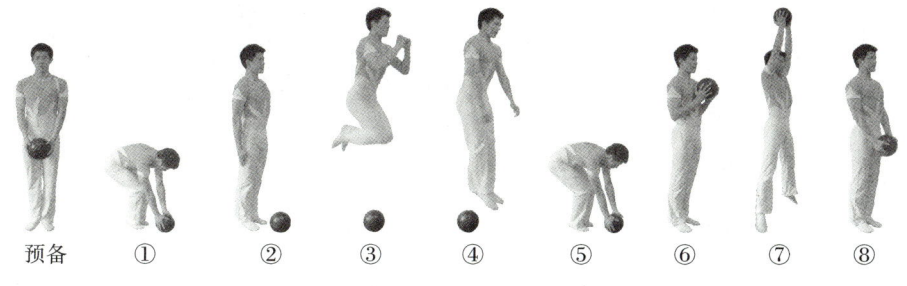

预备 ① ② ③ ④ ⑤ ⑥ ⑦ ⑧

» **图 3-3-27** 跳跃运动

练习价值：利用实心球圆形这一特点，可采用滚动、抛接、传递等练习形式，并充分发挥其具有一定重量的特点，加大运动负荷，增加动作难度，丰富练习内容，提升练习效果。实心球练习对增强上肢和腰腹力量效果明显。

（三）跳绳

绳是一种软器械，主要包括长绳和短绳两种。以跳绳为主，是增强腿部力量，发展弹跳力、耐力、灵敏性和协调性的有效手段。也可将绳作为限制物进行各种柔韧性练习，或将绳两折或三折进行绳操练习。

1. 跳短绳练习

短绳可单人练习、双人练习和三人练习。单人跳绳长为 2~2.3 米，双人和三人练习绳长约为 2.5 米或稍长。单人跳绳以两手握绳两端，一脚踩绳中央拉直绳，齐肘高为宜。

（1）摇绳及停绳方法

两手握绳两端，两臂在体侧自然弯曲，手稍向外张，用手腕转动绳。有前摇、后摇、交叉臂摇和"8"字摇绳等方法。前摇跳结束时，一脚前出，脚跟着地，前脚掌离地，绳摇至脚下踩停；后摇结束时，一脚前脚掌着地，脚跟抬起，绳摇至脚下踩停。

（2）跳绳方法

① 单人摇跳练习：有单脚垫跳和连跳、双脚垫跳和连跳、交换腿垫跳和连跳、跳绳跑和双摇跳等。也可在上述基础上采用后踢腿跳、高抬腿跳、前踢腿跳、团身跳等方法。上述方法均可结合正摇、反摇、交叉臂摇的方法跳（图3-3-28）。

② 双人摇跳练习：两人面对站立或重叠站立，一人摇绳，两人同时跳越绳或另一人跳进、跳出；也可两人侧对站立，各用外侧手摇绳跳；还可一人持绳一端助摇，另一人持绳另一端摇跳等（图3-3-29）。

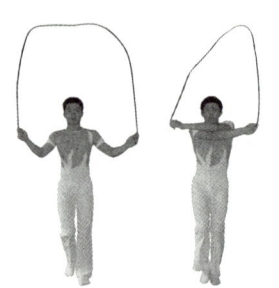
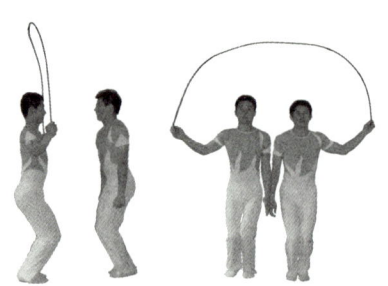
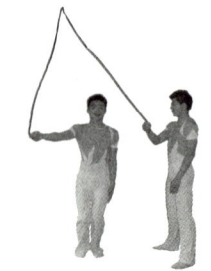

» 图3-3-28 单人摇跳练习   » 图3-3-29 双人摇跳练习

双人摇跳练习一   双人摇跳练习二   双人摇跳练习三

③ 三人摇跳练习：三人前后站立，中间人摇绳，另外两人同时跳或同时、依次跳进、跳出；或三人侧对站立，两侧的人外侧手摇绳，三人同跳。

2. 跳长绳练习

通常绳长为5米左右，可根据练习者的人数决定长度。

（1）摇绳方法

长绳有两种摇绳方法，一种是摇荡，即绳子左右摆荡，一般不超过45°；另一种为摇转，即向一个方向绕圈。摇转分为正摇（向练习者由上而下摇）和反摇（与正摇相反）两种。

（2）跳绳方法

① 跳单绳：两人保持一定距离，面对站立，摇一根长绳（摇绳高度保持中央最高处高于一人身高，下摇最低处擦地而过），一人或多人做动作跳过或跑过。跳过时，

可跳一次立即跑出，也可连跳，即连续多次跳过绳后跑出，还可两人或多人从不同方向跑进、跑出。可采用单脚、双脚、屈腿、转体、击掌、拾物等跳法，以增加跳绳练习的趣味性。

跑过多用于正摇绳，当绳子由最低点向上摇绳时，练习者在下一次触地前跑过。同样可采用各种方法跑过，如负重、转体、两人拉手跑等。

② 跳双绳：将平行的两根长绳有节奏地相向摇转，一人或两人做跑过或跳过动作。

3. 跳绳游戏

跳绳游戏形式和内容较多，一般采取比赛的形式进行。通常有以下几种形式：

（1）花样赛：在规定的时间内看谁的花样跳得多，如前摇跳、后摇跳、单腿跳、双腿跳、单腿垫跳、交换腿跳、高抬腿跳、交叉臂摇跳、双摇跳等。

（2）计时赛：各种跳法的接力赛，看哪组先完成，用时短。

（3）记数赛：在规定时间内跳绳，看谁的数量多。

4. 绳操

第一节，上肢运动：预备姿势为直立，两臂体前持二折绳；①～② 左脚侧出，两臂向后转肩至后下举；③ 两臂向前转肩至侧上举；④ 两手向内翻腕使绳绕手腕一圈成两臂上举；⑤～⑥ 向左转体 90° 右脚尖点地，两臂向右绕环；⑦ 打开右手腕绳，右臂侧举；⑧ 还原成预备姿势（图 3-3-30）。

绳操上肢运动

预备　①　②　③　④　⑤～⑥　⑦　⑧

» **图 3-3-30**　上肢运动

第二节，四肢运动：预备姿势为直立，两臂体前持四折绳；① 两臂上举；② 半蹲，持绳于颈后；③ 还原成①的姿势；④ 左腿屈膝向前跨越绳，左脚尖点地；⑤ 还原成直立，两臂上举；⑥ 两臂肩侧屈，绳触胸；⑦ 左脚前出成弓步，两臂前举；⑧ 还原成预备姿势（图 3-3-31）。

绳操四肢运动

预备 ① ② ③ ④ ⑤ ⑥ ⑦ ⑧

» 图 3-3-31　四肢运动

绳操扩胸运动

　　第三节，扩胸运动：预备姿势为直立，两臂体前持三折绳；① 左脚侧出，两臂持绳前侧举；②~③ 两臂持绳向上经左绕环至前举；④ 两臂胸前平屈后振；⑤ 成①的姿势；⑥ 左臂侧举，右臂胸前平屈后振；⑦ 成①的姿势；⑧ 还原成预备姿势（图 3-3-32）。

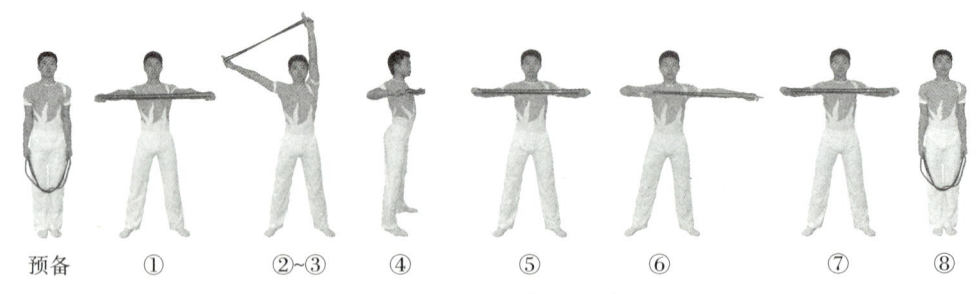

预备 ① ②~③ ④ ⑤ ⑥ ⑦ ⑧

» 图 3-3-32　扩胸运动

绳操踢腿运动

　　第四节，踢腿运动：预备姿势为直立，两臂体前持二折绳；① 两臂前侧举；②~③ 两手持绳头做左右"8"字绕环；④ 成①的姿势；⑤ 左脚前出，右脚尖点地，两臂上举；⑥ 右腿前踢，两臂右后下摆；⑦ 还原成⑤的姿势；⑧ 还原成预备姿势（图 3-3-33）。

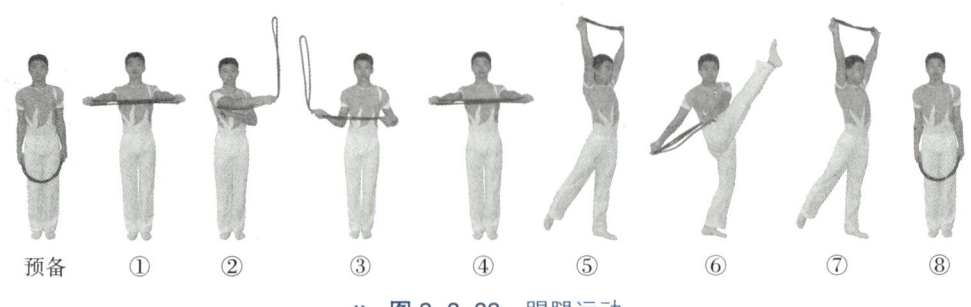

预备 ① ② ③ ④ ⑤ ⑥ ⑦ ⑧

» 图 3-3-33　踢腿运动

第五节，体侧运动：预备姿势为直立，左手持绳头；① 左臂上举向外水平绕绳一周；② 右手接另一绳头，两臂上举；③ 左脚侧出，左手持绳于腰际，右臂上举；④ 上体左屈；⑤ 还原成②的姿势；⑥~⑦ 上体左屈两次；⑧ 还原成预备姿势（图3-3-34）。

绳操体侧运动

预备　　①　　　②　　　③　　④　　　⑤　　⑥~⑦　　⑧

» **图 3-3-34** 体侧运动

第六节，体转运动：预备姿势为直立，左手持三折绳；①~② 左脚侧出，左手持绳，体前额状面绕环两周；③ 右手接另一绳头，成两臂前举；④ 两臂屈肘，绳触胸；⑤ 半蹲，上体左转，两臂前举；⑥ 还原成④的姿势；⑦ 半蹲，上体左转，两臂上举；⑧ 还原成预备姿势（图3-3-35）。

绳操体转运动

预备　　①~②　　　③　　　④　　　⑤　　　⑥　　　⑦　　　⑧

» **图 3-3-35** 体转运动

第七节，全身运动：预备姿势为直立，两臂体前持二折绳；① 左脚侧出，两臂向前经上绕至后斜下举；② 上体前屈，挺胸抬头，两臂侧举；③ 上体左转，右手触左脚尖；④ 同③动作，左右相反；⑤ 上体还原，两臂侧上举；⑥ 左脚收回成全蹲，右手将绳一端交至左手成四折绳前举；⑦ 左脚前出成弓步，两臂持绳上举；⑧ 还原成预备姿势（图3-3-36）。

预备　　①　　②　　③　　④　　⑤　　⑥　　⑦　　⑧

» **图 3-3-36** 全身运动

绳操跳跃运动

第八节，跳跃运动：预备姿势为直立，两臂体前持绳两端；①~② 两手持绳头做一次体侧绕"8"字（身体左、右两侧各绕环一次）；③~④ 做两次前摇跳；⑤~⑧ 同①~④ 动作，左右相反（图3-3-37）。

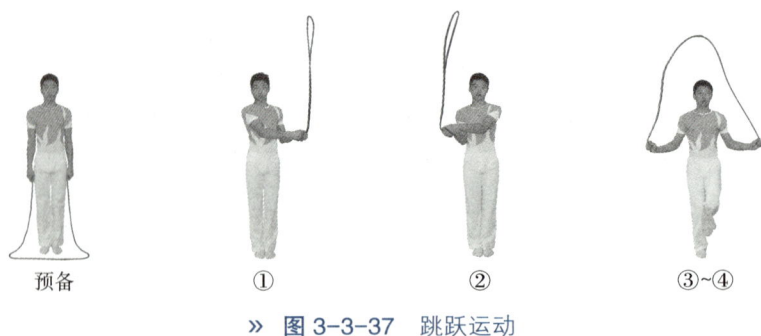

预备　　①　　②　　③~④

» **图 3-3-37** 跳跃运动

练习价值：跳绳是一项非常易于开展、非常普及的体育活动。绳操对于发展身体柔韧性、协调性效果明显。跳绳能够增强腿部力量，发展弹跳力、灵敏性、耐力以及协调性，对促进运动器官和心血管系统机能有着良好作用。

（四）木哑铃

木哑铃由握把和铃头组成，握把长为 11~12 厘米，直径为 2.8~3.5 厘米，中部稍粗，铃头呈圆形，直径为 7~10 厘米。其特点是在练习中可利用哑铃的撞击声，使动作整齐、有力、富有节奏感，有利于培养练习者的协调性、节奏感，提高练习兴趣。

1. 持铃与击铃方法

两手各持一个木哑铃，虎口相对（或向外）铃头相击出声，或两手持铃上下重叠铃头相击出声。

2. 哑铃操

预备姿势：两手各持一哑铃于体侧，直立（以下各节的预备姿势相同）。

第一节，上肢运动：① 左脚侧出，两臂侧举；② 两臂前举，虎口相对击铃；③ 两臂体后击铃；④ 还原成①的姿势；⑤ 两臂上举，虎口相对击铃；⑥ 两臂肩侧屈；⑦ 重复⑤的动作；⑧ 还原成预备姿势（图3-3-38）。

哑铃操上肢运动

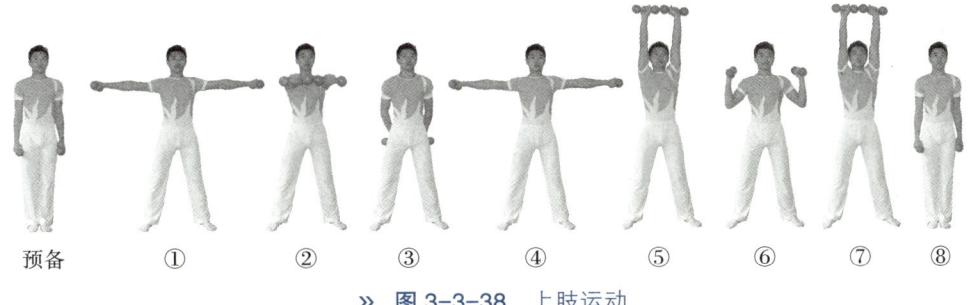

预备　①　②　③　④　⑤　⑥　⑦　⑧

» **图 3-3-38**　上肢运动

第二节，四肢运动：① 两臂侧举；② 左脚前出成弓步，两臂上举击铃；③ 上体前屈，左腿胯下击铃；④ 还原成①的姿势；⑤ 提踵立，两臂经侧上举击铃；⑥ 半蹲，两臂前举击铃；⑦ 左脚侧出成侧弓步，两臂侧举；⑧ 还原成预备姿势（图3-3-39）。

哑铃操四肢运动

预备　①　②　③　④　⑤　⑥　⑦　⑧

» **图 3-3-39**　四肢运动

第三节，扩胸运动：① 左脚侧出，两臂前举，虎口相对击铃；② 两臂胸前平屈后振；③ 还原成①的姿势；④ 两臂侧举后振；⑤~⑥ 两臂向下经上绕至侧上举；⑦ 两臂下举体后击铃；⑧ 还原成预备姿势（图3-3-40）。

哑铃操扩胸运动

第四节，踢腿运动：① 左脚前出，右脚尖点地，两臂侧举；② 右腿前踢，两臂下举，右腿下击铃；③ 右腿还原，两臂上举击铃；④ 还原成预备姿势；⑤ 半蹲，腿后击铃；⑥ 提踵立，两臂上举击铃；⑦ 左腿侧踢，两臂侧举；⑧ 还原成预备姿势（图3-3-41）。

哑铃操踢腿运动

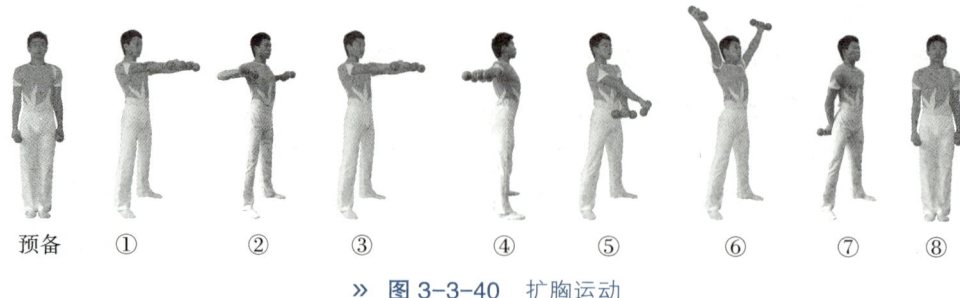

预备　①　②　③　④　⑤　⑥　⑦　⑧

» **图 3-3-40　扩胸运动**

预备　①　②　③　④　⑤　⑥　⑦　⑧

» **图 3-3-41　踢腿运动**

哑铃操体侧运动

第五节，体侧运动：① 左脚侧出成半蹲，两臂肩侧屈；② 两腿伸直，上体侧屈，两臂上举；③ 还原成①的姿势；④ 两腿伸直，两臂上举；⑤ 两臂向内经下绕至侧举；⑥ 上体左屈，两臂上举击铃；⑦ 还原成⑤的姿势；⑧ 还原成预备姿势（图3-3-42）。

预备　①　②　③　④

⑤　⑥　⑦　⑧

» **图 3-3-42　体侧运动**

第六节，体转运动：① 左脚侧出，两臂前举击铃；② 两臂下举体后击铃；③ 两臂上举击铃；④ 两臂侧举；⑤ 半蹲，上体左转，两臂前举击铃；⑥ 两臂侧举；⑦ 两臂上举击铃；⑧ 还原成预备姿势（图3-3-43）。

哑铃操体转运动

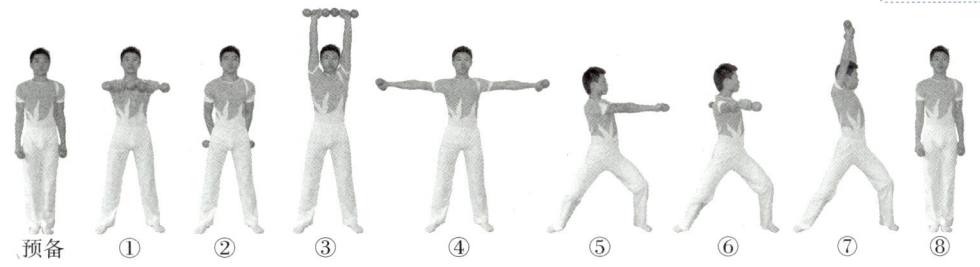

预备　①　②　③　④　⑤　⑥　⑦　⑧

» 图 3-3-43　体转运动

第七节，腹背运动：① 左脚侧出，两臂经侧上举击铃；② 上体前屈，左腿后击铃；③ 右腿后击铃；④ 上体前屈，挺胸抬头，两臂侧举；⑤~⑥ 左脚并右脚，上体前屈，腿后击铃两次；⑦ 半蹲，上体抬起，两臂前举击铃；⑧ 还原成预备姿势（图3-3-44）。

哑铃操腹背运动

预备　①　②　③　④　⑤~⑥　⑦　⑧

» 图 3-3-44　腹背运动

第八节，跳跃运动：①~② 后踢小腿跑两次，两臂前举击铃两次；③ 跳成左前弓步，两臂侧举；④ 跳成预备姿势；⑤ 跳成开立，两臂上举击铃；⑥ 跳成并立，两臂下举体前击铃；⑦ 跳成开立，两臂侧举；⑧ 跳成预备姿势（图3-3-45）。

哑铃操跳跃运动

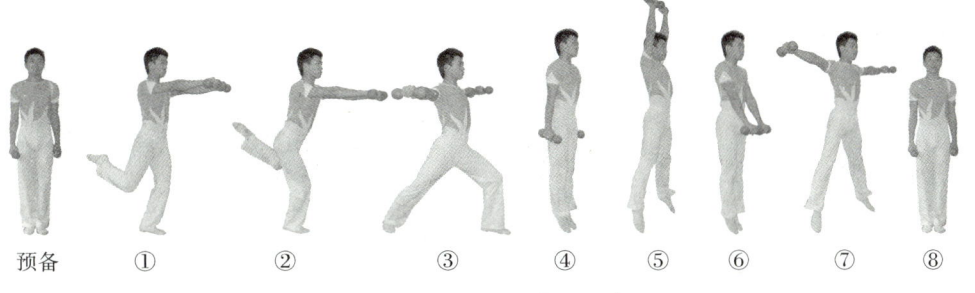

预备　①　②　③　④　⑤　⑥　⑦　⑧

» 图 3-3-45　跳跃运动

练习价值：充分利用哑铃双器械和可敲击的特点，培养练习者的节奏感和两臂协作能力，同时又因木哑铃有一定的重量，所以通过练习有利于增强上肢力量。

（五）健身球操

健身球是采用含有超级橡胶原料的 PVC 材料制作的球。球体表面具有海绵般的柔软度、车胎般的抗压性和气球般的高弹力。球的直径从 45～75 厘米不等。练习者可根据自身高度和练习的具体内容选择球的大小，成年人一般可选择 60 厘米左右大小的健身球。健身球练习可以发展人体的柔韧性、力量等身体素质，这里主要介绍健身球操。

预备姿势：直立，两手持球于腹前。

健身球操上肢运动

第一节，上肢运动：① 左脚侧出，两臂前举；② 左臂前上举、右臂前下举在上的前举；③ 屈臂持球于胸前；④ 两臂左侧举；⑤⑥ 两臂向下绕至上举，半蹲；⑦ 左脚侧出，脚尖点地，两臂向左经下绕至右侧上举；⑧ 还原成预备姿势（图 3-3-46）。

预备　　①　　②　　③　　④　　⑤～⑥　　⑦　　⑧

» 图 3-3-46　上肢运动

健身球操四肢运动

第二节，四肢运动：① 两臂上举；② 屈肘持球于胸前；③ 半蹲，将球放于体前地面；④ 跳成开立，两手扶球上方；⑤ 跳成并立；⑥ 上体抬起，持球成预备姿势；⑦ 左脚侧出，脚尖点地，右腿稍屈，两臂右侧举；⑧ 还原成预备姿势（图 3-3-47）。

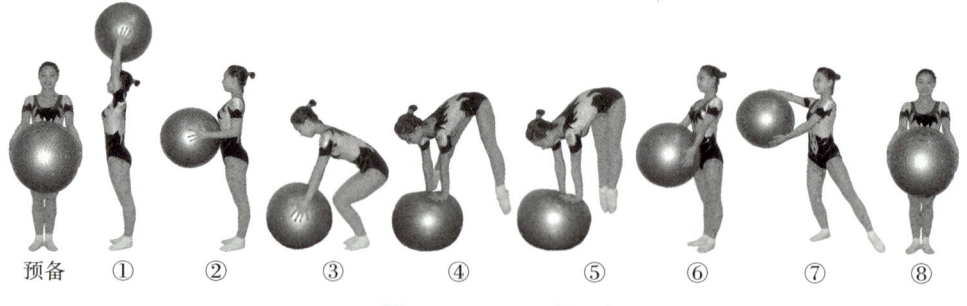

预备　　①　　②　　③　　④　　⑤　　⑥　　⑦　　⑧

» 图 3-3-47　四肢运动

第三节，伸展运动：① 半蹲，低头含胸，两手扶球上方，将球滚至体前远端；② 将球拨回至体前；③④ 右脚侧出脚尖点地，左手拨球至侧方，左手扶球上方，右臂侧上举；⑤ 还原成②的姿势；⑥ 半蹲，两手扶球两侧；⑦ 左脚侧出，脚尖点地，两臂右上举；⑧ 还原成预备姿势（图3-3-48）。

健身球操伸展运动

» **图 3-3-48** 伸展运动

第四节，体侧运动：① 左脚后出成单膝跪，两臂前举；② 右脚并左脚成跪立，将球放于体前地面上；③ 成跪坐，上体左屈，左手拨球滚至左侧，左手扶球上方，右臂上举；④ 还原成②的姿势；⑤⑥ 左脚侧点地，上体左屈，两臂向右经上绕至左侧举；⑦ 左脚前出成单膝跪，两臂前举；⑧ 还原成预备姿势（图3-3-49）。

健身球操体侧运动

» **图 3-3-49** 体侧运动

健身球操体转运动

第五节，体转运动：①② 左脚侧出，右脚并左脚，两臂向左绕环；③ 左脚侧出，上体左转，两臂前举；④ 上体还原，两手持球于胸前；⑤ 两臂上举；⑥ 半蹲，上体左转；⑦ 成⑤的姿势；⑧ 还原成预备姿势（图 3-3-50）。

预备　①　②　③　④　⑤　⑥　⑦　⑧

» **图 3-3-50**　体转运动

健身球操腹背运动

第六节，腹背运动：① 左脚侧出，两臂上举；② 上体前屈，将球放于体前地面上；③ 上体前屈，胸触球面，抬头挺胸，两臂侧举；④ 成②的姿势；⑤⑥ 将球推至最远端并拨回；⑦ 成③的姿势；⑧ 还原成预备姿势（图 3-3-51）。

预备　①　②　③　④　⑤~⑥　⑦　⑧

» **图 3-3-51**　腹背运动

健身球操全身运动

第七节，全身运动：① 左脚侧出，两臂前举；② 上体左转；③ 上体左屈，两臂上举；④ 还原成①的姿势；⑤⑥ 上体向左绕环；⑦ 左腿前出成弓步，两臂上举；⑧ 还原成预备姿势（图 3-3-52）。

健身球操跳跃运动

第八节，跳跃运动：① 跳成大开立，两臂上举；② 跳成并立，胸前持球；③ 将球放于体前地面，两手撑扶球上方；④⑤ 开合跳一次；⑥⑦ 并腿跳两次；⑧ 还原成预备姿势（图 3-3-53）。

预备　①　②　③　④　⑤　⑥　⑦　⑧

» **图 3-3-52** 全身运动

预备　①　②　③　④　⑤　⑥～⑦　⑧

» **图 3-3-53** 跳跃运动

练习价值：利用健身球软、大、不稳定、可滚动等特点，提高练习者的学习兴趣。持球和在健身球上的各种练习，对提高肌肉力量和身体控制能力，有着其他任何练习不可取代的特殊作用。

三、轻器械体操的教学要求

（一）根据学生特点，充分发挥各类轻器械性能，科学选择轻器械项目

在进行轻器械体操教学时，教师必须充分了解不同轻器械的特点，掌握其各自的性能，结合教学目的和学生特点，科学地选择轻器械种类和练习的具体方法、手段和内容，以求取得最佳教学效果。

（二）要求学生根据创编原则科学地创编动作，重视教学能力的培养

轻器械体操的创编及教学能力的培养是本节的主要教学任务。因此，教师的教学应围绕培养学生的教学能力和创编能力，在传授基本知识、技术的同时，增加学生自编互教的实践环节和考核内容，促进学生实际能力的提高。

四、轻器械体操练习注意事项

（一）加强思想教育，重视练习安全性

轻器械因其性能、规格、特点各不相同，如果练习时使用不当、安排欠妥极易发生意外伤害。因此，在进行轻器械练习时，首先应进行安全教育，使学生不仅了解不同器械的特点、功能及要求，还要在思想上高度重视，提高对意外事故的危害性、严重性的认识，严格按照要求进行练习，确保练习安全有效。

（二）合理摆放器械，便于组织教学

为了更好地组织教学，方便学生拿取和使用器械，教师课前应根据教学的需要将轻器械有序进行摆放。拿取器械的方法很多，可由学生按照一定的队形依次拿取及归还，也可由排头统一将本组成员的轻器械一并拿取，逐个发放等。但必须注意摆放和取还要根据学生人数、场地及所站队形等具体情况而定。

（三）选择合理队形，确保练习效果

轻器械体操的练习队形应根据所用器械的特点以及学生人数多少、场地大小进行选择，应重视与考虑学生的左右间隔和前后距离，确保学生有足够的练习空间，防止因间隔、距离不够而引起的伤害事故。

（四）加强同伴协作，培养团队精神

在双人和多人练习时，为了确保练习效果，组织教学时应尽量考虑到学生的基本条件，防止因身高、体重、协调性或运动基础相差甚远，从而影响练习效果，同时应加强教育，培养团结协作精神。

（五）遵循教学规律，讲求练习效果

练习的难易程度、运动量的大小等均应遵循循序渐进的原则，应在相应基础的前提下，逐渐加大动作难度、运动强度，增加练习时间，切勿操之过急。

（六）遵守游戏规则，严格组织纪律

在进行各种游戏活动时，必须讲明游戏规则、加强纪律性教育，统一指挥，严格要求，注意安全性，严禁组织易造成暴力和伤害行为的游戏练习。

第四节　徒手体操和轻器械体操的创编

培养学生徒手体操和轻器械体操创编能力，不只是教方法、技能，更重要的是开发学生自身的创造力和想象力。通过本节学习，就像有了图书馆的目录一样，在需要的时候知道应该如何创编徒手体操和轻器械体操。

一、创编依据

（一）依据《体育与健康课程标准》创编

《体育与健康课程标准》是指导体育教师应用各运动项目动作进行教学的依据。徒手体操与轻器械体操创编要符合教学要求进行动作设计，确保所创编的徒手体操或轻器械体操动作与《体育与健康课程标准》的目标和要求相一致，旨在能够顺利完成教学任务，有利于体育教学的针对性和系统性。

（二）依据学生特点创编

徒手体操和轻器械体操的创编必须结合学生的年龄、性别、体能水平和兴趣爱好等特点，围绕教学任务与要求，从学生已掌握的动作素材、学生的身体素质与接受能力、班级人数等方面设计成套动作。创编成套动作时，动作设计要简单易学、针对性强，激发学生的兴趣和积极性。在轻器械体操的创编中，应根据学生的器械使用经验，既要设计不同难度和挑战性的轻器械体操动作，又要注意编排动作的安全性。

（三）依据场地条件创编

创编徒手体操和轻器械体操时，要充分考虑教学场地的大小、环境和设施条件，设计各节动作。设计成套动作时，要考虑徒手动作与持轻器械动作的间隔距离和队形变化，动作位移的幅度不能过大，动作路线的变化也不宜过于复杂，充分利用教学场地资源和场地空间布局，设计适合轻器械的练习内容，确保教学过程的顺利、安全进行。

（四）依据轻器械特征创编

体操的轻器械形态各异、质地不同，有硬器械、软器械和弹性器械，各种器械具有不同的性能特征。创编轻器械操时，必须依据器械特性来设计和编排动作，不能将轻器械当成装饰，应将器械看作身体的延伸部分，器械动作与身体动作应协调配合，使器械始终处在运动中，形成优美的动态造型。

二、创编原则

徒手体操和轻器械体操的创编包括单节动作和成套动作。编排单节动作时以成套动作要求为条件，编排成套动作时以单节动作为基础，并遵循下列创编原则。

（一）针对性原则

1. 针对特定教学目标

如果徒手体操和轻器械体操的教学目标是提高学生的柔韧性，成套动作可以多编排拉伸等动作；如果是发展学生的灵敏性，成套动作可以编排行进间、多方向移动等动作；如果是发展学生力量素质，成套动作的设计可以利用轻器械，选择哑铃、体操棍做举、推、拉、抬等动作。体育课准备活动中创编徒手体操和轻器械体操，应根据体育课的教材，除了编排能充分热身并能逐步提高身体机能水平的动作，还要设计与体育课主教材技术在动作结构上相同或相近的比较简单的动作。创编健身性的徒手操或轻器械体操动作，应选编简单易学和有锻炼价值的动作，以适应不同年龄和健康水平的练习者，达到增强体质和促进健康的目的。

2. 考虑受众特点

徒手体操和轻器械体操的创编，应针对中小学生身心特点，注意成套动作编排的趣味性和实效性，选择不同类型的动作风格，以激发学生兴趣。根据男生、女生的性别特点，男生多选刚劲有力、节奏分明具有一定难度的动作，增强灵活性和节奏感；女生通过各种步法和优美柔和的动作，增强协调性和优美感。

（二）科学性原则

科学安排运动负荷、全面发展身体素质是徒手体操和轻器械体操创编的宗旨。

1. 合理安排运动负荷

成套动作的运动负荷应符合人体机能活动的规律，做到动作由简到繁、强度由弱到强、速度由慢到快，逐步增加运动负荷。通常的顺序是：头颈→上肢→肩部→胸部→躯干→下肢→全身→跳跃→整理等。成套动作由局部到整体，高潮在跳跃运动。如果是体育课的准备活动，整理活动一般可省略，待体育课结束时再做。

成套动作一般每节为 4×8 拍，需要加大运动负荷时也可用 6×8 拍或 8×8 拍，较激烈的跳跃动作一般采用 2×8 拍为宜。

根据青少年的生长发育特点，动作设计应考虑到轻器械的适度使用。在编排发展全身力量的轻器械体操成套动作时，应注意局部练习的负荷不宜过大。

2. 全面锻炼身体

成套动作的创编首先是徒手基本动作，主要包括头颈动作、上肢动作、下肢动作、躯干动作和全身性动作；持轻器械动作是在徒手动作的基础上，利用不同器械动作的变化，达到丰富练习内容、改变练习形式、提高练习强度、取得良好练习效果的目的。其次，成套动作还应合理安排力量、速度、柔韧、协调、灵敏等素质练习的比重，尽可能充分动员整个机体参与运动，使身体各部位的肌肉、关节、韧带及内脏器官得到全面锻炼，使练习者达到身材匀称、健美和提高各器官、系统功能的锻炼目标。创编轻器械体操动作时，必须充分利用和发挥各种器械本身的运动特性，如绳操，可利用绳的柔软和长度做各种跳绳、摆动、绕环、绕"8"字、折绳和缠绕等动作。

（三）创新性原则

1. 引入新颖动作元素

一套徒手体操和轻器械体操成套动作的创编是否有创意，很考验创编者的创编能力与素养。创编者具备创编能力的最基本要求是动作素材的储备，这样才能将动作素材加以分解、改变、重新组合，引入新颖的动作元素。设计动作元素时，力求做到一节动作与成套动作有机结合，设计出新颖、独特的成套动作。在体育课准备活动中，

体育教师所编排的徒手体操或轻器械体操成套动作应力求做到课课有变化，周周有特点，每学期、每学年有新意。

2. 丰富创编视角与方法

一套动作的创编是对艺术的独到追求，是新的探索和新的发现，是全新的视角和方法的使用。一节动作的创编与整套动作紧紧连在一起，它是一种高级、复杂的思维活动，其本质是一种运用脑力的理性行为。一套操的创新方法应从多方面着手，如动作本身的创新、顺序的创新、动作连接的创新、队形路线变化的创新、难易程度的创新、技术因素的创新等。

3. 融入音乐和舞蹈元素

将音乐和徒手体操结合，创造出一套富有节奏感和舞蹈元素的成套动作，可提升整体的创新性。在轻器械体操的编排中，通过器械的运动与音乐的配合，可以创造出独特的训练体验。

例如，我国推广的第三套全国中小学生（幼儿）系列广播体操，改变了以往广播体操按照传统的从头部到下肢和基本上是站在原地做操的方式，而是以全身运动为基础，以锻炼身体某部位为重点，增加连续的脚步移动的运动方式，并设计了前后呼应的预备动作和结束动作。有些广播体操还设计了过渡动作，汲取了更多青少年所喜爱的现代运动要素，如健美操、迪斯科、儿童舞蹈、游泳、滑冰、高尔夫球、武术等，并加以改造，以丰富的动作语汇，体现时代特点，提高了学生做操的兴趣。

总之，只有贯彻好创新性原则，才能使创编充满无限生机和活力，以其新颖独特的魅力吸引广大青少年积极参加体操练习，并体验其中的乐趣，从而提高锻炼的效果和综合素质。

三、创编要素

在创编任何一类徒手体操、轻器械体操的成套动作时，都必须考虑动作、音乐、空间、时间等要素。

（一）动作要素

创编一套操的基本单位是动作，动作是编排的基础，也是确定整套操风格及难度的关键。因此，在创编过程中首先要考虑的是动作要素，即核心动作。其他任何动作都是为核心动作服务的。

【范例】全国中小学生系列广播体操《时代在召唤》，在保持传统徒手体操动作的

基础上，吸纳了健美操和体育舞蹈等动作元素，以便于记忆、重复重点和自然过渡的原则创编出整套操，使之具有动作流畅、节奏明快、力度大、动感强的鲜明特征。整套操采用了动作分解变化的方法，在分解的基础上保留一部分，改变一部分，然后加大变化的力度，使练习者在动作与动作的衔接上有延续的感觉，在创编上使整套动作达到了发展变化的效果。

动作分解变化是指在创编过程中寻求一种方法，将成套的核心动作发展变化，开拓新的动作方法，使成套中的动作语汇形成一个有机的整体。采用动作分解变化的方法时，可以围绕动作姿态、速度、力度三要素进行动作创编。

（二）音乐要素

音乐是成套动作创编的核心要素之一，它可以通过节奏引导和氛围渲染，帮助学生提升动作执行的准确性和练习效果。在徒手体操和轻器械体操的创编中，音乐选择应考虑节奏明快、欢快愉悦的特点，以激发学生的兴趣和热情。创编者在选择或处理音乐时，将音乐作为一个大背景，让动作独立地形成若干线条型的结构来构建整套动作，选择的音乐节奏可以根据动作的快慢、强弱进行变化，使音乐的节奏与动作设计相协调。

【范例】全国中小学生系列广播体操《世界真美好》的音乐轻松、欢快，表明了"美好"的主题，体现了学生天真、活泼的个性特点。在这样的音乐伴奏下，可使学生更愉快地做操。用音乐的旋律和节奏取代口令，既可以锻炼身体，又有利于学生音乐素质的提高，加深了学生对动作美的理解，体现了音乐在整套操中的重要性。

（三）空间要素

创编整套动作要充分利用场地和空间变化。空间变化主要指不同的运动方向、运动路线在队形变化时形成的图案效果。运动方向是指练习者在一定的运动线上呈现的进、退、横移等；运动路线是指练习者在场地上的移动路线，包括直线、曲线、弧线。

【范例】全国中小学系列校园集体舞《青春风采》，趣味性地将常见的生活元素与舞蹈动作结合在一起。通过学生位置的交替变换，使学生之间交流变得丰富多彩、生动活泼，学生随着"方阵队形"和"圆圈队形"的不断交替和变化形成图案效果，恰当地表现出男女学生的情感和理智，这正是合理地利用了有限的场地和空间变化。

（四）时间要素

徒手体操和轻器械体操的成套动作在时间上虽无严格规定，可长可短，但也应根据目的、任务及不同的对象来确定成套动作适宜的时间长度，以达到预期效果。

【范例】全国中小学系列徒手体操《世界真美好》共有 8 节，成套时间为 2 分 39 秒，主要针对幼儿的身心特点创编而成；《青春的活力》共有 9 节，成套时间为 3 分 41 秒，主要针对中学生的身心特点创编而成；全国《大众广播体操》共有 8 节，成套时间为 4 分 55 秒，主要针对成年人的身心特点创编而成。无论进行哪一类操的创编，都要根据目的、任务及对象的不同，在一定的时间内完成编排的动作内容。因此，时间长短是成套动作编排中必须考虑的一个因素。

四、创编方法

创编就是创新、创造与编排。它是一种高级、复杂的思维活动，其本质是一种运用脑力的理性行为。创编与想象力紧密相关，但也有具体的创编方法，只有认真钻研、不断实践，才能"熟能巧、巧生华"，创编的趣味性自然会生发出来，并达到创编的理想境界。将徒手体操、轻器械体操的创编方法归纳总结，主要有以下几种方法。

（一）组合创编

组合创编是指将身体各个部位、各种类型的动作进行组合的方法，其基本组合形式主要有两种：

1. 身体同一部位做相同或不同类型的动作组合

（1）身体同一部位做相同类型的动作组合，如两臂同时做前、上、侧举。

（2）身体同一部位做不同类型的动作组合，如一臂前举，另一臂做前举内屈；一腿伸直，另一腿屈成弓步等。

2. 身体不同部位做相同或不同类型的动作组合

身体不同部位是指头颈、肩、臂、腿、髋和腰腹等，它们可以同时做相同类型或不同类型的动作。

（1）身体不同部位做相同类型动作，以上肢与下肢（一腿站立）两个部位为例，可做相同方向、幅度、路线、速度、频率的举、振、屈伸等同类型动作；以上肢、头颈和躯干的屈伸为例，可做两手交叉屈于头后，同时头前屈，两臂伸至侧上举、头后屈，同时上体后屈等配合。

（2）身体不同部位做不同类型动作，以上肢与下肢动作为例，可做两腿半蹲、两臂前举，两腿伸直、两臂上举，两腿全蹲、两臂侧举等动作的配合。

（二）移植创编

移植创编又称为模仿创编，即将日常生活中的有趣动作，如将动物的可爱姿势以及其他运动项目或舞蹈中的一些典型动作移植过来，经过加工改造，分解成具有鲜明特色的单个或单节动作。

【范例】中小学系列广播体操中，最突出的特点是模仿日常生活中的洗脸、刷牙，小兔、小猫的可爱动作，将武术、游泳、打高尔夫球和舞蹈中一些典型动作作为创编单个或单节动作的素材，并将其改编成富有情趣的体操动作，进行身体各部位的锻炼。同时，以音乐、歌谣、形体动作交融的方式，达到促进青少年德、智、体、美、劳全面发展的教育目的；以天真稚气、活泼可爱的动作形象和富有想象力的音乐，表现出热爱大自然、热爱生活的美好心灵。

（三）改变节奏创编

1. 用不同的节奏进行创编

如采用 1/4 拍、2/4 拍、3/4 拍、4/4 拍等不同的节奏进行编排，让学生清楚地认识动作形成的过程、不同的动作质感、动作连接的作用以及不同的视觉效果等。

2. 用不同的强度进行创编

如以 2×8 拍、4×8 拍、6×8 拍、10×8 拍为一节，一拍一动、一拍两动、两拍一动、四拍一动的变化形式，增加运动强度，使肢体承担不同的运动负荷。

【范例】中小学系列广播体操《时代在召唤》，打破了 4×8 拍为一节的传统创编程序，以 2×8 拍、4×8 拍、6×8 拍、10×8 拍为一节，采用一拍一动、一拍两动、两拍一动、四拍一动的变化形式，增加了运动负荷，从而对传统的编排形式和结构模式进行了新的改革，提高了学生的注意力，增强了学生的身体素质。

五、创编应考虑的技术因素

为了科学、合理地创编整套动作，使其符合创编原则，达到创编的最佳效果，必须对创编时应考虑的技术因素进行分析。

（一）身体姿势

身体姿势是指徒手体操或器械体操动作在空间概念上，身体或身体某部位所处的相对稳定的状态。包括开始姿势、动作过程中的姿势和结束姿势。姿势改变正确与否，直接影响动作的难易程度和锻炼效果。例如，做上体前屈动作时，两臂做侧举、叉腰或上举等不同姿势，就会使背部肌肉承受不同的负荷。另外，做动作时姿势正确与否，对锻炼的效果也不一样。例如，两腿伸直的动作，姿势正确，难度较大，能达到拉长大腿后部肌肉和韧带的作用；而屈腿做动作容易完成，但锻炼效果较差。

（二）动作方向

动作方向是指动作经过一定的路线后所指向的目标（空间位置）。它是根据练习者的身体与所做动作的相互关系来确定的，可分为前、后、左、右、上、下6个基本方向。此外，还经常用向内和向外或斜方向（指介于两个基本面的中间方向）来说明动作的方向。由于动作方向不同，对身体各部位的影响也会不同。

（三）动作幅度

动作幅度是指做动作时，身体或身体某一部位移动距离的大小。动作的幅度影响着动作的难度和练习效果，也影响着身体承受负荷的大小。在徒手体操的创编中，可以根据练习者的体能水平和训练目的，调整动作的幅度。例如，两臂胸前平屈后振和两臂侧举后振，后者比前者幅度大，运动负荷也更大。

（四）动作路线

动作路线是指做动作时，身体或身体某部分运动的轨迹。动作路线分为直线运动和曲线运动。做直线运动时，需要指明动作的起、止点；做曲线运动时，则应说明动作所经过的中间路线，如两臂经前至侧举。

（五）动作频率

动作频率是指在单位时间内重复动作的次数。例如，两臂绕环，两拍绕一次和绕两次，后者比前者的频率快一倍。在单位时间内，重复次数不同，肌肉的负荷量也就不同。

（六）动作速度

动作速度是指在单位时间内身体或身体某部分移动的距离。动作速度对于徒手体操的创编具有重要影响，可以通过控制动作的速度，调整动作的难度和效果。例如，在 1 秒内做两臂前上举比两臂前举移动的距离要长，速度要快，肌肉工作的负荷量也大。

（七）动作节奏

动作节奏是指做动作时肌肉用力和放松交替而形成的节律。动作节奏的强弱、用力和放松的交替，不仅可以提高动作的协调性和韵律感，而且有利于掌握动作和提高工作效率。创编中，可以通过控制动作的节奏，调整动作的连贯性和流畅性。

上述 7 个技术因素是密切相关的，它们共存于动作之中。因而设计、创编动作时，应合理地考虑和运用以上 7 个技术因素。

六、创编步骤

根据创编步骤，掌握创编成套动作及变化的方法，可编制多种多样的徒手体操、轻器械体操动作。

（一）准备工作

准备工作主要包括 4 个方面的内容：明确创编的目的、任务和要求；了解练习者多方面的情况（年龄、性别、身体状况、运动基础等）；了解锻炼时间、场地、器材、设备等条件；查阅和观看有关徒手体操、轻器械体操的文字资料和音像资料。

（二）制订方案

制订方案时，应在多方面了解情况的基础上，确定所编操的类别（课间活动、体育课或其他所用）；根据具体用途，确定具体内容；根据整套操的目的、内容和练习形式，确定整套操的名称、节数及每节操的重复次数等。

1. 成套名称

徒手体操、轻器械体操的名称既要简而明，又要易说易记易传。名称如符号一样，听一遍就能记住为最好。

2. 指导思想

要求文字简练，它是总的要求的抽象表达。但内容必须含有教育的宗旨和意义，包括有关学校或社会的意义等。这一部分一定要严格推敲，既要简洁又要准确，因为它将成为所有创编工作人员遵循的思想，也是检验其优劣的标准。

3. 艺术创意

艺术创意上有什么突破性的进展，要争取达到什么样的艺术效果，确立一个什么样的艺术基调和艺术标准都要写进创意方案之中。这部分内容如同为整套动作审核提出了一个艺术效果方面的验收指标。

4. 结构框架

要对结构框架做出高度概括性的介绍和描述。

5. 工作步骤

对整个创作、排练以及合成等做出一个初步可行的时间表格。为管理提出一个时间纬度的目标，这对参编人员来说是共同的约定，对总负责人来说则是一个总体进程的把握。

（三）选择音乐与编排动作

创编成套动作时，要选择合适的音乐，通过剪裁和制作，使之适合总体设计方案要求。在熟悉和理解音乐后，根据整套操创编原则，实施编排整套操的具体动作，使所编动作与伴奏音乐和谐统一，并用速记或图解的方法记录下来。

（四）练习与调整

按设计好的动作进行练习。在练习过程中，应进行多方面的检查，包括运动负荷量和强度的测试、对整套操结构顺序的合理性和艺术性的检查等。根据测试结果、练习者的反馈信息及创编者的观察研究，再对整套操进行适当的修改和调整。例如，针对每节操的姿势，动作的方向、部位、路线，以及整套操每节动作的衔接、节拍和动作的配合等方面存在的缺陷做必要的修改，同时进行试验，对完善整套操会有更大的帮助。

（五）文字与说明

此步骤是为了保留资料，以便在今后的教学研究或相互交流中采用。文字说明应简明扼要、术语正确，绘图应形象逼真、方向清晰，记录时最好图文并用。

第五节　基础类体操的教学与组织

一、加强宣传教育

基础类体操具有广泛的群众性与实用性，为了更好地开展活动，必须做好宣传教育工作和组织工作，使学生明确基础类体操练习的意义和作用，从而在思想上重视，使基础类体操得到普及与推广。由于基础类体操的练习质量直接影响动作的效果，因此，在教学中要按照动作要领严格要求、严格训练，尤其对双人徒手体操、轻器械体操及游戏等练习，应切实做好组织工作，防止伤害事故的发生，培养学生认真学习和锻炼的良好习惯。

二、组织队形合理

合理组织集体做操队形是基础类体操教学的保证。做操队形多种多样，定位操的队形一般有长方形、正方形、圆形和半圆形等。行进间操的队形一般采用一路纵队或多路纵队，也可采用多列横队。无论选择何种队形，均应注意以下几点。

（一）根据条件定队形

应根据人数的多少和场地大小等具体条件选择做操队形。场地大、人数多，一般采用长方形、半圆形等；场地小、人数少，一般采用正方形、长方形、圆形等。

（二）便于观察和指挥

选择的队形既要便于大家看清领操员的动作，又要便于领操员的指挥。

（三）间隔、距离要适宜

徒手体操一般为左右两臂间隔、前后两步距离，轻器械体操还要加上器械的长度或抛掷练习的范围，学生的前后左右不能相碰。

（四）避免外界的干扰

队形的方向要考虑风向、阳光和外界干扰等多种影响因素。

三、动作示范正确

示范是讲解的先导，可给学生建立正确完整的直观动作表象。学生的模仿性较强，因此，正确运用示范是主要的教学方法。

（一）示范的要求

正确动作示范必须做到姿势正确，方向准确，路线清楚，节奏合理，身体各部位的动作协调配合。

（二）示范的位置

应根据练习的队形和人数来决定。行进做操时，一般站在纵队前 1/3 的左侧或站在圆形的圆心；定位做操时，一般站在前列，或等边三角形的顶点，或圆形、半圆形的圆心处。如果人数多、队形大，应站在较高的位置示范。

（三）示范的形式

有镜面（正面）示范、侧面示范和背面示范三种。

1. 镜面示范

镜面示范指面对学生做相反方向动作。一般用于显示左右方向、路线简单的动作。这种示范既便于学生模仿练习，又便于教师观察学生完成动作的情况，如伸展运动、体侧运动等。

2. 侧面示范

侧面示范指身体侧对学生做动作。一般用于显示前后方向、路线较简单的动作，如腹背运动、前踢腿运动等。

3. 背面示范

背面示范指背对学生做相同方向动作。一般用于方向、路线与身体各部位配合较复杂的动作，便于学生观察和模仿练习。

（四）示范的方法

示范应有明确的目的，要突出动作的关键或难点。示范的速度与方式应根据动作的难易与学生水平而定。对于比较简单或学生容易接受的动作，可按常规速度做完整示范；对于初学者或较复杂的动作，可慢速示范，或先分解示范，再完整示范，或领做示范；双人动作最好采用两人示范。

四、动作讲解恰当

讲解是用精练的语言说明动作的做法和要求，它可配合示范加深学生对动作的理解。对讲解的要求有如下几点：

（一）语言要简洁

讲解的语言要简明扼要、生动形象、通俗易懂、力求少而精。

（二）重点要突出

一般不宜讲动作的全过程，主要讲清动作的方向、路线和身体各部位的配合方法等重点、难点内容。

（三）讲解与示范应有机配合

边示范边讲解的效果最好。对于做操基础较好的学生、动作又很简单的练习，可采用只示范不讲解，或只简单提出要求的方法。

（四）顺序要合理

讲解的顺序应与术语记写的顺序一致。一般是先讲下肢动作再讲上肢动作，最后讲躯干与头颈、手眼的配合。

五、准确运用口令

口令是指用简短的术语下达的口头命令。准确的口令是使学生达到动作协调一致的重要因素之一。

（一）口令的要素和种类

口令一般包括预令和动令两个要素，也有少数口令只有动令而无预令。预令必须清楚、洪亮，长短视队伍的大小而定。在双人或多人练习时要稍长一些，以给学生充足的准备时间；动令必须短促有力，音调高于预令，使学生果断地开始行动。

根据预令和动令两个要素的配合与变化，口令一般可分为短促口令、断续口令、连续口令和复合口令。

1. 短促口令

口令特点是只有动令，发令短促有力。不论几个字，中间不停顿、不拖音，通常按音节（字数）平均分配时间，如"报数！""稍息！"等。有时最后一字稍长，如"立正！"等。

2. 断续口令

断续口令包括预令和动令，特点是预令与动令之间有停顿（微歇），如"第 n 名·出列！""以×××为基准·靠拢！"等。

3. 连续口令

连续口令包括动令和预令，特点是预令的拖音与动令相连。预令拖音稍长，动令短促有力，如"齐步——走！""向右看——齐！"等。

4. 复合口令

特点是把断续口令与连续口令结合在一起，如"左转弯、跑步——走！""伸展运动、预备——起！"等。

（二）下达口令的基本要领

1. 发音部位要正确

下达口令用胸音或腹音。胸音（即膈膜音）多用于下达短口令；腹音（即由小腹向上提气的丹田音）多用于下达带拖音的口令。

2. 掌握好音节

下达口令要有节拍，预令、动令和微歇有明显的节奏，使队列人员能够听得清楚。

3. 注意音色、音量不宜平均分配

下达口令一般起音稍低，由低向高拔音，如"向右看——齐！"的"齐"字发音要高。

4. 突出主音

下达口令时，把重点字的音量加大，如"向左——转！"要突出"左"字，"向前 n 步——走！"要突出数字。

六、及时纠正错误

在基础类体操教学中，教师要注意观察学生练习时的错误，善于分析产生错误动作的原因，并及时采取有效方法纠正错误，以防形成错误的动作定型。

七、运用多种练习方法

根据基础类体操教学安排和学生掌握动作的熟练程度，可采用多种多样的练习方法，不断提高练习的质量和练习效果。练习方法通常有分节练习法、分段练习法、累积练习法、连续练习法等。

根据基础类体操各项目内容的具体特点，教学中应采用多种多样的教学方法和练习方法，以不断激发学生练习的积极性，提高动作质量和教学效果。

八、基础类体操的教法与学法提示

在基础类体操教学中，教师首先应充分发挥示范作用，使学生形成正确的动作表象，激发学生的学习积极性；其次，应根据学生的基础和动作特点，确定示范形式和示范方法，选用相应的教学方法和练习方法进行教学，同时配合语言提示，使学生尽快地明确练习目的，了解动作要求，体验肌肉的用力方法和身体各部位的正确姿态。学生练习时，初期可采用简单的模仿练习，即跟着教师慢做或模仿动作。通过模仿练习，逐步掌握身体各部位肌肉用力的方法，达到改善身体基本姿态、提高协调性和控制能力的目的；随着学习的深入，学生可根据自己感兴趣的内容和形式，挑选适合自身难度的基础类体操练习内容。此外，在徒手体操和轻器械练习中，学生应不断体会徒手体操的创编规律和方法，通过变换各部位动作的组合方式，创造新的练习套路，以此提高练习的兴趣，培养创新能力。

思考与实践

① 基础类体操练习有哪些特点和育人价值？队列队形、徒手体操和轻器械体操有哪些练习价值？

② 徒手体操和轻器械体操有哪些教学要求与注意事项。

③ 徒手体操和轻器械体操有哪些创编原则、创编要素与创编方法？

④ 队列队形指挥的口令种类有哪些？

⑤ 举例说明基础类体操的教学组织中，如何做好示范与讲解。

第四章　体操保护与帮助

内容提要

　　本章主要介绍体操保护与帮助的概念、意义、分类和方法，对体操保护与帮助的运用要点、保护与帮助者的要求、体操练习中常见的运动损伤及相应的预防措施等进行阐述。

学习目标

1. 了解保护与帮助的概念、意义、分类和方法。
2. 掌握保护与帮助的运用要点，并学以致用。
3. 知晓体操教学与训练中对保护与帮助者的要求。
4. 懂得如何预防常见的体操运动损伤。

第一节　体操保护与帮助概述

体操运动是一项较为复杂、具有一定难度和危险性的运动项目，因此，保护与帮助是体操教学与训练的重要组成部分，也是体操运动区别于田径、游泳、球类等其他运动项目的一个显著特征。正确的保护与有效的帮助是体操练习中预防伤害事故发生的重要手段，是提高体操教学效果、学生学习效率的主要方法，是体操教师、教练员必须掌握的一项技能。

一、保护与帮助的概念

（一）保护

在体操教学、训练和比赛中，为防止练习者发生伤害事故，及时给予练习者身体保护、心理支持而采取的安全措施称为保护。在体操练习过程中，练习者在器械上或非正常体位下完成较为复杂的动作时，可能会出现脱手、摔倒、跌落或失去平衡等情形而发生危险或伤害事故。实施保护，能有效预防伤害事故的发生，从而保障练习者的安全。

（二）帮助

在体操练习中，帮助者及时给予练习者助力、信号，或设置标志物、限制物等，使练习者更快地建立正确的动作概念，更好地掌握、改进和提高动作技术的措施称为帮助。在实践中，练习者由于某种原因，不能完成动作或达不到动作的规格要求时，帮助者直接给予练习者身体助力或精神鼓励，可以有效提升练习者完成动作的质量和练习效率。

二、保护与帮助的关系

保护与帮助在体操教学与训练中具有至关重要的作用。保护是指通过物理手段防止练习者受伤，而帮助则是指通过指导和技术支持帮助练习者正确完成动作。两者概念不同，但又相辅相成，共同担负着保障体操教学与训练安全的使命。

保护与帮助在体操教学与训练的不同阶段有不同的应用方式。在动作学习的初期，以帮助为主、保护为辅，帮助可使练习者克服心理障碍，建立正确的动作概念。随着动作的熟练，保护与帮助交替进行，最终在动作巩固阶段以保护为主，确保练习者的安全。总之，保护与帮助在体操教学与训练中是不可分割的两个方面。保护是给练习者动作练习的安全性提供保障；帮助是给练习者完成动作练习提供保障。

三、保护与帮助的意义

（一）有利于练习者的身心健康

在体操教学与训练中，由于体操动作具有一定难度，容易引发安全隐患或发生伤害事故，给练习者造成身心负担，因此，实施保护与帮助，能有效保障练习者的安全，有助于其克服心理障碍，增强信心，以积极的心态完成体操各种练习。

（二）有利于练习者掌握正确的动作技术

在体操练习中，通过教师或同伴及时、有效的保护与帮助，可以促使练习者尽快建立正确的动作概念，掌握正确的技术动作，避免形成错误的动作定型，从而尽快掌握动作技术，提高练习效率。

（三）有利于练习者掌握保护与帮助的技能，不断提升教学水平

保护与帮助不仅能有效促进练习者掌握体操技术动作，同时，在相互的保护与帮助过程中，还能培养练习者掌握一项在未来体操教学活动中必不可少的基本技能，为提高体操教学与训练效果打下坚实的基础，不断提升教学水平。

（四）有利于培养练习者团结互助良好品质的形成

在体操练习中，练习者之间相互保护与帮助，不仅是一种技术学习上的需要，更是一种良好团队精神的培养和体现。在教学与训练中有计划、有目的地培养学生掌握保护与帮助的技能，通过练习者彼此之间的互帮互助，能建立良好的团队关系，同时

培养学生高度的责任感，使学生养成热爱集体、互相尊重、彼此信任、共同成就的优良作风与品质。

四、保护与帮助的分类

在体操教学与训练实践中，保护与帮助可以分为以下几类，如图 4-1-1 所示。

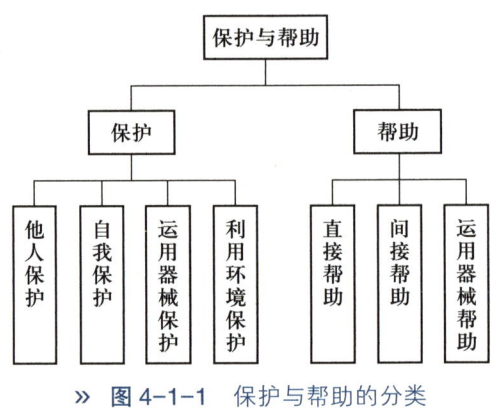

» **图 4-1-1** 保护与帮助的分类

第二节　体操保护与帮助的方法

体操运动项目多，各项目的动作也纷繁复杂，而且还在不断发展创新。在教学与训练中，实施有效的保护与帮助，教师不仅要认真学习体操保护与帮助的理论知识和实操技能，还要钻研教材，选择合理的保护与帮助方法。运用保护与帮助时，首先要分析动作的结构，根据动作方向、幅度、力量、速度、节奏，以及各种器械、项目的特点，选择合适的位置和恰当的时机，采取正确的方法，进行保护与帮助；其次要善于结合学生的个体差异、动作的难易程度，灵活多变地利用各种保护与帮助方法，做到因人而异、因动作而异。

一、保护方法

（一）他人保护

他人保护是指练习者因技术动作不熟练或因意外而发生危险时，保护者及时采取措施，使其摆脱险境，从而保障练习者安全的方法。常用方法有接、抱、挡、拦、拨等，主要是通过各种保护方法改变练习者的动作方向、动作速度、身体姿势、着地部位等，从而避免摔倒和掉下给练习者带来危险和损伤。

1. 单一动作保护

在体操练习时，保护者针对某一个动作所实施的保护称为单一动作保护。这种方法在练习初期或对初学者运用较多，保护者手法运用较单一，站位也相对固定。

2. 组合动作保护

在体操练习时，保护者对两个或两个以上动作的组合练习所实施的保护称为组合动作保护。这种方法主要在单个动作掌握比较熟练的基础上进行多个动作连贯性练习时运用，手法较复杂，而且保护者的步伐要随练习者的运动方向移动。

（二）自我保护

自我保护是指练习者由于动作不熟练或失误而发生意外时，自身运用相应的技巧或动作摆脱危险的方法。常用方法有以下几种：

1. 器械上自我保护

在体操器械上练习时，由于技术、器械或护具等问题引发意外时，采用及时终止练习、跳下或坐在器械上、双手或单手握住（抱住）器械，防止受伤的方法称为器械上自我保护。例如，在单杠上失去平衡时，两手或单手紧握单杠，防止掉下。

2. 落地自我保护

在体操练习中，因技术缺陷或失误在落地时失去平衡而发生危险，练习者顺势改变动作性质或身体姿势，以缓解身体重要部位与地面撞击、摆脱危险的方法称为落地自我保护。例如，落地摔倒时，顺势利用前、后、侧各种滚动或滚翻，以防止受伤。

（三）运用器械保护

运用器械保护是指在体操练习中，教师通过运用护掌、单杠护腕套带、双杠棉护套等专门护具和采用海绵包、海绵垫、海绵坑、单杠保护轴承拉带等专门器械，帮助练习者缓解心理压力，而更好地完成动作的方法。

（四）利用环境保护

利用环境保护是指在体操练习中，教师有意识地给练习者营造一个良好的练习环境，帮助其更好地完成教学任务的方法。

1. 优化教学氛围的保护

和谐的教学氛围是对练习者提供有效保护的基础。在体操练习中，教师要善于营造一种良好的师生之间互动、练习者之间互助的学习氛围，相互信任，相互帮助。

2. 优化场地布局的保护

体操较多的练习是在空中翻转完成，有一定的危险性，所以，对练习场地设备、器械、灯光、亮度、空气流通等方面进行合理的布局和设置尤为重要，应尽最大可能地规避干扰和不适，从而减少安全隐患，降低运动损伤风险。

3. 优化器材保养的保护

在体操练习中，应对各种器材设备进行定期有效的保养和检查，使练习器材始终保持良好的运行状态，防范伤害事故发生，有效保护练习者的安全。

二、帮助方法

（一）直接帮助

直接帮助是指在体操练习中，帮助者为了使练习者更快地建立正确的动作概念，更好地掌握、改进动作而直接助力于练习者的方法。

1. 直接帮助的手法（图 4-2-1）

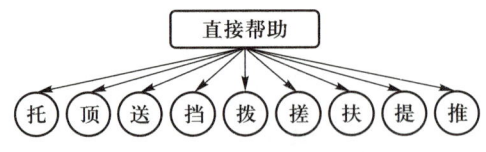

» **图 4-2-1** 直接帮助的主要手法

（1）托：主要通过托腰、腹、臂、腿等部位，使练习者的身体重心升高或接近器械轴，以便完成动作。器械的一些上法、技巧的手翻和空翻动作均可采用这种手法。

（2）顶：主要通过顶肩，使练习者的肩充分拉开，增加动作幅度或有利于支撑推手和腾空。支撑跳跃和技巧手倒立类动作常采用这种手法。

（3）送：主要通过托送背、腿等部位，使练习者的身体重心远离器械轴，加大身体动能，获得较大的摆动力量。单杠的悬垂起摆和弧形摆类动作常采用这种手法。

（4）挡：主要通过阻挡腿部，使练习者减慢动作速度，尤其是减缓其翻转速度。单杠支撑后回环和悬垂后摆类动作常采用这种手法。

（5）拨：主要通过顺势拨背、臂、腿等部位，加大练习者的翻转力量，加快练习者的翻转速度。单杠骑撑回环和技巧空翻类动作常采用这类手法。

（6）搓：主要通过两手扶腰搓转，使练习者的身体沿纵轴加速旋转。单杠弧形转体下和技巧直体后空翻转体类动作常采用这种手法。

（7）扶：主要通过扶腰、腹、背、腿等部位，使练习者的身体重心能够维持平衡。技巧手倒立和各种器械下法，以及跳马落地时均采用这种手法。

（8）提：主要通过提拉肩、臂、髋等部位，使练习者增强推顶力量或摆脱器械。跳马正腾越类动作和技巧后滚翻类动作常采用这种手法。

（9）推：主要通过顺势推练习者背部，加快动作的水平速度。技巧前滚翻类动作常采用这种手法。

直接帮助的手法多种多样，在实际运用时要根据练习者的能力、具体动作、场地器材条件等情况，有针对性地综合运用。

2. 直接帮助的类别

（1）非完整动作帮助：在体操练习中，帮助者对动作的某个环节或步骤实施的助力称为非完整动作帮助。例如，在练习技巧前后滚翻的地上滚动技术时，帮助者给予直接助力，使练习者更好地体会滚动的技术要领。该方法主要用于练习者初学动作时体会动作中的某个技术要领或纠正错误。

（2）完整动作帮助：在体操练习中，帮助者对某一个完整的动作给予直接助力称为完整动作帮助。例如，在练习单杠支撑后回环时，帮助者实施先拨后扶的直接助力帮助练习者完成动作。该方法主要在练习者掌握动作要领后进行完整动作练习时使用。

（3）组合动作帮助：在体操练习时，帮助者对两个或两个以上动作进行直接助力称为组合动作帮助。常用在多个动作连接或成套动作练习时使用，帮助手法较前两种复杂。

（二）间接帮助

间接帮助是指帮助者不直接助力于练习者身上，而是通过信号、标注物和限制物等，帮助练习者正确掌握动作的用力时机、节奏和所在的空间、方位，尽快地掌握和完成动作的方法（图4-2-2）。

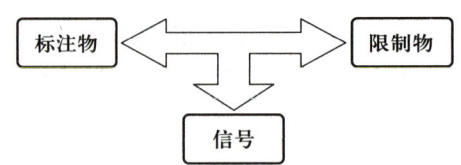

» **图 4-2-2** 间接帮助的主要方法

1. 信号

运用语言、口令、掌声及节拍器等，提示用力的时机，加快或减慢动作的节奏，帮助练习者顺利完成动作。在实际运用时，要根据练习者的能力和水平，适当提前发出信号，以便练习者有效地接收并做出正确反应。

2. 标注物

通过放置一些安全、醒目的物品，指示动作方向、幅度和范围，帮助练习者建立正确的空间感觉和掌握正确动作。

3. 限制物

通过设置一些安全、醒目的物品，提示动作位置、高度和远度，帮助练习者改进动作和提高动作质量。

（三）利用器械帮助

利用器械帮助是指在体操教学与训练中，帮助者采用保护滑车、保护腰带、轴承保护带、保护手套，以及各种形式的高台和桌、凳等专门的器械，帮助练习者消除害怕心理，正确体会动作要领，提高教学效果的方法。

第三节 体操保护与帮助的实践运用

一、运动技能形成各阶段的运用特点

运动生理学研究表明，动作技能的形成分为泛化、分化和动力定型三个阶段，即粗略掌握动作阶段、改进与提高动作阶段以及巩固与运用自如阶段。在体操动作学习的不同阶段，练习者对动作掌握的程度不同，教学任务不同，保护与帮助的运用方法也有所不同（图 4-3-1）。虽然教学对象差异性较大，具体运用中会不尽相同，但还是具有一定的规律性。在第一阶段，一般以帮助为主；在第二阶段，保护与帮助并重；在第三阶段，以保护为主，直至独立完成动作。

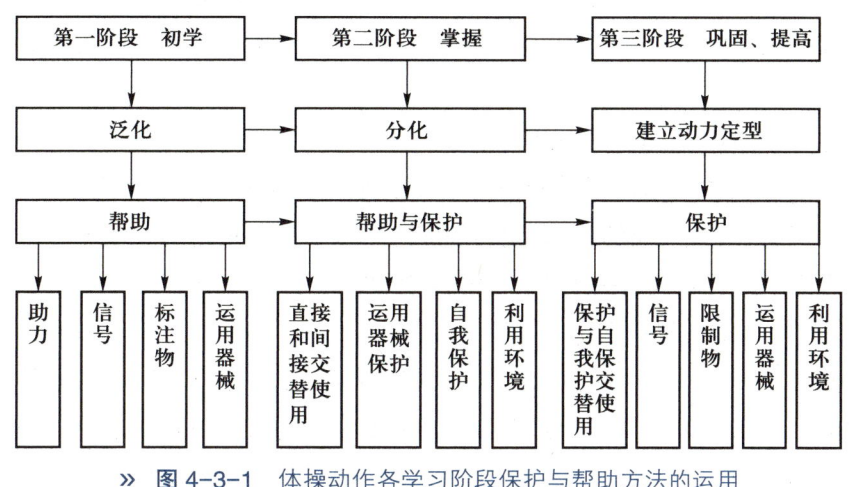

» **图** 4-3-1 体操动作各学习阶段保护与帮助方法的运用

二、保护与帮助的运用要点

（一）站位要正确

在体操练习中，保护与帮助者是否处于有利位置，关系到能否起到有效的保护与帮助作用。位置的选择应根据项目特点和不同动作类型而定，保护者的位置一般应选择接近练习者完成动作的路线，以及容易失手的地方，并要以不妨碍练习者完成动作为宜。实践证明，保护与帮助者的站位有一定的规律性，只要掌握了这些规律，就可以正确选择各种保护时的站位，使保护与帮助起到实效。

1. 技巧的保护与帮助

凡是向前做动作时，保护与帮助者应站在练习者前侧方；凡是向后做动作时，保护与帮助者应站在练习者的后侧方；凡是向侧方做动作时，保护与帮助者应站在练习者的背侧方。

2. 支撑跳跃的保护与帮助

帮助练习者练习第一腾空技术时，保护与帮助者应站在跳板与跳马（或山羊）之间的侧前方，帮助练习者顶肩和托腿；落地保护时，保护与帮助者应站在练习者落点的侧方，采用挡、扶等手法保护练习者稳定站立；练习斜向助跑动作时，保护与帮助者应站在跳马的近端，采用顶、托等手法保护练习者完成动作。

3. 双杠的保护与帮助

对于悬垂与挂臂动作，保护与帮助者应站在杠外一侧，以便从杠下给予帮助；对于杠上动作，保护与帮助者应站在杠外一侧，最好是能站在高台上进行帮助；对于落地动作，保护与帮助者应站在练习者落点的外侧方，采用扶、挡等手法保护练习者落地站稳。

4. 单杠、吊环、高低杠的保护与帮助

摆动动作至垂直部位时速度最快，也是最容易脱手的地方。所以凡向前做摆动时，保护与帮助者应站在器械垂直面的前侧方；凡向后做摆动时，保护与帮助者应站在器械垂直面的后侧方或高台上进行保护与帮助。

5. 平衡木、鞍马的保护与帮助

平衡木项目，保护与帮助者应针对不同的动作，站在平衡木的两侧或落地点的两侧进行保护与帮助；鞍马项目，保护与帮助者应针对不同的动作，站在鞍马的前、后、侧进行保护与帮助。

6. 攀爬的保护与帮助

攀爬是在爬竿、爬绳、肋木、柜墙等专门器械和设备上，以手或手脚并用向高处或低处攀爬的一种练习，保护与帮助者应站在器械和设备的下方或侧下方紧靠练习者的位置进行保护与帮助。

（二）移动要灵活

在体操练习中，除少数静止动作外，大部分都是动态的、组合的动作。所以在保护与帮助中，除了合理选择手法和站位，还必须采用灵活移动的步伐，才能使保护与帮助发挥实效。通常练习者在做单个动作时，保护与帮助者应根据各类动作的特点，采用两脚左右或前后开立的姿势，同时配以小步移动；当练习者做组合动作或成套动作时，保护与帮助者应随着练习者的动作变化，配以前、后、左、右的步伐移动，以保持最佳站位，给予练习者有效的保护与帮助。

（三）时机要恰当

在体操练习中，掌握好保护与帮助的助力时机，是保护与帮助获得实效的关键。助力的时机必须符合动作技术的要求，过早或过晚的助力不但没有效果，而且还会破坏动作节奏和韵律，导致动作失误，甚至造成运动损伤。所以，只有保护与帮助者掌握了恰到好处的助力时机，才能充分发挥保护与帮助的有效作用。

（四）助力要适度

在体操练习中，保护与帮助者助力的大小和方向取决于每一个动作技术的要求和练习者的实际需要。首先应注意在练习者初学阶段的助力要大些，随着其技能的提高，逐步减少助力，直至最后独立完成动作；其次是对身体素质较差、体重相对较大的练习者的助力应大些；最后是要注意顺势助力，即常言说的"四两拨千斤"，那种因晚半拍而抵抗重力式的助力只能是事倍功半。

（五）部位要准确

助力部位是指保护与帮助给予练习者助力帮助的作用点。助力部位正确、合理能够发挥帮助的最大效果。实践证明，在体操教学与训练中，保护与帮助者给予练习者最合理、正确的助力作用点就是在人体总重心的附近部位或运动轴两侧的身体重心附近的部位。

（六）脱保要适时

在体操教学与训练中，由帮助过渡到保护容易掌握，而从保护过渡到脱保独立完成动作相对较难掌握。过早脱保，容易造成伤害事故；过晚脱保，又会使练习者产生依赖性而延缓完成动作的时间。所以，判断练习者在练习中是否具备了脱保条件十分重要。实践证明，可以从以下几个条件来确定练习者能否脱保：一是已形成正确的动作技术，且成功率较高；二是已具有清晰且正确的运动感觉和较强的自我保护能力；三是有强烈的脱保愿望和充分的信心，以及坚强的意志和充沛的体力。当练习者基本具备了上述条件后，可以考虑让其脱保。在脱保阶段，教师或教练员应根据练习者的个体情况，注意完全脱保、相对脱保和相对保护的合理运用，在保证及时、正确地完成动作的同时确保练习者的安全。

三、对保护与帮助者的要求

（一）具有高度的责任感与奉献精神

体操教学中的保护与帮助不仅是一种有效的教学手段，还是保护练习者安全和预防运动损伤的一项重要措施，保护与帮助者对此要有足够的认识。在保护与帮助操作中，要耐心细致、全神贯注、任劳任怨，不能有任何的疏忽和麻痹。一旦练习者在练习中出现危险，保护与帮助者要不惜一切、毫无保留、全力以赴地采用有效措施，帮助练习者摆脱危险，确保他们的人身安全。

（二）了解练习者的情况

了解练习者的情况是因材施教和区别对待进行保护与帮助的保证。练习前，保护与帮助者首先要了解练习者的性别、年龄、体质、性格、体力、思想状态、身体素质、心理素质等情况；其次要了解练习者对动作技术的掌握情况，在保护与帮助时予以区别对待。对于体力较差、技术水平较低、注意力不易集中或情绪不稳定的练习者，要注意加强保护与帮助，特别是对女生和胆小者，以及由于动作失误出现过危险经历的练习者，要帮助他们消除心理障碍和顾虑，激发他们克服困难的决心和勇气，增强他们完成动作的信心。

（三）熟悉动作技术

熟悉体操动作技术是保护与帮助者正确运用保护与帮助的基础。体操各个项目具有不同的技术特点和要求，各类动作也有其一定的技术特征和规律。作为保护与帮助者，必须熟悉动作技术和掌握其一般规律，才能准确把握练习者发生危险的前兆，并给予及时的保护与帮助，保障其安全，提高练习效率。

（四）掌握扎实的保护与帮助技能

保护与帮助是体操教学中教师必须掌握的基本技能，而这一技能的形成主要来源于实践。方法、时机和位置是保护与帮助的"三要素"，因此，在保护与帮助时，只有站位准确，时机恰当，方法合理，才能充分发挥保护与帮助的作用。另外，保护与帮助者还要做到"三快"，即眼快（及时发现学生完成技术动作是否正确）、手快（及时给予练习者正确、合理的助力或保护）、脚快（移动迅速、站位适当）。只有切实掌握好这一专门技能，才能完成好保护与帮助的任务。在学习保护与帮助的初期，会出现不顺手、助力不当、效果欠佳等问题，这些问题只有通过反复的专门实践，才能逐步得到解决，最终掌握扎实过硬的保护与帮助技能。

（五）要重视培养教学骨干

不论是大学还是中小学的体操教学，教师在课堂上要面对几十名学生，而且一般都是采用分组教学法，教师无法同时兼顾到各组的保护与帮助，这就要求教师必须在教学过程中注意有目的地培养好教学骨干，把保护与帮助的方法传授给这些骨干学生，充分发挥他们的积极性，以达到维护和促进全体学生身心健康的目的。

四、体操运动损伤及预防

（一）体操运动中常见的运动损伤

体操运动的损伤原因、损伤部位多种多样，损伤的程度轻重不一，归纳起来，常见的体操运动损伤主要有以下几种：一是由于落地不稳造成的腰侧副韧带和膝关节韧带扭伤以及踝关节脱臼；二是手臂支撑用力造成的创伤性腱鞘炎、肘关节骨鞘炎、跟腱炎；三是摔倒时手臂撑地造成的肘内侧副韧带拉伤、肘关节脱位；四是不正确的静止用力动作或负荷过重造成的上臂及肩带肌肉拉伤；五是失手摔伤造成的颈椎骨折、脱臼、胸椎骨折等。

（二）造成体操运动损伤的主要原因

1. 思想麻痹，重视不够

在体操教学与训练中，学生不按教师的要求进行练习，思想上盲目冒进、急于求成，是导致损伤的主要原因；初学者缺乏运动素养、教师指导、安全意识，没有做到量力而行，也容易导致损伤。预防和减少伤害事故的发生，教师和学生都必须首先从思想上引起高度重视，克服麻痹思想，重视安全教育，加强安全措施。

2. 缺乏准备，热身不足

准备活动不充分、热身不足是造成运动损伤的重要原因之一。在体操练习中，学生准备活动不足的表现有以下几个方面：一是不做准备活动，准备活动量不足；二是准备活动内容与练习内容不符；三是准备活动单一；四是准备活动过早或过晚等。这些问题会造成身体各系统、器官不能达到进入运动的适宜状态，从而造成运动损伤。

3. 技术错误，盲目练习

体操动作的技术性很强，在体操练习中，学生由于训练水平不够、动作技术错误，会导致人体系统、器官功能活动规律的紊乱，以及破坏人体运动的力学原理，所以很容易引起伤害事故。尤其是初学者和体弱者，他们对动作技术的掌握能力较差，经常出现动作技术错误，如果教师不及时给予指导或纠正，就会不可避免地出现运动损伤。

4. 组织不当，管理松散

体操练习项目多，内容丰富，教学中如果组织不当或安排不妥也会导致运动损伤。教学过程中组织不当主要表现在以下几个方面：一是违反教学原则；二是内容安排不当；三是运动负荷不合理；四是课堂管理松散；五是现场器材布局不合理等。教学中，课堂管理松散而造成运动损伤，教师负有直接责任。因此，教师应认真备课、周密组织教学；学生要集中注意力，服从命令、听从指挥，遵守课堂纪律。这样才能建立良好的教学秩序，保证练习时的安全。

（三）如何预防体操运动损伤

1. 加强教育，提高素养

在体操教学与训练中，要注意加强对学生的思想教育，帮助他们提高对健康运动新理念的认识，提高他们的体操运动素养，培养他们良好的运动行为和预防伤害事故的意识，使他们在任何练习状态下，都能保持清醒的头脑和防患于未然的心态，这将大大降低体操运动损伤的发生率。

2. 严密组织，科学指导

在体操教学与训练中，第一，要充分做好练习前的准备活动，准备活动要有针对性，活动量要适中，要能使学生身体各部位功能尽快达到适宜水平；第二，要严格遵循循序渐进原则，因为掌握动作的过程实际上是一个由简到繁、由易到难的渐进过程，无视学生的客观实际，进行突击和冒进式的教学或急于求成，往往是运动损伤发生的根源，所以，要结合教学对象的实际，合理地安排教材内容和计划；第三，要严密组织教学，严肃课堂纪律，充分调动学生的学习积极性，使学生能在一个规范、有序的教学环境中练习；第四，要合理安排运动负荷；第五，教师要对学生进行及时、有效的指导，使其能在科学的指导下正确练习。通过严密的组织教学和科学有效的指导，不仅有利于防止运动损伤的发生，还有利于提高教学质量。

3. 有效保护，合理帮助

在体操练习中，教师应重视对学生的保护与帮助，这是预防运动损伤的重要措施之一。由于体操运动技术性强，学习难度大，学生每学习一个动作均离不开教师的指导和帮助。所以，教师要熟悉学生的情况，熟练掌握保护与帮助的技能，并以高度的责任感，准确判断每一个伤害事故发生的前兆，采取有效保护和合理帮助策略，全力以赴地去保障学生的安全，帮助其完成教学任务。

4. 医务监督，防患于未然

在体操教学与训练中，及时掌握学生的健康状况和自我感觉，是体操教学与训练工作顺利进行的基本条件。对教师来说，除了及时观察和听取学生的自我感觉，还必须加强医务监督，尤其是有伤痛或伤病初愈的学生，要严格按照医嘱去安排他们的练习。学生也要做好自我医务监督，若在练习中感觉身体不适，要及时报告并采取必要的措施。另外，要经常对运动场地、器械设备，以及个人防护用具进行安全卫生检查和管理，防患于未然，尽量避免运动损伤的发生。

思考与实践

❶ 怎样理解保护与帮助的概念与意义？

❷ 结合教学内容，列举具体的实例说明保护与帮助的 6 个运用要点。

❸ 掌握初学动作者的保护与帮助方法，并感受对保护与帮助者有哪些要求。

❹ 在体操课堂或课外学习中，你是如何保护与帮助同伴练习单杠骑撑前回环动作的？

❺ 造成体操运动损伤的主要原因有哪些？如何预防常见的体操运动损伤？

第五章　体操技术动作教学

内容提要

　　本章介绍体操技术动作的分类与主要技术特点，总结体操技术动作教学的主要特点，阐述体操技术动作主要教学方法和体操技术动作教学的常用策略。

学习目标

　　1. 了解体操技术动作的分类与各类技术的主要特点。
　　2. 掌握体操技术动作教学的特点和主要方法，并能学以致用。
　　3. 知晓体操技术动作教学的主要策略。通过学习体操技术动作，克服害怕心理，培养自立、勇敢、坚韧等意志品质；通过保护与帮助教学实践，培养任劳任怨、耐心细致保护帮助他人的思想品质。

在学校体操教学中，技术类体操内容难度最大，具有艺术性、复杂性、非常规性和非周期性等特点，由此，体操技术动作教学形成了区别于其他运动项目的教学特点、教学方法和教学策略。

第一节　体操技术动作的分类与主要技术特点

为了更好地认识与分析教材，应先对体操技术动作进行分类，了解体操技术动作的力学特点，如此才能结合人体结构特点、用力顺序和用力时机等，选择适宜的教学方法进行教学。

一、体操技术动作的分类

依据体操动作的运动学与动力学主要特征，技术类体操动作可分为技巧、器械体操和支撑跳跃三类。

（一）技巧动作分类

技巧动作主要是指自由体操中的技巧动作。根据人体肌肉工作的特点，技巧动作可以分为静力性动作和动力性动作两大类。

静力性动作的主要特点有两个：其一是支撑点相对固定，动作过程中人体重心投影点始终落在支撑面内；其二是肌肉做静力性工作或缓慢收缩。动力性动作的主要特点是：动作过程中支撑点的位置不断变换，人体受到的合外力和合外力矩不为零，运动速度不断变化，肌肉快速收缩。根据动作形式的不同，这两大类又可进行二级分类，如图 5-1-1 所示。

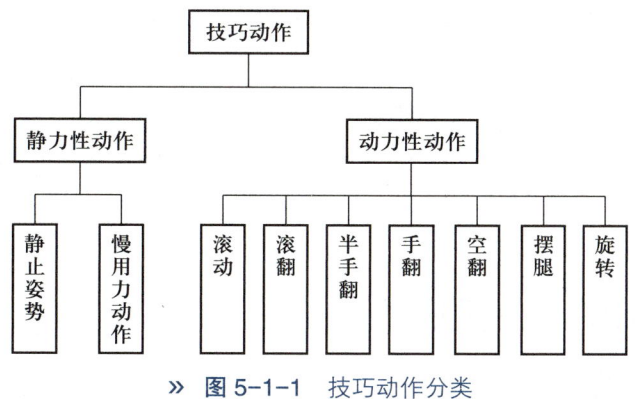

» **图 5-1-1** 技巧动作分类

（二）器械体操动作分类

根据动作的运动形态和肌肉的工作特点，可以把器械体操动作分为静力性动作和摆动动作两大类。静力性动作的主要特点与技巧中同类动作的特点基本相同。摆动动作的主要特点是人体重心绕器械轴或其他某一轴做近似圆周或弧形的运动，身体各部分肌肉按照一定的顺序有节奏地快速收缩和舒张。在完成这一类动作过程中，人体随时都受到重力矩的作用（除人体处在垂直部位时），因此，要完成动作既要利用重力矩，又要克服重力矩。以上两大类动作又可根据动作外部特征的不同，进行二级分类，如图 5-1-2 所示。

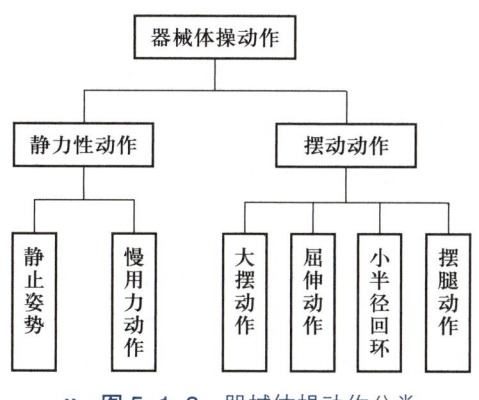

» **图 5-1-2** 器械体操动作分类

（三）支撑跳跃动作分类

支撑跳跃项目主要有跳马、跳箱和山羊。支撑跳跃动作包括助跑、上板、踏跳、第一腾空、推手、第二腾空和落地 7 个阶段。根据推手时人体与器械的关系及推手后人体运动的形式，可以把支撑跳跃分为侧腾越、正腾越和手翻腾越三大类。侧腾越的特点是撑手时身体重心偏向支撑点的一侧，推手后身体从支撑点的另一侧越过器械；正腾越的特点是撑手时面向器械，推手后上体抬起并从支撑点上方越过器械；手翻腾越的特点是推手时人体经过倒立位置，推手后经过头部翻转翻过器械。

二、体操动作的主要技术

动作技术是指符合人体运动科学原理，能充分发挥身体潜在能力，合理有效地完成动作的方法。完成体操动作的技术较复杂，因此在教与学时，需要对动作技术有较深入的了解，不但要知道动作怎么做，还应当知道为什么要这样做，所谓"知其然，知其所以然"。在体操教学中，常见的基本技术有平衡与慢用力技术、滚翻技术、摆动技术、起跳与推手技术、落地技术。

（一）平衡与慢用力技术

在技巧和器械体操项目中都有静力性动作，它们的动作技术原理基本相同，此类动作的共同特点是静止时或慢用力时人体的重心投影都要落在支撑面（点）上，否则动作就会失去平衡而导致失败。

1. 平衡技术

平衡技术是指完成静止姿势的方法。

（1）平衡动作的种类：根据平衡物体重心与支撑点位置的关系可作如下分类：① 上支撑平衡，支撑点在重心上方的平衡，如双杠挂臂撑等；② 下支撑平衡，支撑点在重心下方的平衡，如手倒立等；③ 混合支撑平衡，重心位置处于上下支撑点之间的平衡，如肋木侧平衡等。

（2）影响平衡的因素：物体保持平衡的难易程度称为稳定度。影响人体平衡稳定度大小的因素，一是重心的高低，二是支撑面的大小。重心高，支撑面小，则稳定性低，反之则稳定性强。例如，头手倒立比手倒立更容易保持平衡，就是因为头手倒立的支撑面积比手倒立大，且重心低。

（3）人为控制平衡的方法：人体做平衡动作时，必须遵循一定的力学规律，但人体不是刚体，是受到神经系统控制的活的有机体，因此在考虑力学原理的同时，还应当考虑到人体的解剖、生理和心理的特点。如何控制平衡，有以下几种方法：① 在人体解剖结构允许的范围内，尽可能加大支撑面积。例如，做头手倒立时，两手与头不能置于一条直线上，应形成一个等腰三角形的支撑面。但两手又不能张得太开，否则将加大肩关节和肘关节肌肉和韧带的负担，不利于控制平衡。② 合理地调整人体重心的位置，使其投影点落在支撑面内，避免产生使人体失去平衡的倾倒力矩。例如，做俯平衡时，臀部应主动后撤，使重心后移，保证其投影点落在支撑面上。③ 在控制平衡的过程中，注意力应集中在支撑面上，靠本体感觉器官感觉重心位置。当人体重心稍稍偏离，但它的投影点尚未超出支撑面时，支撑部位的肌肉做适当的克制工作，增大与偏倾方向相反的反作用力矩，在外力矩的作用下，将总重心移入支撑面的有效控制范围之内。④ 做平衡动作时，应注意缓慢均匀地浅呼吸，有利于重心位置的相对稳定。做各种倒立时，要注意头部抬起，眼看地上，这样可使肩带肌肉保持紧张，有利于控制平衡，如果此时低头，则由于状态反射，容易引起肩部放松，腹肌收缩引起屈髋，重心前移，使人体前倒。

2. 慢用力技术

慢用力动作一般是从一种静止姿势进入另一种静止姿势之间的连接动作，它的特点是运动速度匀速缓慢，身体重心位置基本上是垂直上升或直线下降；某些神经中枢持续兴奋，肌肉在动作过程中始终处于收缩状态，如慢起肩倒立、手倒立等。做这一类动作需要一定的力量素质，同时在技术上要注意以下几方面：

（1）在做慢用力动作过程中，也应注意调节重心的位置，使其投影点落在支撑面内，保持人体平衡。

（2）在需要提高身体重心位置的慢用力动作中，应合理地缩短重力臂，使上提动作做得省力。例如，从大开立开始做慢起头手倒立，要求两手撑地时靠近两腿，向上提臀时两腿尽量靠近上体。

（3）完成慢用力动作时，不要突然加速或停顿后再做动作，应当注意使身体匀速上升（或下降），利用人体的惯性，使动作做得省力。

（4）呼吸会影响一部分肌肉的紧张度。完成慢用力动作一般都需要部分肌肉持续一段时间的强烈收缩，因此用力强度大的动作，可以在完成动作时屏住呼吸，固定胸廓，使肌肉发挥出最大的力量。

（二）滚翻技术

滚翻动作与球在地上的滚动原理基本相似，但人体在垫子上滚动比球的滚动要复杂得多。球放在平地上，要使它滚动，给予一定的外力即可，而要使人体滚动，必须在外力的作用下获得动能。人体进入滚动时，身体应尽量团紧、团圆，要求身体的各部分依次接触地面，尽量减少滚动的阻力。在滚翻过程中，由于受头部和脚的解剖结构特点的限制，不可能团成理想的球体，所以会产生较大的滚动阻力。例如，前滚翻，动作从蹲撑开始，为了使人体向前滚起来，首先必须以两腿向后下方蹬地，地对人体产生一个反作用力，由此人体获得动能，接着低头抱紧双膝，使身体尽可能团紧、团圆，以减少滚动阻力矩。做直腿前滚翻时，由于该动作要求腿必须伸直，这时身体就不可能团圆，伸直的腿会产生很大的阻力矩阻碍继续滚动，因此当脚跟着垫时应迅速用力推手、折叠身体以克服阻力矩。做后滚翻时，动作是从背向运动方向的蹲撑开始，以两手用力推垫和后移重心，向后团身滚动。滚动时，梗头至肩着地后，同时两手撑垫后立即推起，推手所获得反作用力不通过支点，它既使人体产生转动，也产生向后移动。

（三）摆动技术

摆动动作是器械体操的主要动作。它的运动学主要特征是人体重心绕着某个固定的轴做近似圆周或弧形的运动，也可以认为是身体绕着器械轴做转动。它的动力学主要特征是在摆动过程中，除杠上和杠下垂直部位外，随时都受到重力矩的作用。在人体下摆时，重力矩起促进摆动的作用，而在人体上摆时，重力矩则起阻碍作用。

摆动动作主要包括下摆和上摆两个阶段技术。

1. 下摆技术

下摆阶段是从人体以各种不同的手段达到最高的高度时开始，身体由高处往低处向下摆动，直至杠下垂直部位为止。在这个阶段中，人体的位能逐渐转化为动能。

在下摆阶段中，重力矩起积极作用，重力矩越大，人体在下摆过程中所获得的摆动动能就越大。重力矩等于重力乘以重力臂，重力臂等于重力作用线到转轴之间的垂直距离。人体所受的重力是不变的，要加大重力矩，就应当加大重力臂。例如，单杠骑撑前回环，从骑撑开始前倒时，要求两臂顶直，同时前脚前跨，髋远送。其目的就是要使重心远离转轴，加大下摆时的重力矩。

在下摆过程中，人体的摆动速度由慢逐渐加快，当下摆到杠下垂面时，人体摆动的速度达到了最大值。此时，需提供足够大的向心力，以保证人体继续摆动，如向心力不够大，人体便会脱手而沿切线方向飞出去。因此，当人体下摆接近杠下垂直部位时，两手要紧握杠以防脱手。但在下摆的其他时相里，尤其是在刚下摆时，手适当地握紧杠即可，不必握得太紧。若下摆的全过程都紧握杠，势必加大手与杠的摩擦力，过多地损耗摆动动能和手臂肌肉的能量。

2. 上摆技术

上摆阶段是从人体下摆刚过杠下垂直面开始，身体向上摆动至动作结束止。在这个阶段里，重心位置逐渐升高，动能逐渐转化为位能。

在上摆过程中，除了摩擦力和空气阻力，重力矩是阻碍人体上摆的最主要因素。因此，仅靠下摆阶段人体获得的能量，难以完成动作，还必须靠人体内力做功以补偿失去的能量。具体的做法如下：采用不同的手段，使人体重心靠近转轴。经常采用的是踢（甩）腿的办法。当人体摆过杠下垂面后，顺势向前上方踢腿（或向后上方甩腿）。踢腿加快了腿摆动的速度，同时使髋关节稍屈，重心位置靠近转轴，减小了重力矩的阻碍作用，加快了人体向上摆动的速度，补充了消耗掉的能量，使动作顺利完成。例如，单杠挂膝后回环，当下摆至杠下垂面时，非挂膝腿用力向前上方踢起，腿的摆动速度加快，同时使髋稍屈，重心靠近杠，减小重力臂，从而减小了重力矩的阻碍作用，以利于完成动作。除了踢腿，还可以根据不同类型动作的特点，采用不同的方法补充能量。比如，单杠的屈伸上，是靠伸髋和压臂的办法，使人体重心靠近杠，减小阻力矩，加快摆动速度。

（四）起跳、推手技术

起跳和推手技术是支撑跳跃和技巧两个项目的关键技术，这里主要介绍支撑跳跃的起跳和推手技术特点。起跳以下肢蹬地，推手以上肢推地或器械，它们的目的都是使人体根据动作的要求腾空而起，尽管两者在形式上有所不同，但它们都要遵循一些共同的规律。无论是起跳还是推手，当支撑部位离开地面后，身体重心就要沿着初速度所决定的运动轨迹飞行。因此，要想获得理想的腾空高度和远度，顺利地完成动作，就必须在起跳或推手的过程中获得一个合理的腾起速度，包括正确的方向和足够大的腾起角度。此外，还需要在起跳、推手过程中，获得完成动作所必需的翻转动能。

1. 起跳技术

支撑跳跃中的起跳也称为踏跳，踏跳是支撑跳跃的关键阶段，它将决定第一腾空、推手和第二腾空的质量。踏跳是在经过助跑后，即助跑的最后一步，以有力的一腿蹬地，另一腿积极前摆，蹬地腿蹬离地面后快速前摆与摆动腿并拢，两腿伸直并迅速超越身体，使两脚在重心投影线前方着板，进入制动性踏跳。上板时，两臂应配合两腿的积极前摆，自然向后摆动，当身体达到最高点时，两臂后摆的肩角为50°~60°。上板时，腾起的高度要适当，在跳起腾跃时，重心腾起的高度，男子在15~20厘米为宜，女子在12~15厘米为宜。重心太高，将造成水平速度损失大；重心太低，将造成着板时上体前冲。上板的远度也要求适当，远度过远，必然造成腾空高度过高，水平速度损失太大；远度太近，将造成腾空高度低，踏跳时上体前冲。上板的距离应根据不同的动作和个人的身体情况来确定，个人的最佳上板距离也应通过数次的助跑与踏跳练习修正来获取。

两脚一踏上板，就是上板的结束。上板时，脚要赶在所有关节点前面，并以前脚掌先着板，这就是通常说的制动性上板。因为助跑后，人体具有较大的水平速度，只有采取制动性上板，才能保证人体在踏跳过程中获得理想的腾起速度。

上板的结束即为踏跳的开始。踏跳时，两腿用力蹬板，同时两臂要迅速有力向上挥摆。踏跳不是两腿孤立的活动，而是人体整体的活动。在踏跳过程中，应协调腿、躯干、手臂及颈部的动作，充分发挥运动系统的整体功能，以取得最佳的起跳效果。

2. 推手技术

推手是支撑跳跃和技巧中各种手翻动作的关键环节。这是因为推手决定了人体推离器械或地面后腾空的高度、远度和翻转动能的获得，即决定了动作能否顺利完成和完成质量的高低。

以支撑跳跃中正腾越的推手技术为例。在人体第一腾空后，当两手接触器械，便宣告第一腾空结束，开始进入推手阶段，这一阶段直至用力推离器械瞬间为止。

推手在人体具有一定的水平速度情况下进行，为了使人体在推手后腾得又高又远，就必须采取制动式的推手，即在第一腾空中两手主动前伸，同时拉开肩角，赶在肩前面撑器械。这是因为两手一撑上器械被迫制动后，肩会迅速前移，如两手不撑在肩前方，将造成推手时肩前冲，推手的反作用过于偏前，会使人体推手后不能向上腾起。因此，正确入撑器械的姿势是完成好推手动作的先决条件。正腾越的入撑角（两手撑器械时臂与水平面的夹角）一般为 47°~55°，肩角为 148°~157°，髋角为 165°~170°。

推手要求积极主动、快速有力，但由于推手时肩和手臂肌群承受了很大的冲击力（最大可达到人体重量的 6~8 倍），因此在刚撑器械时要有一个必要的缓冲过程，主要表现在肩关节"下塌"，肩带肌肉做退让性收缩。这个过程的时间和距离很短。缓冲后紧接着就是迅猛的推离。参加推离的主要肌肉有：胸大肌、胸小肌、前锯肌等。为了增加推手的力量，推手的同时应含胸，使肩胛骨外展，加长推手的距离。推手的着力点在掌根，这样可使反作用力直接通过骨杠杆得到有效的传递。推手的反作用力的力作用线是通过肩关节部位，而不通过重心，因此，反作用力不仅推动人体向前上方腾起，还由于它不通过重心，使人体获得向相反方向转动的力矩，保证了人体在第二腾空中上体能抬起来而安全落地。在推手的同时屈髋，脚尖稍下压制动腿。顶肩推手动作应在肩未超过支点垂直面时结束，也就是两手推离器械时肩不超过支点垂直面。只有这样才能保证人体在推手过程中获得较大的垂直向上分力，使人体在推手后能更高地腾起。如果入撑器械时入撑角太大，肩角太小，或推手的速度太慢，就要造成推手时肩前冲，即肩超过支点垂面后才推离器械，那么推手所产生的反作用力将过于偏前，人体在推手过程中便得不到较大的垂直分力，从而推手后腾空的高度也将受到影响。

（五）落地技术

人体从空中落下，从脚接触垫子起，经过缓冲到身体站稳起立止，为落地阶段。

包括支撑跳跃的落地、技巧运动的落地及从各种器械上完成下法动作的落地。

站稳和减缓冲击力避免受伤是落地的主要任务。要想站稳并避免受伤，其前提条件是空中动作完成的质量和落地前正确的准备姿势。落地前应尽量伸展身体，减少旋转速度，保持空中的平衡。此外，完成好落地动作还必须做到以下几点：

（1）落地时，两脚须准确调控触垫的远度。由于落地前人体具有一定的水平速度，因此，脚触垫后，人体重心还将向前移动，直到重心在支撑面上方，重心投影点落在支撑面内而站稳为止。此时，合外力与合外力矩均为零。根据以上原理，凡是落地时面朝前，落地前两脚必须向前下方伸；凡是落地时背朝前，落地前两脚必须向后下方伸。两脚伸的远度，要根据不同的动作和落地前水平速度的大小来决定。水平速度大的动作，脚就要伸得远一些，反之就要伸得近一些。

（2）落地时人体承受的压缩负荷可超过体重数倍，甚至高达 10 倍左右。因此，落地时要尽可能延长落地的缓冲距离和时间，逐渐地降低重心，减小地面对人体的冲击力。根据这个原理，要求人体即将落地时，以前脚掌先着地，通过踝关节、膝关节、髋关节依次弯曲缓冲，以延长落地的时间和位移，降低人体重心，减小冲击力并加大稳定角。在缓冲过程中，下肢肌群保持适度紧张，做退让性动作。腾空高的动作，落地缓冲的时间和距离都要长些，两腿蹲得深一些。

（3）落地过程中为了保持身体平衡，全身肌肉应适度紧张，头部正直，眼视前方，同时两臂侧上举，必要时协助调节平衡。

第二节　体操技术动作教学特点

体操技术动作类型多样，不同类型动作的特点差异较大，在练习中人体常处于非常规状态，并具有一定的难度和惊险性。体操的这些典型特征决定了体操教学具有如下特点：

一、教学中广泛运用保护与帮助

体操技能的形成需要反复练习。然而，很多体操动作具有一定的难度，不可能一看即会做，初学时必须在他人的帮助下借助外力才能完成。这是许多体操动作学习的必经之路，初学者只有在别人的帮助下亲自体验动作，才可能由感觉系统收集到动作过程的时间与空间变化的真实信息，这些信息经过加工而形成运动知觉，最终建立起完整的动作概念。可以认为，要是没有保护与帮助，很多体操动作就不可能学会。保护与帮助是体操教学中预防运动损伤的有效措施，是培养学生团结协作精神的一种手段。因此，保护与帮助是体操教学中一种特殊的、重要的教学方法，教师应当熟练地掌握并广泛地运用它，同时应注意培养学生的保护与帮助能力，并利用这一抓手培养学生团结互助精神。

二、教学中常需要引导学生克服害怕心理

由于完成体操动作具有一定的危险性，因此在学习某些较难的动作时，学生常会产生害怕心理。这种害怕心理将影响学生学习体操动作的效果，甚至可能成为发生运动损伤的原因。因此，如何引导学生克服害怕心理经常成为教学中应当探讨和解决的问题。教学过程中，教师应当分析学生可能产生害怕心理的原因，针对原因采取心理暗示、鼓舞激励及各种有效的教学方法与手段，并加强保护与帮助，以此增强学生的自信心，消除他们的害怕心理，保证学习的顺利进行。学生在学习中从产生害怕心理到最终克服害怕心理的过程，是其意志品质得到锻炼与提高的过程，这也是非常宝贵的思政教育。

三、教学中需采用多样的教法与手段

体操动作的复杂性和多样性，决定了在体操教学时需要采用的教学方法与手段的多样性。一方面，在体操教学中经常要运用多种教学方法与手段，开通多种信息传递渠道向学生传递多方面的动作信息，让学生尽快地整合这些信息，建立起完整的动作概念。例如，通过讲解、分析、提示等手段，让学生了解动作要领，首先建立起抽象的词语概念；通过示范动作、图解、模型、影像、多媒体等手段，让学生通过视觉通道，接收各种关于动作的直观信息，达到认识动作外部运动学特征的目的；通过保护与帮助、辅助器械、分解练习等手段，让学生在未能独立完成动作之前体验动作的过程，通过本体感觉器官、平衡器官、触觉器官等接收运动过程的时间与空间变化的信息，逐步建立动觉概念。另一方面，由于体操内容丰富且种类多，不同种类练习的特点差异较大，在体操教学中必须针对不同教材内容的特点，选择适宜的教学方法手段，这也决定了体操教学中教法手段运用的多样化。

四、教学中更强调动作的规范化

体操属于技能主导类的难美运动项目，它的动作具有规范性和艺术性，追求动作的难与美。体操动作的成绩评定同其他运动项目不同，它不以时间、高度、远度而取胜，也不以对抗双方的比分决定胜负，而是以完成动作的技术规格和身体姿态的优劣，即动作本身的质量来决定成绩的。体操的这一特点决定了在体操教学过程中，始终要把握动作的规范性和身体姿态的优美，对每一个练习都要求准确到位，讲究基本姿态。体操的特点决定了体操教学是美育的一种有效途径。为了培养学生的审美能力，练习中要求学生体态端正、大方、挺拔、精神饱满，做到站有站相，走有走相；要求学生动作到位、路线准确、协调美观、节奏感强，具有形与神的表现力；要求学生练习时动作要规范、姿势要正确、幅度要大，充分展现健与美。

第三节　体操技术动作教学方法

体操教学方法是指在体操教学过程中，教师与学生为了达成学习目标、完成教学任务而采取的教与学的方式、途径、手段的总称。体操教学是教师与学生的互动过程，在运用教学方法时既要考虑到教师通过何种途径向学生传递教学信息，也要考虑到学生通过何种感觉器官接收教学信息，根据信息传递的途径、方式及接收信息器官的不同，可将体操教学方法分为直观法、语音法和练习法三类。

一、直观法

直观法是指通过体操动作的示范、模型演示、图解、图像等方式将动作的过程显示出来，让学生了解动作外部的运动学特征。教师的示范、教具的演示、图解的表达，以及各种形式影像的放映，将动作过程的信息通过光波传递给学生的视觉器官，视觉器官感知这些信息后，传递给大脑，大脑通过加工整理后形成了动作的表象。当前，在体操教学中常采用的是示范法和图像法。

（一）示范法

示范法是指示范者通过自身完成动作，将动作展示给学生，让学生了解动作的一种方法。示范法是体操教学中最常用的直观法，这是因为示范法最为简便、真实，最具有感染力，它不但可以帮助学生建立正确的动作表象，还能激发学生的学习热情，产生跃跃欲试的冲动，起到鼓舞和激励的作用，教师优美的示范动作，还能起到提高自身威信的作用。

1. 示范的种类

由于体操教学内容较多，因此示范的方式也较多，常用的有完整示范法、分解示范法、慢速示范法和对比示范法等。

（1）完整示范法：是指对单个动作、联合动作和成套动作，从头到尾进行示范的方法。对一些动作不复杂、难度小或不能分解的动作及组合可采用完整示范法。完整示范法的优点是可以将动作全过程展现给学生，让学生建立起完整的动作表象，达到提高教学效率的目的。

（2）分解示范法：是指对难度较大、路线较复杂的动作，将动作分解成若干部分来示范的方法。分解示范法的优点是可以将动作的某个技术环节展现给学生，使学生有针对性地观察动作技术。

（3）慢速示范法：是指人为地延长完成动作的时间，使动作的速度明显慢于正常速度的示范方法。放慢动作的速度可使学生更清楚地看清动作的过程，有利于学生观察和理解动作。但慢速示范法只能局限于难度相对较小的动作。

（4）对比示范法：是指针对学生在学习中出现的常见错误，相继做出正确的动作和典型的错误动作的示范方法。该方法可以引导学生对正误动作进行比较和鉴别，弄清错误之所在，强化对正确动作的理解。运用对比示范法时，应注意避免哗众取宠，过分夸张地展示错误动作，也不要过多地重复错误动作，以免造成适得其反的效果。

2. 示范的运用

运用示范法时应注意以下三方面：

（1）应注意示范的规范性：示范动作应准确优美，精神饱满，具有感染力，起到既能给学生建立起正确清晰的视觉形象，又能使学生产生美感，激发他们学习热情的作用。

（2）应考虑教学的阶段性：应根据教学的不同阶段，有针对性地进行示范。在教学的第一阶段，应做正确完整的示范，并配合精练、生动、形象的讲解，使学生建立起完整的动作概念；第二阶段除做完整示范外，还应针对学生学习中出现的问题做分解示范或对比示范，以利于预防和纠正错误动作，改进和提高动作技术；第三阶段可少做示范，着重改进动作技术的细节，提高动作的质量。

（3）应正确选择示范位置和示范面：示范位置是指示范者与学生之间的空间关系，其距离多远、位置多高应根据学生的队形、人数来决定，选择的位置应能保证全体学生都能看得清楚。对于体操技术动作教学，一般采用正面与侧面示范两种形式，采用哪一种示范面，则要看动作技术结构的特点和教学的需要。

（二）图像法

图像法是指运用图解、影像、多媒体等手段，显示动作完成的过程，使学生了解动作的运动学特征。图像法虽不如示范法那么真实，但它却有许多示范法做不到的显示动作的功能。现代数字技术、影像技术的发展，可以从更多的角度展示动作；可以任意地控制动作完成的时间；还可以定格在某一时段上，将它凝固在屏幕上，便于分析其技术，起到示范动作起不到的效果。随着 AI 技术的发展，采集学生的动作图像，并用图像识别可以制作出各种教学需要的动画等。随着手机的广泛使用，教师可以现场将学生的动作拍摄下来，并立即放映给学生看，使其真正了解到自己动作存在的问题，进行联结学习和问答学习等。随着教材数字化发展趋势不断演进，如今教材能够借助二维码链接，为我们提供丰富的影像信息。总之，随着现代教育技术的不断提高，更加先进的数字教学手段将逐渐进入体操教学课堂，为体操教学改革提供更为有效的手段。但是应当指出的是，利用各类数字技术、影像技术毕竟只是一种辅助性的教学手段，应当与其他的方法手段合理地配合，才能取得更佳的教学效果。

运用图像法时，应当注意以下几点：① 要根据教学不同时段的需要；② 要针对不同教学内容的特点；③ 要掌握好运用的时机；④ 要注意与其他教学方法手段的有机结合；⑤ 要考虑学生的需要和观察的效果；⑥ 要考虑实际条件和可行性。

二、语音法

语音法是指教学中由教师（或音响）发出有关体操动作的语音信息，通过声波传递到学生的听觉器官，由听觉器官接收语音信息并传递给大脑的教学方法。语音法利用的是第二信号系统，通过语音法可以启发学生积极思考，加深对动作的理解，培养学生分析问题的能力。体操教学中常用的语音法有讲解、提问、提示、评价等。

（一）讲解

讲解是以语音的方式向学生说明体操动作的名称、要领、要求及动作的基本原理，说明动作的结构和关键技术，揭示技术的内在联系，以加强学生对动作的理解。

运用讲解法时应注意以下几点：① 要有明确的目的性和针对性，应根据教学的主要任务和解决的主要问题进行讲解；② 要注意科学性，应用学生已学的知识讲解动作的基本原理，让学生加深对动作的理解；③ 语言要精练，突出重点，提倡运用术语、口诀等方式进行讲解；④ 要形象生动，富有启发性，发挥学生的想象与联想力，加深对动作的理解；⑤ 要注意讲解与示范的合理配合，必要时可以边示范边讲解。

（二）提问

提问是指在教学中教师向学生提出问题，并要求学生做出回答的教学方法。运用提问法可以培养学生分析问题和解决问题的能力。运用提问法应注意要把所提的问题用简练的语言讲清楚；所提问题要符合学生的实际水平，不要太难，也不要太容易，应当是学生经过短时间思考即能回答的；在学生难以回答问题时应给予必要的提示。

（三）提示

提示是指教师在学生练习过程中，用短促有力的词语或击掌等响声提示动作的方向、用力的时机和部位及关键的技术，以此强化正确的技术，抑制错误动作的方法。例如，在做前滚时，当学生两腿蹬地后立即发出"低头"，以提示学生迅速低头，避免出现抬头的问题；又如，当学生在练习助跑上板起跳时，教师用击掌的方式提示学生踏跳应做到快速有力。

应用提示法时，应注意提示的时机，要与动作同步，准确及时地发出提示；语音应清脆、洪亮，以起到提醒的作用。

（四）评价

体操教学中的评价是指对学生完成动作的质量给予简明的口头评定。教学中常在学生完成动作后立即给予口头的评定，如"很好""不错"等。对学生完成动作的质量进行评价，可让学生明白自己练习的实际效果，还可以激起学生的成就感，调动学生学习的积极性。

运用评价法时，对于学生学习中存在的问题同样必须明确指出，但要注意用词，避免打击学生的积极性。

三、练习法

体操是典型的封闭式运动技能，这种运动技能的学习尤其需要反复练习才能掌握。因此，练习法是体操教学中最常用的教学方法。体操动作技术的复杂性，决定了体操练习方法的多样性，其中主要的方法包括完整法与分解法、重复练习法、变换练习法和游戏法与比赛法。

（一）完整法与分解法

1. 完整法

完整法是将单个动作或组合动作视为一个整体，学生一开始学习就进行完整动作的练习。此方法一般用于较简单或无法分解的动作的学习中。它的优点是不会人为地将动作的技术结构分割开，保持动作的完整性，有利于学生通过练习建立完整的动作概念。它的局限性在于不适合某些较难、较复杂动作的学习。

2. 分解法

分解法是指将单个动作或联合动作分成几个有机联系的部分进行教学，待学生通过练习掌握了各部分的技术后，再将各部分组合起来完整地进行练习。它的优点是可以将所学的动作简化，集中精力学习某些较难的技术环节，使学习内容更易入手，并较快地掌握动作技术。它的不足之处是容易割裂各部分之间的内在联系，破坏动作之间的结构，不利于学生形成完整的动作概念。

为了达到提高教学效果的目的，运用分解法时应注意以下几点：① 对于一些较简单的动作，不必刻意将它们分解开进行学习，以免降低学习效率；② 在采用分解法以前，应对动作的技术结构作深入地分析，以便科学地将动作进行分解；③ 分解练习的时间不宜过长，否则将造成被分解的某些部分形成较强的动力定型而导致完整练习时技术不连贯；④ 分解法的最终目的还是让学生掌握完整动作，因此运用分解法时应注意与完整法的合理配合，使二者相互促进，相得益彰。

（二）重复练习法

重复练习法是指在相对固定的条件下，不改变动作的结构，按照动作要领反复练习。这种方法在单个动作和成套动作练习中均可采用。重复练习法还可以分为连续重复练习法和间歇重复练习法。

1. 连续重复练习法

连续重复练习法是指练习之间没有间歇，连续不断地做相同的一个动作或成套动作。如连续做几个前滚翻、连续做若干个挂臂撑屈伸上，或做完一套动作后不休息马上又连续做一套动作。在体操教学中，一般是在复习课或较简单动作的学习时采用此方法。运用连续重复练习法不仅可以促进动作技能的巩固和提高，还可以发展学生的专项素质，增强学生体质。

2. 间歇重复练习法

间歇重复练习法是指在重复练习的过程中有相对固定的间歇时间，间断性地反复进行一个动作或一套动作的练习。此种方法有利于对动作的技术进行精雕细琢，在动作学习的第一阶段，一般采用间歇重复练习法。

连续重复练习法和间歇重复练习法各有长处，也都有一定的局限性。在体操教学中，应当根据教学的不同阶段、不同动作的特点以及学生的实际情况加以选择和搭配。

运用重复练习法时应注意以下几点：① 应注意防止错误动作的重复，一旦出现错误动作应立即予以纠正，甚至暂停练习，否则错误动作一旦定型就很难改正；② 在初学阶段一般不采用连续重复练习法，以免影响正确技术的掌握；③ 运用连续重复练习法时，应按学生的实际能力确定连续练习的次数，连续做的次数过多，不仅会影响动作技能的巩固，还可能危害学生身体健康，甚至可能出现伤害事故。

（三）变换练习法

变换练习法是指在不改变动作性质的前提下，合理地改变动作时间和空间要素或外部条件，以达到提高体操学习效果的练习方法。运用变换练习法，可使动作变得相对容易，有利于初学者由易到难、循序渐进地学习动作技术；也可以使动作变得相对较难，促使学生在掌握基础动作后进一步提高动作质量。运用变换练习法还可以使练习的手段灵活多样，增加练习的新鲜感，激发学生练习的兴趣和积极性。变换练习法主要包括改变动作时间、改变动作空间和改变动作外部条件三类。

1. 改变动作时间

任何一个体操动作都有自己的时间特征。改变动作时间，就是根据教学需要，打破常规的时间特征，人为地延长或缩短动作完成的时间，使动作更容易或更难。延长动作时间，实际上就是用比通常更慢的速度来完成动作。对于有些体操动作，延长时间则会增加其完成的难度，促进学生提高完成动作的能力。如放慢一些慢用力动作的完成速度，延长一些平衡动作的时间，可以提高学生控制身体的能力，促进肌肉力量的增加。缩短动作的时间，实际上就是以快于正常的速度来完成动作。对于某些慢用力动作，稍微加快完成动作的速度，可使动作更容易完成。例如，在初学单杠骑撑后腿摆越转体 180° 成支撑时，动作可稍快些，因为缓慢做身体不容易控制平衡。

2. 改变动作空间的方法

动作的空间是指动作完成过程中所占据的三维空间的范围，它与场地器械的高度、宽度、长度、角度、性能有关。改变动作的空间即指调整动作空间因素，以改变动作的难易程度，提高练习效果的方法。常用的改变动作空间的方法有调整器械的高度、调整器械的宽度和长度、调整器械的角度、调整器械的弹性和改变动作开始或结束时的位置等。

（1）调整器械的高度：调整器械的高度一般是指降低器械的高度以降低完成动作的难度。在可行的情况下，降低器械的高度，可减少学生练习时的害怕心理，提高信心，以便学生集中注意力做练习。例如，初学双杠的肩倒立、倒立等动作，可先在倒立架上练习；初学山羊、跳箱、跳马分腿腾越时，可先在允许范围内适当降低山羊、跳箱、跳马的高度，待初步掌握技术后再升到正常的高度；学习高单杠上的一些短半径回环动作，可先在低单杠上练习；学习平衡木上的一些动作可先在地面上画线练习，或在无腿平衡木上练习。

（2）调整器械的宽度：体操器械的宽度一般是可以调整的，或者可以利用特殊的器械加大练习时的面积，从而使动作更容易完成。例如，初学纵箱前滚翻时，可利用跳桌来加大练习时的宽度，消除学生的害怕心理；初学双杠肩倒立时，可以调整其两杠的距离以减少学生的害怕心理。

（3）调整器械的角度：正常情况下，练习的场地和器械都是处于水平面状态的，为使动作的难度减小或者加大，可以将场地器械调整为有一定角度的斜面。例如，设置一个斜面来练习滚翻类动作，从上往下做，动作就变得更容易了，而从下往上做，动作就变得更难了。又如，在初学纵马分腿腾越时，可把跳马调整为近低远高的斜面，这不但可以减轻学生练习时的害怕心理，还有利于学生做好顶肩推手动作。

（4）调整器械长度：如在学习纵马分腿腾越之前，可以先学双山羊分腿腾越，两羊之间距离可视学生练习的进展调整，采用这种办法可减轻学生因纵马之长而产生的害怕心理。又如，在初学双杠前摆向外转体 90° 动作时，可以在杠端系一橡皮筋，虚拟杠的延长部分，让学生在杠端面向外练习此动作，防止因动作失控而打杠受伤。

（5）调整器械的弹性：在练习过程中，可以借用助跳板或其他特殊材料，增加或减少器械的弹性，从而使动作更容易完成。例如，在学习鱼跃前滚翻时，可利用助跳板提高跳起的高度，以体会该动作腾空阶段的空中感觉，提高学生练习的兴趣，但要注意落地点应增铺海绵垫。又如，在学习双杠支撑后摆转体 180° 成分腿坐时，可在杠上包一小海绵片，以减轻腿落杠时的疼痛感。

（6）改变动作开始或结束时的位置：此方法主要运用于技巧动作的学习。技巧练习通常是在平面上进行的，人为地改变其开始姿势与结束姿势的相对高度，可使动作的难易程度发生变化。例如，学习鱼跃前滚翻时，可先在叠起的高垫上由上往下做，体会两手远撑与撑地后缓冲前滚的技术。又如，在学习头手翻时，可从叠起的高垫上往低处做，可使学生体会推手腾空后的身体感觉；反过来也可以从低处往高处做，以此加大动作难度，促进动作质量的提高。

3. 改变动作外部条件

从体操动作技术结构角度看，以上两类变换练习法主要是改变动作的内部因素及其相互关系，改变动作外部条件则指附加某些完成动作的条件，以促进动作顺利地完成，如外部的助力和附加某些帮助动作完成的辅助器械，实际上是指体操练习中的各种帮助的方法。体操教学离不开外部的帮助，关于具体的帮助方法详见第四章体操保护与帮助的内容。

四、游戏法与比赛法

（一）游戏法

游戏法是指在体操教学中，结合教学的需要，采用游戏的形式组织学生练习的方法。游戏法的特点是具备趣味性、模仿性、竞赛性和创造性。通过游戏可使一些枯燥的体操练习变得妙趣横生，达到活跃课堂气氛、调动全体学生积极参与活动的目的，还可以培养学生的团队精神和良好的心理素质。游戏一般安排在课的准备部分或结束部分进行，以达到活动身体、集中注意力或放松的目的。

丰富的体操内容可供创编出各种各样受学生喜欢的游戏，如可以利用吊绳、横绳、爬竿、肋木、云梯等器械，组合成"过河""探险"等游戏；可以把双人操练习变为各种互顶、互拉、互相破坏对方平衡的游戏；可以利用短绳、长绳、体操棒、实心球等轻器械练习组合成游戏；可以将某些发展身体素质的练习演变成游戏，如"抬木头""推小车""爬倒立"比赛等；还可以将学过的体操动作组合成游戏，如做完前滚翻后接跑过体操凳、侧手翻后接力跑等，还可以将不同的器械组合成游戏。

在体操教学中，教师可发挥自己的创造性，针对所要完成的教学任务，创编出有特色的游戏。但在游戏的创编与实践中要注意以下几个方面：

1. 游戏创编要有明确的目的性

要根据教学任务，选择有助于基本教材学习的一些辅助性练习作为游戏内容，不应为游戏而游戏。

2. 游戏创编应制订游戏规则

凡游戏就必须有规则，创编时应制订好规则，规则应简单明了。游戏前须讲明规则与要求，游戏中应监督学生遵守规则，游戏结束应当立即宣布结果，并马上兑现奖惩办法，如罚输的一方集体做俯卧撑。

3. 游戏创编要注意安全性

首先对游戏内容的选用一般应是学生已掌握的较简单的动作；其次应考虑游戏路线、方向、距离的合理性，防止游戏中互相碰撞；最后是使用器械时应事先检查它们的安全性。

4. 游戏创编要有创新性

游戏有创新才能引起学生的兴趣，过多地重复某一种游戏，将失去新鲜感和趣味性。

（二）比赛法

比赛法是指以比赛的形式组织教学的一种方法，它的主要特点是竞争性和趣味性。运用比赛法，可使学生情绪高涨，促进学生最大限度地挖掘身心潜能，超常规地发挥技术水平，并培养学生的集体主义精神和顽强拼搏的意志品质。

体操教学中运用比赛法的形式是多种多样的，可以是游戏比赛，也可以是教学比赛、测验比赛等；可以是个人与个人比赛、小组与小组比赛，还可以是班级与班级的比赛。根据不同阶段教学任务的不同，体操教学比赛可分为比完成率、比动作质量和比动作数量等形式。

1. 比完成率

体操动作有一定的难度，一般都要经过多次练习才能掌握。体操动作从不会做到初步会做，需要付出一定的努力，甚至要吃点苦头，否则就难以突破这一关。例如，在学习单杠挂膝摆动上（或后倒挂膝上）这个动作时，常会遇到挂膝腿膝后部与杠发生摩擦产生疼痛感这一问题，疼痛感会使一部分学生不愿意全力以赴，导致他们经过多次练习仍完不成动作。为了解决这一问题，可采用比完成率的形式进行教学比赛。比赛的办法是把学生分成人数均等的若干组，每组同时上一位学生做同一个动作，只要动作完成了就得一分，完不成不得分，每位学生都得做，最后看哪一组得分最多为胜方。用此法进行比赛，可激发出学生的练习热情，充分调动他们的潜力，大大提高动作的成功率，达到预想不到的练习效果。

2. 比动作质量

体操教学的目的不仅仅是让学生学会做动作，还要求学生做好动作。教学中往往总有一部分学生只满足于会做动作，对动作质量不在乎。因此，在学习的第二阶段，可采取比动作质量的形式，促进学生纠正错误动作，提高动作质量。比动作质量一般采用评分的办法，通常可采用 10 分制评分。为了便于计分，教学比赛中还可采取低分值评分法，如 1 分制、2 分制、3 分制……评分。具体做法是根据不同教学阶段

的不同要求设定分制，如在初学前滚翻时，要求学生要做到方向正、团身紧这两个要求，比赛时就按 2 分制进行评分，这两个要求都做到了得 2 分，只做到一个则只得 1 分，两个要求都做不到得 0 分。分组比赛时可以把全组学生的得分累加起来，比较哪一组得分最高。运用这种简便的评分办法可突出教学的重点，使学生更加明确自己应努力的目标，通过比赛达到提高动作质量的目的。

3. 比动作数量

体操教学中比动作数量的目的，主要是为了发展体操专项素质。比赛的内容一般都是学生已掌握的、技术较简单的动作，如比靠倒立的时间，比双杠的支撑摆动臂屈伸、挂臂撑屈伸上的次数，或者比单杠的慢翻上成支撑的次数等。比赛内容的选择要针对学生素质存在的薄弱环节，但切忌选择有危险性的，可能危害学生身体健康的动作。动作数量的比赛同样可以采用个人赛的形式，也可以采用小组赛的形式。

设计组织体操教学比赛应注意以下几个方面：① 比赛的设计与实施应紧密结合教学目标，为教学目标的达成服务；② 比赛内容的选择应考虑学生体能和技能掌握的实际情况，并确保不危害学生的身体健康；③ 比赛的规则要简明扼要，易于操作，要向学生讲明规则并加强监督，比赛结果的判定要迅速果断、公正准确，比赛后要进行总结性的评价，提出今后努力的方向；④ 比赛的组织要合理严密，避免拖拉而影响课的进程，分组比赛应注意调整各组的实力，使各组的实力大致相等，提高竞争的激烈程度；⑤ 比赛的过程应注意安全，要采取必要措施预防伤害事故的发生。

第四节　体操技术动作教学策略

本节阐述的体操技术动作教学策略，主要从教师的视角分析教学内容、教学环境、教学程序和教学方法等方面，详述教学策略的具体内容。

一、优选教学内容

《义务教育体育与健康课程标准（2022 年版）》以加强课程内容整体设计的思路，从水平二开始设计相应的运动技能课程内容。《普通高中体育与健康课程标准

（2017 年版 2020 年修订）》从有利于学生学会、学精、培养运动专长以及追求卓越的角度出发，指出在必修选学内容中学生可以选择某一运动项目，按模块持续学练三年，也可以根据学校的安排按学年选择学习。

体育教学改革的不断深入，赋予了体育教师更大的课程自主权。《体育与健康课程标准》仅在总体上提出课程内容要求，具体教什么则由教师自己选定。因此，为了保证体操教学能达到促进学生全面发展的目标，体育教师应当懂得如何根据学生的身心特点和本校的具体情况，选择适合的教学内容和合理组织教学内容，这是取得最佳教学效果的重要保证。

（一）选择适合的教学内容

现代体操运动提供了丰富多彩的学习内容，众多的体操技术动作只有科学地加以选择，才能适合教学的需要。体操内容的选择实际上是一个根据教学目标对体操素材进行分析、判断和优选的过程。选择时，首先要对各种体操素材进行价值判断，分析它们在促进学生身体发展、体操运动知识技能学习、审美教育、情感体验和培养良好心理品质等方面的育人价值；进而分析它们对达成体育课程总目标的贡献率；然后再根据学生的身心特点和技能基础，分析这些内容能否被学生喜欢和接受，是否能被学生掌握；还要分析场地器材以及其他教学条件是否具备。

选择体操教学内容应考虑以下几个方面：

1. 健身性与健美性

所选的内容应能对不同年龄段学生的身体发育成长有明显的促进作用，应有助于学生身心的全面发育，有利于终身体育能力的培养。所选的内容应具有美育的价值，应能促进学生体形与姿态朝健与美的方向发展，有利于学生审美能力的培养。

2. 趣味性和实用性

所选的动作应是学生感兴趣的，应有利于调动学生学习的积极性，有利于学生对体操产生良好的情感与态度。体操练习中有不少动作与人们平常的生活技能有联系，因此，应注意选择一些生活化的，有助于提高学生基本生活能力的内容。

（二）合理组织教学内容

体操教学内容的组织是指对所选的学习内容进行单元化的系统安排过程。经过选择的体操素材还必须应用技能整体性原则，将它们组成一个结构合理的内容体系。在构建内容体系时，应全面分析各项目、各动作之间的逻辑脉络，使动作之间在纵向上和横向上紧密联系，相互影响，相互促进。具体地说，就是要考虑哪个项目先学，和哪个项目同时学，各项目中动作出现的顺序与时机等。体育课程教学一般是以单元来安排的，组织学习内容时还应考虑如何将素材组成单元，以及如何将各单元有序地安排到各学年和各学期中。系统全面地规划体操学习内容，可充分利用技能形成规律和学生身心发展规律，达到促进运动技能掌握和学生身心全面发展的最佳效果。

在组织教学内容时应注意以下几个方面：

1. 科学性

教学内容组织是对选定的体操素材进行全面规划和设计，因此教师应对这些素材进行深入分析，了解它们之间的内在联系，再用系统方法将它们组合起来，注重教学内容的科学性。

2. 关联性和递进性

要根据不同水平段学生的身心特点组织体操教学内容，制订各水平段的体操学习规划，并要考虑到不同水平段体操学习内容之间的衔接性，还要注意学年、学期与单元之间的衔接，注重教学内容的关联性和递进性。

二、优化体操教学环境

体操教学环境是指影响其教学效果的各种条件因素。它主要包括物质环境、心理环境和人际环境。

（一）优化物质环境

良好的物质环境是顺利完成体操教学任务的基本条件。体操技术动作教学一般是在体操馆内进行的，为了保证有个良好的教学环境，体操馆要有足够的空间和合理的布局，要保持良好的光线和通风状况，同时还要保持良好的卫生状况。体操技术动作练习一般要在器械和垫子上进行，其动作又有一定的难度，器械与垫子的质量对练习的效果影响较大。为了保证学生练习时有一个良好的条件，避免发生不必要的运动损伤，教师应当经常检查器械的稳固性和安全性，如单杠、双杠的立柱是否稳定，跳马、山羊、跳箱是否牢固。每次上课前教师必须认真检查场地器械的安全性，在器械周围铺好垫子，保持场地的整洁、卫生、安全，使学生上课时心情舒畅，有安全感。

上课时要根据场地器材的实际情况和学生的实际人数合理地进行分组，把场地器材充分地利用起来，保证学生有足够的练习机会。

（二）优化心理环境

由师生良好心理状态构成的课堂心理环境，是体操技术动作教与学的内在动力，是学生保持良好的练习情绪和积极主动性的前提。课堂上教师要营造一个良好的心理环境，教师除了本身要有积极的态度和高昂的教学热情，还要懂得如何与学生进行情感上的互动，以精湛的教学技巧调动学生的情绪和练习积极性。

1. 教师的精神面貌

课堂上教师与学生的情绪是互动的，教师的情绪随时都在感染着学生。教师在课堂上所表现出饱满的精神、积极热情的态度，都会影响到学生的课堂情绪和练习积极性。教师充满激情的语言将使学生的精神振奋；教师准确、优美、飘逸的示范动作，不但能传达一种美感，而且能使学生受到鼓舞，产生跃跃欲试的冲动。因此，教师的精神面貌对体操课的教学气氛起着主导作用，教师应注意以自己的言行激发学生学习的兴趣和热情。

2. 教师的期望与鼓励

由于体操技术动作的学习有一定的难度，对学生来说学习体操是一种挑战。因此，在体操教学的每一阶段，教师都要设定多数学生经过努力能达到的明确的教学目标，并激励每个学生积极争取去实现这些目标。在教学过程中，教师应经常通过语言、目光或肢体动作向学生传达自己的期望，当学生感受到教师的期望时，将激起他们学习的热情和积极性。在学生的练习过程中，教师应注意及时给予学生肯定和鼓励，每当学生学会一个新动作时，教师应及时以一定的方式给予表扬，这将使学生产生强烈的成就感，增强他们的学习兴趣；而当学生的学习遇到困难时，应及时地给予必要的鼓励，帮助他们建立起学习的信心。

3. 采用灵活多样的教学手段调动学生学习积极性

体操技术较为复杂，有的动作学生不可能一下子就能学会，它需要安排各种辅助练习逐步引导到完整动作的练习。这些练习设计得是否巧妙将影响到学生的练习情绪。例如刚开始学习前滚翻直腿起时，学生不可能一下就能直腿站起，此时可以先安排他们从高处往低处做，这样动作便能很容易完成，学生在练习中便能在变换的条件下体验到独立完成动作的成就感，成功的体验将提高他们的学习兴趣。再如，刚开始学习单杠骑撑前回环时，由于没有回环的时空体验而产生恐惧心理，导致身体不敢大胆前倒，此时可由两人给予帮助，从骑撑的位置开始前倒完成整个回环动作，让学生体会完整一周回环的概念，体验回环的乐趣，消除前倒的恐惧。

在教学中，经常变换体操动作的练习方式是提高学生练习积极性的有效办法，可以通过改变动作的开始姿势、练习的条件等办法，使练习更有新鲜感，提高学生练习的兴趣。例如，当学生初步掌握了鱼跃前滚翻动作后，可以从原来的原地做，变为通过助跑做、双脚依次起跳做，或者向高处做、越过各种障碍物做；在多数学生熟练掌握后，还可以一个接一个地接连助跑后鱼跃过障碍物，此类练习可增加学生的练习兴趣。

4. 采用有效的方式与手段克服学生害怕心理

练习体操技术动作时，身体经常处于非常规的状态，而且还要在有一定高度的器械上做动作，或经过助跑后跨越某种器械，学生在练习时容易产生害怕心理，这一特点决定了教学中有一定的危险性，因此，帮助学生克服害怕心理常成为教学的关键环节。教学中，教师除用语言给予鼓励和加强保护外，更重要的是采用一些方法手段帮助学生加以克服。例如，学习双杠前滚翻成分腿坐时，学生往往会担心头栽下去，此时可以在杠上前方铺上一块垫子，或在杠下站一个同伴上体前屈，学生在他的背部上前滚，这样学生既不会感到害怕，而且还会感到新鲜。再如，在学习纵马或纵箱分腿腾跃前，教师可以先安排跳同样高度的山羊，然后逐渐把助跳板拉远，直到与纵马（箱）的长度相同时把山羊移走，再把纵马（箱）搬进来，并告诉学生："现在你们完全有能力跳过纵马（箱）了"，此时大部分学生不但不再害怕，反而跃跃欲试了。

克服学生害怕心理的手段方式很多，教师应当根据动作的特点、学生的身体素质与心理特征，还要根据场地器材的实际情况，灵活设计出有效的练习手段与方式。学生在学习中从产生恐惧心理到最终克服恐惧心理的过程，蕴含着丰富的课程思政元素，教师应在教学过程中充分培养学生勇敢、顽强、坚韧等意志品质，从而潜移默化地对学生进行思政教育。

（三）优化人际环境

体操教学是教师的教与学生的学的互动过程，在这一活动过程中师生构成了一定的人际关系，这种人际关系对教学效果起到直接的作用。体操动作的教学中需要保护与帮助，因为体操技术动作练习有一定的危险性，容易出现伤害事故；此外，一部分动作在刚开始学习时，只有在他人的帮助下才能完成。保护与帮助是在教师与学生、学生与学生之间进行的，保护与帮助要取得良好的教学效果就需要师生、生生之间互相关爱、互相信任，特别是师生之间的相互信任。教师对学生安全的高度负责，一丝不苟，尽心尽力的教学态度，以及娴熟到位的保护与帮助手法，随时都在感染和影响着学生，使他们有一种练习的安全感和自信心，提高他们的学习积极性和练习效果。体操动作的教与学是在师生之间手把手进行的，在这种零距离的接触中，教师应当尊重学生、信任学生、热爱学生、关心学生，和学生之间亲密无间，不断增进师生之间的感情，而师生之间的感情正是上好体操课的重要基础。

体操教学中经常还需要学生之间相互保护和帮助，相互鼓励和鼓舞。在体操教学中教师要经常教育学生，要求他们在互相保护与帮助时对同伴高度负责，建立信任、互相配合、互相合作，建立起良好的生生之间的人际关系。此外，在教学组织过程中，不单单要培养学生保护与帮助的基本技能，还应充分挖掘体操教学中保护与帮助者高度责任感与合作精神的思政元素，培养学生具有责任心强、耐心细致、合作精神的思想品质。

三、优化教学程序

教学设计的目的就是科学地影响学习的内部过程，优化教学活动的程序。当前，一部分教学模式在体操教学中得到了较好的应用，不同的教学模式都有独特的教学程序（或称为教学过程结构）。

（一）传授体操技能的教学程序

这是一种常见的以传授体操技能为主的教学程序，它的过程结构是：教师提出教学任务—教师讲解示范—教师组织指导练习—教师总结学习成果。这种程序的安排一般在较复杂的体操动作教学中运用。它的优点是有利于体操技能的传授，但不利于学生主体性的发挥和创造性的培养。

（二）"主动性教学模式"的教学程序

这种教学模式的指导思想是力图打破传统的"教师说，学生练"的被动式体操教学模式，希望通过对教学活动结构的调整，发挥学生在教学中的主动性，在教学中积极思考，使学生通过学习既掌握体操技术，又懂得技术的基本原理，做到"知其然，又知其所以然"，并由此促进他们情感体验的深化。这种教学过程的结构是：启发动机—提出问题—学生思考—学生实践与讨论—归纳总结。这种教学程序对教师的教学艺术和学生的知识基础和思维能力要求较高，若设计不当会影响教学的进度。

（三）"情景教学模式"的教学程序

"情景教学模式"是指在体操教学中通过设置相关的故事情节、场地器材和情感氛围，提高学生练习的兴趣，发展学生运动能力的一种教学模式。它的过程结构一般是：设置情景—引起运动兴趣—体验情节—获得运动乐趣—还原。

教学模式是多元和动态的，它将随教学改革的发展而发展。在体操教学中，应根据不同的教学目标、不同的教学阶段、不同的教学对象、不同的教学条件等，选择适合的教学模式以优化教学程序，提高教学质量。同时，还应当提倡发挥创新精神，创造性地优化教学活动程序。

四、优选教学方法

任何教学要实现其目标，就必须借助于各种教学方法。现代体育教学方法丰富多彩，但不存在某种万能的方法，教法多样，贵在优选。因此，在体操教学中，教学方法的运用，应当根据教学的实际情况加以优选，选择时应注意以下几个方面：

（一）要有利于体操教学目标的达成

选择和运用教学方法的最终目的是更好地实现教学目标，因此在选择方法时，应考虑对目标的达成能起多大的作用。在不同的体操教学阶段，对于不同的教学对象和教学内容都会有不同的教学目标，教学目标不同，相应采取的教学方法也应有所不同。

（二）要针对教材与学生的特点

在选择教学方法时，应当深入分析教材的特点与价值，再考虑采取适合的教学方法使其价值得以实现。例如，支撑跳跃练习具有培养意志品质的价值，为了使这一价值得到实现，在教学中就应当采取各种适宜的练习方法，帮助学生树立信心，克服心理障碍，在学习过程中培养学生勇敢、顽强和果断的意志品质。教学方法的选择还要考虑学生的身心特点，针对不同年龄、不同性别和不同性格特征的学生群体选择不同的方法。例如，游戏法对于低龄组学生较为适合，但对于高中生如过于频繁地采用就未必能取得好的教学效果。

（三）要重视学生的学法

体操教学是师生的双边活动，它既包括教师的教，也包括学生的学。因此，在选择教学方法时，不仅要考虑教师的教法，还要考虑学生的学法。例如，教师在示范动作时，不仅要考虑如何演示得优美、到位、轻飘，还要考虑如何引导学生观察动作，了解动作过程和关键技术，而不仅仅是看热闹。教师在教学中应摆脱"以教为中心"，绝对控制教学的习惯，而要给学生一定的学习自由度，让学生发挥他们学习的主动性和创造性。

（四）合理组合教学方法

在体操教学中，为完成教学任务往往需要多种教学方法的配合使用。例如，完整法与分解法常常就难以完全分开，运用时总是你中有我，我中有你，问题的关键是二者如何有机地结合，如何根据具体情况安排谁先谁后，以及各自所占的练习比例等。实际上，单一孤立地使用一种教学方法的情况在体操教学中是不存在的。语音法、直观法和多种多样的练习法总是综合地加以运用的。在设计教学时，应当根据教学的实际需要将各种方法合理地组织起来，让优化组合的方法体系发挥出其整体的功能，以取得最佳的教学效果。

在体操教学中，选用教学方法，还需要考虑场地器材、教学设备等实际情况，缺乏必要的物质条件，再好的方法也难以实施。同时，还应根据教师自身的知识结构、教学经验和对教法驾驭的能力等，量力而行地选择适合的教学方法。

思考与实践

❶ 各类体操技术动作有哪些主要特点？

❷ 根据静止慢用力动作的技术特点，分析应如何正确完成技巧头手倒立动作。

❸ 体操技术动作教学具有哪些特点？举例说明你是如何采用"变换练习法"，从而掌握了体操技术动作的。

❹ 结合《义务教育体育与健康课程标准（2022年版）》，谈谈如何合理组织体操技术动作教学内容。

❺ 在体操技术动作学习中，你是如何克服害怕心理培养勇敢、顽强、坚韧等意志品质的？如何通过保护与帮助教学实践，理解任劳任怨、耐心细致、全神贯注保护帮助他人的教育价值？

第六章　技术类体操项目

内容提要

本章阐述技巧、跳跃、双杠、单杠和技巧造型的概况、特点，以及在学校体育教学与训练中的意义，介绍技巧、跳跃、双杠、单杠和技巧造型的动作做法、教学规格、教法提示、学法指导、保护与帮助方法等内容。

学习目标

1. 了解技巧、跳跃、双杠、单杠和技巧造型概况、特点，以及在学校体育教学与训练中的意义。

2. 掌握各项目基本动作的做法、教学规格、教法、学法、保护与帮助方法。

本章提出的技巧、跳跃、双杠、单杠和技巧造型技术类基础动作教学规格，包括两个层面的参照标准：一是高规格，即教师示范的规格；二是基本规格，即中小学体育教学中，大部分学生能够达到的动作规格。第一节至第四节单个动作中的教学规格是指中小学体育教学中，大部分学生能够达到的基本规格。

第一节 技 巧

技巧俗称"翻跟头"，也叫"垫上运动"，是教材化技术类体操的内容之一。技巧内容丰富，动作形式多样、变化多端，它主要包括各种滚翻、手翻、空翻、倒立、平衡等动作，是广大学生非常喜爱又易于开展的运动项目。

技巧练习有较高的锻炼价值和实用价值，通过各种技巧练习对发展人体的力量、灵敏、柔韧、协调等身体素质，提高身体基本活动能力，改善身体机能状况，塑造健美体形，培养意志品质，尤其是提高前庭器官功能和培养自我保护能力等方面，有着非常重要的作用。它还是一项对身体姿态和控制能力等有一定要求和艺术表现的运动项目，特别在人类身体活动日益减少和动作日益单调化的今天，技巧练习对人的锻炼便成为不可或缺的重要手段。

技巧动作是竞技体操运动自由体操中的重要组成部分。一套自由体操动作，其中技巧动作的难度和完成质量是衡量全套动作价值的关键，也是取胜的关键。我国著名体操运动员李小双在第 25 届奥运会上，正是凭着他独一无二的"后空翻三周"高难度动作一举夺得自由体操冠军而闻名于世界体坛。

技巧运动还是其他许多体育运动项目训练的基础内容或训练手段，被广泛运用。练好技巧对提高自我保护能力，促进其他运动项目的学习和训练起着重要的作用。因此，抓好技巧动作的教学与训练具有重要的意义。

一、前滚翻

（一）动作做法

蹲撑，重心前移，两腿向后下方蹬直离地，同时屈臂、低头、提臀，以头的后部在两手撑地前着地，经后脑、背、腰、臀部依次向前滚动，当背部着地时，迅速收腹、屈膝、上体紧跟大腿团身抱腿成蹲立（图6-1-1）。

» 图 6-1-1　前滚翻

（二）教学规格

前滚团身紧，滚翻圆滑。

（三）教法提示

（1）原地滚动练习。当前滚至背部着地，腿与地面夹角约45°时，迅速收腹，上体紧跟大腿团身抱腿。

（2）在垫子下面放斜板，由高处向低处做前滚翻。要求脚先蹬地后屈臂再低头。

（3）适当讲解增加蹬地的初速度、加大转动惯量再缩短半径增加角速度的运动变化的规律。

（四）学法指导

（1）学习要点：完成前滚翻动作主要取决于向前滚翻的力量和半径。两脚用力蹬地并充分蹬直能加大向前滚翻的力量，两腿蹬直以后迅速团身抱紧小腿，缩小转动半径，加大翻转的角速度，容易完成好滚翻动作。

（2）延伸学习：单腿前滚翻，前滚翻分腿起，前滚翻交叉腿起，前滚翻直腿起，双人前滚翻等。

（五）保护与帮助

保护与帮助者单膝跪立在练习者侧前方，用手顺势推其背部帮助成蹲立。

二、后滚翻

（一）动作做法

　　蹲撑，身体稍经前移接着直臂顶肩推手后移，低头拱背团身后滚，依次经臀、腰、背部向后滚动，两手迅速屈臂抬肘翻腕置于肩上（掌心向后），当头部着地时两手用力推地撑起翻转成蹲撑（图6-1-2）。

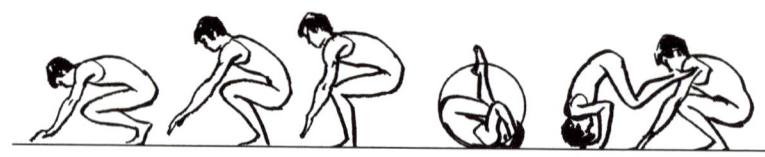

» 图6-1-2　后滚翻

（二）教学规格

　　团身紧，滚翻圆滑，两手有推撑。

（三）教法提示

　　（1）两手放在肩上方，练习向后滚动手撑地动作。要求屈臂抬肘夹肘翻腕置于肩上（掌心向后）。
　　（2）采用斜面由高向低练习后滚翻。要求团身紧、推撑有力。
　　（3）主动后移，增长转动半径以加大转动惯量，接着团身以缩短转动半径、加快角速度，以达到顺利翻转完成动作。

（四）学法指导

　　（1）学习要点：后滚翻时，颈部受力较大，在练习之前，要充分活动颈部。蹲撑时，重心稍前移，然后向后移翻臀获取速度，后滚时翻臂要及时，团身要紧，身体重心过头部垂直位时要及时推手。
　　（2）延伸学习：后滚翻成跪撑接跪跳起，前滚翻两腿交叉转体接后滚翻，后滚翻经单肩成单膝跪撑平衡，后滚翻直腿起等。

（五）保护与帮助

（1）保护与帮助者单腿跪立在练习者侧后方，当练习者后滚至头部时，一手托肩，一手推背，助其翻转。

（2）保护与帮助者站于练习者侧后方，两手抓其髋部两侧向上提拉，帮助推手和翻转。

三、前滚翻直腿起

（一）动作做法

蹲撑，重心前移，两腿向后下方蹬直离地，两手比前滚翻稍远撑地，顺势屈臂、低头前滚，当滚至臀部时，上体迅速前屈缩小髋角，同时两手在膝部外侧撑地向后快速用力推起，以脚跟先着地再过渡到全脚掌着地，经屈体立起成直立（图6-1-3）。

» 图6-1-3 前滚翻直腿起

（二）教学规格

屈体折叠紧，滚翻圆滑，直腿起成站立。

（三）教法提示

（1）做远撑前滚翻成直腿坐。要求两手在膝外侧正确撑地（手指朝前）。

（2）采用斜面由高向低练习前滚翻直腿起。要求向前滚翻时前半动作过程髋关节大于90°，当上体迅速前屈缩小髋角时，身体尽量折紧。

（3）向前滚翻将起来时，由于直腿起，这时会产生很大的制动力矩，除了加快滚翻速度，还需两手用力推地才易于最后完成该动作。

（四）学法指导

（1）学习要点：与前滚翻相比，该动作的难度因其转动半径的增长而明显加大。滚翻速度非常重要，蹬地的速度要快而有力，手与脚要同时触垫，上体尽量前屈，两手用力推垫；平时要加强体前屈等柔韧性练习。

（2）延伸学习：前滚翻分腿起，手倒立前滚翻分腿起，手倒立前滚翻直腿起，鱼跃前滚翻直腿起等。

（五）保护与帮助

保护与帮助者位于练习者侧前方，当练习者上体折叠推撑时，推其背部或提拉两臂帮助完成动作。

四、屈体后滚翻

（一）动作做法

站立，上体前屈，重心后移，两手在膝外侧向后下撑地（手指朝前），当臀部着垫时，两手迅速屈臂抬肘翻腕置于肩上（掌心向后），接着举腿翻臀，屈体后滚，当滚至头部时，两手用力推垫，滚翻经屈体立撑成直立（图6-1-4）。

» 图6-1-4 屈体后滚翻

（二）教学规格

屈体折叠紧，滚翻圆滑，两手有撑推，直腿落成站立。

（三）教法提示

（1）身后放 1~2 块体操垫，做屈体后坐练习。要求折紧身体，直腿后倒。

（2）由坐撑开始做屈体后滚翻练习。要求上体后倒快、举腿迅速、推手有力。

（3）后移时，身体尽量折紧以降低重心位置，两手尽早撑地顺势屈臂做退让性动作，利于后滚；后滚时，快速举腿以缩短半径，加快角速度以及用力推手成直立。

（四）学法指导

（1）学习要点：上体前屈折紧后再后移，手撑垫抬肘翻腕撑垫应连贯，举腿翻臀应折紧身体，推手要用力；平时要加强体前屈等柔韧性练习。

（2）延伸学习：屈体后滚翻成分腿开立，屈体后滚翻成手倒立等。

（五）保护与帮助

保护与帮助者站在练习者后侧方，两手抓其髋部两侧向上提拉，帮助推手和翻转。

五、鱼跃前滚翻

（一）动作做法

半蹲，两臂经后举前摆，同时两脚蹬地，向前上方跃起，身体腾空时保持含胸、紧腰、梗头，髋角大于 90°，接着两臂前伸撑地、屈臂缓冲，经两手与后脑着地做前滚翻（图 6-1-5）。

鱼跃前滚翻

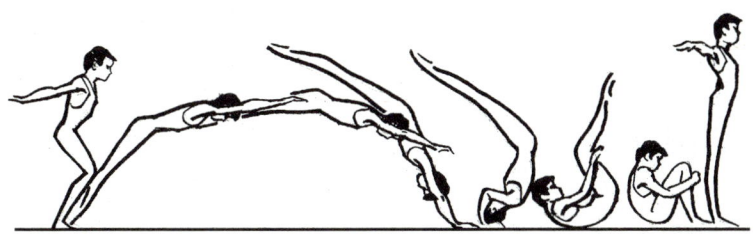

» 图 6-1-5　鱼跃前滚翻

（二）教学规格

腾空高度过腰，屈臂缓冲圆滑滚翻。

（三）教法提示

（1）远撑前滚翻。要求腿用力蹬地，动作圆滑。

（2）站在高处（30~40厘米）向下做前滚翻。要求在前方铺一块体操垫，手撑地先屈臂、再低头做前滚翻，体会两臂撑地的屈臂缓冲控制力量及技术。

（3）"兔跳"（跳起经腾空手撑垫）练习3~4次。体会跳起腾空与撑垫的腾空感，但练习次数不宜过多。

（4）跃过低障碍物的前滚翻。要求空中紧腰，髋角大于90°（在帮助下完成）。待熟练后，可进行加助跑的鱼跃前滚翻。

（5）脚用力蹬地获取起跳角度，身体腾起，形成空中抛物线，当转入手撑地屈臂缓冲做退让性动作时，再屈膝团身前滚。

（四）学法指导

（1）学习要点：身体重心稍前移，重心在支撑面边缘时两脚积极蹬地跃起，手撑地后积极做屈臂缓冲动作，保持髋角，当滚至背部着垫再做团身前滚；先求腾空，后求远度。

（2）延伸学习：挺身鱼跃前滚翻，鱼跃前滚翻直腿起等。

（五）保护与帮助

保护与帮助者站在练习者起跳点的侧方，当练习者跃起腾空时，顺势托起大腿前送。

六、肩肘倒立

（一）动作做法

直腿坐，上体后倒，两臂在体侧用力压地，接着举腿、翻臀，当脚尖至头部上方时，两臂夹肘，手撑后背，两腿上伸，髋关节充分伸直，拉开肩角成肩肘倒立（图6-1-6）。

» 图 6-1-6　肩肘倒立

（二）教学规格

撑（肩与肘）得牢，立（身体）得直，停得久（3秒）。

（三）教法提示

（1）直腿坐，屈体后滚向上做伸髋练习。要求脚尖至头部上方时伸髋，体会伸腿方向。

（2）坐撑，向后滚动，翻臀举腿，两手撑后背，伸髋成肩肘倒立。

（3）通过伸髋伸长半径达到制动的目的，制动时应考虑身体重心控制在支撑面内。

（四）学法指导

（1）学习要点：上体后倒举腿时，眼看脚尖，向垂直上方伸直髋关节。

（2）延伸学习：前倒后接前滚动团身起立，向后做经单肩后滚翻成单膝跪撑或经单肩后滚翻胸滚动成俯撑。

（五）保护与帮助

保护与帮助者站在练习者侧方，抓提其小腿，必要时可用膝顶其腰背部。

七、单肩后滚翻成单膝跪撑

（一）动作做法（以经右肩为例）

单肩后滚翻成单膝跪撑

　　直角坐，上体经前屈（两手触脚）后倒，左腿后上举（控腿），右腿伸直落下，当脚背着垫时，头左屈转，眼看右膝后部（腘窝），右臂侧伸，左手肩上撑垫，接着右膝从右肩方向就近跪地向后滚翻，两手撑垫，抬头挺胸成单膝跪撑（图6-1-7）。

» 图6-1-7　单肩后滚翻成单膝跪撑

（二）教学规格

控腿的脚尖高于肩，动作方向正。

（三）教法提示

（1）采用分解练习法，使练习者明确头屈转的方向、右臂侧伸和左手肩上撑垫动作。

（2）帮助下慢做动作练习，体会左腿后上举控腿的方向与高度。

（3）右膝从右肩方向就近跪地向后滚翻，缩短滚翻半径。

（四）学法指导

（1）学习要点：在分解练习中明确屈转头方向、臂侧伸、手撑地、控腿、换手撑地等技术环节。

（2）延伸学习：单肩挺身后滚翻。

（五）保护与帮助

保护与帮助者站于练习者侧后方，一手向后上托控腿，一手托扶练习者肩部。

八、头手倒立

（一）动作做法

蹲撑，手指自然分开在体前撑地，用前额上部与两手成等边三角形撑地，身体重心前移，同时提臀，一腿上摆，一脚蹬地，接近倒立时，两腿并拢上伸，身体挺直成头手倒立（图6-1-8）。

» **图6-1-8**　头手倒立

头手倒立一

头手倒立二

（二）教学规格

撑（头手）得牢，立（身体）得直，停得久（3秒）。

（三）教法提示

（1）头与手支撑成等边三角形位置后，再做倒立。要求始终控制重心在支撑面内。

（2）身体重心应稳定在支撑面内，稍靠向头部，形成一个相对的稳定角。

（四）学法指导

（1）学习要点：初学时，前额上部用力顶地，两臂内夹用力控制平衡。当倒立失去平衡身体前翻时，应迅速低头、团身做前滚翻。

（2）延伸学习：双脚蹬地头手倒立，分腿慢起头手倒立，屈体慢起头手倒立等。

（五）保护与帮助

保护与帮助者抓住练习者的腿，帮助控制头手倒立平衡。

九、手倒立

（一）动作做法（以右腿后摆，左腿蹬地为例）

站立，两臂前举，左腿前出，接着两手向前撑地，与肩同宽，稍含胸，眼看手。右腿后摆，左脚蹬地，接近倒立时，两腿并拢上伸、顶肩、立腰、夹臀，伸直身体成手倒立（图6-1-9）。

» 图 6-1-9　手倒立

（二）教学规格

撑（手）得住，立（身体）得直（有到位过程）。

（三）教法提示

（1）背对墙蹲撑，两脚依次蹬墙上移，直至膝、髋伸直成面向墙的斜倒立支撑或成手倒立姿势。手撑地离墙的距离可逐步缩小。

（2）在帮助下做手倒立练习或靠墙手倒立练习。要求摆蹬腿有力，顶肩充分、紧腰、伸直身体。

（3）当重心接近垂直位时，稍抬头、及时顶肩、伸髋制动，以增长半径成手倒立。

（四）学法指导

（1）学习要点：手倒立时，五指分开并抓撑地，充分顶肩伸直身体，控制身体重心在支撑面内；先多做靠墙倒立练习，加强手臂的控制能力；当手倒立失去平衡身体前翻时，应迅速屈臂、低头、团身做前滚翻。

（2）延伸学习：倒立行走，侧起倒立，倒立转体和各种慢起倒立等。

（五）保护与帮助

保护与帮助者站在练习者的侧方，当练习者摆倒立时，扶腿上提；或站在正面用腿顶住其肩防止冲肩，两手扶其腿帮助控制平衡。

十、手倒立前滚翻

（一）动作做法

由手倒立姿势开始，脚尖远伸使重心前移，接着屈臂低头，使头的后部在两手前着地，同时慢慢屈臂、微屈髋、紧腰，以肩、背、腰、臀部依次前滚，当滚至背部着地时，迅速收腹、屈膝、跟上体、团身抱腿，经蹲立成直立（图6-1-10）。

» **图 6-1-10** 手倒立前滚翻

（二）教学规格

倒立到位，主动前移，圆滑做团身前滚翻。

（三）教法提示

（1）做右腿后摆，左脚蹬地，不经手倒立的前滚翻。体会屈臂低头前滚技术。

（2）在帮助下慢做手倒立前滚翻动作。要求掌握先屈臂、再低头，含胸、屈髋、屈膝抱腿的动作顺序与技术。

（3）在手撑地摆蹬腿时形成向前的水平速度，要及时控制重心，在接近垂直位前时积极做顶肩、伸髋，以增长半径达到制动；前倒时，重心应尽量远离垂直线，以利于滚翻。

（四）学法指导

（1）学习要点：手倒立开始前移重心时，当失去重心瞬间再做屈臂低头动作；手倒立前倒时应有控制，速度要慢，屈髋团身不要太早。

（2）延伸学习：手倒立前滚翻成分腿起，手倒立前滚翻直腿起等。

（五）保护与帮助

保护与帮助者站立于练习者侧方，扶住练习者的腿使其重心前移，稍提拉，帮助其屈臂低头前滚，然后顺势放手跟进，推其背部帮助完成动作。

十一、侧手翻

（一）动作做法（以向左侧手翻为例）

站立，两臂前上方摆起，左脚前出成弓步，接着右腿向后上方摆起，同时上体积极下压，左脚蹬地摆起，左手在两脚延长线前掌外展90°撑地并带动肩、头、躯干向左转体90°，右手向前撑地经分腿倒立，接着左右手依次顶肩推手，右脚落地经屈膝蹬直，左腿侧伸落地成两臂侧举分腿站立（图6-1-11）。

» 图 6-1-11　侧手翻

（二）教学规格

蹬地摆腿、两手撑地和脚落地能依次落在一直线上，身体空中舒展成一垂直面。

（三）教法提示

（1）在帮助下做大分腿手倒立左右移动 3~4 次，接着做右脚落地、左腿侧伸练习。要求右脚落在右手侧面延长线上。

（2）在帮助下做侧手翻。要求经倒立时两臂充分顶肩、分腿大，身体伸直。

（3）在地上画一条直线做侧手翻。要求手、脚都落在线上。

（4）利用摆蹬腿的力量加大重心的水平速度，以加快完成侧翻动作。

（四）学法指导

（1）学习要点：初学时，左手应外旋 90° 撑地，而右手应内旋 90° 撑地。蹬地摆腿应充分有力，两手依次撑地、落脚伸腿应积极、主动、连贯完成。

（2）延伸学习：连续侧手翻，左手单臂侧手翻，右手单臂侧手翻，侧手翻内转90°（踺子）等。

（五）保护与帮助

保护与帮助者站在练习者前出腿的前侧背面，两臂交叉扶托练习者的腰部，随着其动作翻转给予助力，帮助其完成侧手翻动作。

十二、头手翻

（一）动作做法

站立，两臂上举，上体前屈，两臂屈肘体前撑地，两腿屈膝，用前额上部在两手前顶地，同时两脚用力蹬地、翻臀经屈体头手倒立，当臀部前移重心超过垂直面后，两腿迅速向前上方用力摆腿伸髋，同时用力推手、充分展髋，使身体腾空呈挺身展髋姿势落地。落地时，脚掌前半部着地缓冲，保持抬头、挺胸，两臂上举（图6-1-12）。

» **图6-1-12** 头手翻

（二）教学规格

头手撑地牢，伸髋推手适时，挺身明显，经屈膝缓冲成站立。

（三）教法提示

（1）站立，练习者双手向前撑地成短暂的屈体头手倒立，帮助者单膝跪在练习者前面，两手抓扶练习者髋部，使练习者重心稍过支撑面停留1~2秒，练习3~4次。

（2）屈体仰卧，肩背撑地开始，在两人拉手帮助下，做原地屈伸起练习。要求向前上方用力伸髋，使身体腾空呈反弓形姿势。

（3）在帮助下由高处向低处做头手翻。明确伸髋和推手的用力时机，要求头手撑地稳固，伸髋推手有力，挺身充分。

（四）学法指导

（1）学习要点：先学会头手倒立，再学习头手翻；当屈体头手倒立重心前移超过

支撑面后，再迅速向前上方用力伸髋，同时用力推手。

（2）延伸学习：头手翻成分腿坐，头手翻成并腿坐，头手翻转体180°成俯撑等。

（五）保护与帮助

保护与帮助者单膝跪立在练习者前侧方，一手托其上臂或肩部，另一手托其腰部帮助翻转。

十三、前手翻

（一）动作做法（以右腿摆、左腿蹬地为例）

助跑2~3步后趋步跳起同时两臂上举，上体前压，两臂前伸撑地，同时右腿快速向后上方摆起，接着左腿蹬地，接近倒立部位时并腿、顶肩推手、紧腰、梗头，使身体腾空保持反弓形姿势至落地。落地时，膝踝关节缓冲成两臂上举直立（图6-1-13）。

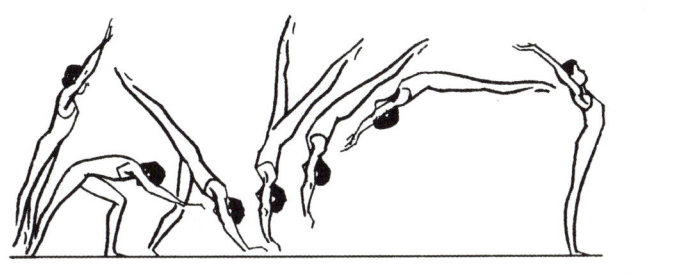

» 图 6-1-13　前手翻

（二）教学规格

摆腿、蹬地和顶肩有力，腾空明显，有挺身，经屈膝缓冲成站立。

（三）教法提示

（1）靠墙竖放一块体操垫，做趋步摆腿蹬地成靠墙倒立练习。要求摆腿蹬地速度快，撑地、顶肩、紧腰。

（2）在帮助下做摆倒立顶肩推手练习。要求手撑地将触垫子时，快速拉开肩角做顶肩推手动作。

（3）在帮助下由高向低做前手翻。要求体会腾空、翻转、着地动作。

（4）加大蹬摆腿的速度、制动推手的力量及时机与角度。

（四）学法指导

（1）学习要点：初学者应多练习各种手倒立动作。初学时，摆腿蹬地撑地时，冲肩是最易犯的错误，因此，要多做靠墙摆倒立练习和摆倒立顶肩推手练习。

（2）延伸学习：前手翻单脚落地，前手翻接前手翻，前手翻接鱼跃前滚翻等。

（五）保护与帮助

保护与帮助者站于练习者手撑地点的侧前方，一手托其肩部，另一手托其腰部帮助翻转。

十四、单腿全旋

（一）动作做法（以右腿全旋为例）

由两手撑地，左腿全蹲，右腿侧伸开始，右腿向前沿地面向前绕过两臂前，两手依次推撑地、重心前移，左脚蹬地提臀让右腿绕过左脚，右腿继续向后全旋至开始姿势（图6-1-14）。

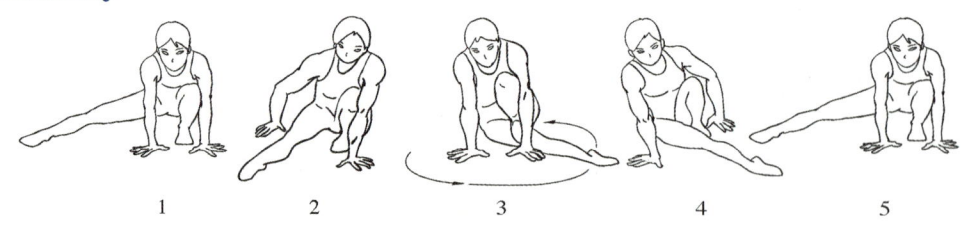

» 图 6-1-14　单腿全旋

（二）教学规格

全旋有幅度，动作连贯。

（三）教法提示

（1）慢动作练习。要求慢做单腿绕过两手、左脚，身体前移提臀绕过右腿至开始姿势。

（2）后半部动作（图6-1-14中第3分解图）做3~4次后，可做单腿全旋完整练习。要求全旋腿直、幅度大，速度由慢到快。

（3）依次移提重心。

（四）学法指导

（1）学习要点：重心适时前移在两手上，绕腿时要与重心移动相配合。

（2）延伸学习：做连续单腿全旋，换另一腿做单腿全旋，俯撑单腿全旋转体180°成仰撑等。

（五）保护与帮助

保护与帮助者只需用语言提示动作做法、节奏、幅度、姿态等。

十五、俯撑双腿侧摆越成仰撑

（一）动作做法（以向右侧摆越为例）

俯撑，稍塌腰，利用腰腹反弹立即做经侧向前摆越（稍收腹提臀），发力时右手推离地面身体重心移向左臂，当两腿将摆至前面时迅速前伸，同时右手撑地，拉开肩角、顶肩，挺身成仰撑（图6-1-15）。

» 图6-1-15 俯撑双腿侧摆越成仰撑

俯撑双腿侧摆
越成仰撑

（二）教学规格

蹬地、侧移、侧摆腿和倒上体连贯，成仰撑时身体直，方向正。

（三）教法提示

（1）俯撑收腹提臀两脚蹬离地练习。要求充分利用快速塌腰反弹力量做。

（2）俯撑向侧摆越成侧撑练习。要求利用塌腰反弹收腹提臀做侧摆成侧撑动作。

（3）在帮助下做完整连贯动作。要求塌腰反弹收腹提臀速度快，顶肩推手有力，向前伸腿伸髋快，幅度大。

（4）应注意推手移重心的过程。

（四）学法指导

（1）学习要点：俯撑时，由紧腰做塌腰反弹提臀动作。

（2）延伸学习：俯撑双腿经中穿成仰撑。

（五）保护与帮助

保护与帮助者跪于练习者支撑臂一侧，一手扶其上臂，另一手推送其髋部帮助完成动作。

十六、俯平衡（燕式平衡）

（一）动作做法（以右脚站立为例）

直立，两臂上举开始，右脚前出，左腿慢慢后举，上体前屈，抬头挺胸，两臂侧举平衡站立（图6-1-16）。

（二）教学规格

头高于臀，左脚高于头，腿直、髋正，停得久（3秒）。

» 图6-1-16　俯平衡
　　　（燕式平衡）

（三）教法提示

（1）右脚站立，左腿后上举，两臂侧举，抬头挺胸。要求体会右脚抓地、左腿后举的肌肉感觉。

（2）做一手扶器械的平衡练习或在帮助下的完整动作练习。要求左腿尽量向后上方举起。

（3）控制好身体，使重心始终保持在支撑面内。

（四）学法指导

（1）学习要点：紧腰控制重心稳，先举腿后上体前屈。

（2）延伸学习：做各种姿势的平衡，单膝跪平衡，侧平衡，侧搬腿平衡等。

（五）保护与帮助

保护与帮助者站在练习者侧方，一手托其腿，一手托其上臂。也可站位于练习者前方或后方，扶其双肩或脚尖。

第二节　跳　跃

　　跳跃分为支撑跳跃和一般跳跃，都可以作为教材化技术类体操的内容。支撑跳跃中的难度动作是男、女竞技体操比赛项目，即跳马。跳马动作技术从起初的水平腾越类到前手翻或侧手翻类发展至踺子后手翻空翻类及手翻后做多周空翻、多周转体类等诸多难度动作。在第 36 届世界体操锦标赛上，我国体操名将李小鹏以"踺子上板转体 180° 直体前空翻 900°"夺得金牌，此动作被国际体联命名为"李小鹏跳"。

　　经常做跳跃练习，能够全面提高人体运动系统、脉管系统、呼吸系统及前庭器官等功能；对增强下肢、腰腹、肩带和上肢肌群的爆发力有明显效果；对发展空间定向判断能力和控制身体平衡能力有着积极的作用；此外，还能培养练习者勇敢、顽强、果断的意志品质，以及超越障碍的实用技能。

　　跳跃动作是中小学体育教学的重要内容。跳跃中的一般跳跃动作，包括跳上、跳下、跳越障碍等动作，是支撑跳跃的基础。支撑跳跃动作由助跑、上板、踏跳、第一腾空、推手、第二腾空、落地 7 个技术环节组成。其中，第二腾空动作的高、飘、远、美及落地的稳定性是评定整个动作质量的主要环节。从支撑跳跃动作技术结构分析，可分为正腾越、侧腾越和手翻腾越。

支撑跳跃动作形式多样，技术的各环节衔接紧密，完成动作时间短暂，对动作学习要求相对较高。在教学中，要抓住主要技术环节，多运用辅助练习、诱导练习和保护与帮助方法，加强心理训练和重视安全，才能顺利完成教学任务。

一、助跑起跳

（一）动作做法

助跑时，眼看器械，上体稍前倾，助跑动作轻松，摆臂协调，节奏清晰，步点准确。上板前最后几步上体自然抬起，两臂后引、摆动腿迅速前摆，蹬地腿积极蹬地，与摆动腿并拢，用前脚掌平行向前下方踏上助跳板快速踏跳。起跳时，保持梗头、含胸、紧腰，上体稍前倾，同时两臂由后下向前快速摆臂并制动，配合两腿快速蹬板，获得较大的腾起力量（图 6-2-1）。

助跑起跳

» **图 6-2-1** 助跑起跳

（二）教学规格

摆臂、上板和踏跳（单跳双落）动作连贯。

（三）教法提示

（1）原地"单跳双落"练习。要求摆臂协调，单脚蹬、双脚跳有力。

（2）走 2~3 步做"单跳双落"练习。要求保持含胸立腰，两臂前摆至肩水平位即制动。

（3）助跑"单跳双落"练习。要求助跑和踏跳之间动作连贯协调，摆臂快速、制动明显。

（4）适当增加助跑初速度，加大助跳板的作用力，可获得更大的支撑反作用力。

（四）学法指导

（1）学习要点：助跑技术基本与短跑途中跑相似，采用逐渐加速的方法。助跑距离和速度应根据腾越器械、动作类型及个人特点而定。"单跳双落"起跳时，含胸、梗头、紧腰。

（2）延伸学习：助跳板推墙（板离墙 50~60 厘米）做上板踏跳练习，各种一般跳跃练习，各种支撑跳跃练习。

（五）保护与帮助

保护与帮助者站在助跳板前练习者落点一侧，一手在前、另一手在后，挡扶其腰腹部，防止前倾后倒。

二、挺身跳（助跳板）

（一）动作做法

轻松助跑"单跳双落"上板，踏跳有力，同时两臂积极向前上方摆动，使身体向上腾起。紧腰、梗头，接近最高点时挺身亮相，然后控制身体平衡至落地（图6-2-2）。

» 图 6-2-2　挺身跳

（二）教学规格

腾空明显，展体充分，经屈膝缓冲成站立。

（三）教法提示

（1）助跑上板练习。要求动作协调、起跳有力。

（2）垫上练习和由高向低挺身跳下练习。要求身体充分伸展。

（3）助跳板上连续起跳接挺身下。要求动作连贯，保持身体准确姿势。

（4）加大助跳板的作用力以获得更大的支撑反作用力，有利于增加腾空高度，使身体伸展充分。

（四）学法指导

（1）学习要点：起跳时，紧腰、梗头，两臂积极上摆。腾空将至最高点时，充分伸展挺身。落地时，屈膝缓冲。

（2）延伸学习：分腿挺身跳，团身跳，跳转 180°，跳转 360° 等。

（五）保护与帮助

保护与帮助者站在助跳板前练习者落点一侧，两手前挡后扶，维持其身体平衡，防止前后跌倒。

三、屈腿（团身）跳（助跳板）

（一）动作做法

摆臂和起跳协调配合，使身体向上腾空，接近最高点时用力提膝，两手抱膝，随即迅速伸腿展体落地（图 6-2-3）。

（二）教学规格

腾空明显，团身紧，踹腿充分，经屈膝缓冲成站立。

» 图 6-2-3 屈腿（团身）跳

（三）教法提示

（1）仰卧于垫上做收伸腿练习。要求团身紧，收伸腿快。

（2）保护与帮助者在练习者身后抓扶腰部，帮助其向上跳起完成团身跳练习。要求同上。

（3）由高位置向低处做团身接着伸腿跳下。要求同上。

（4）适当增加起跑初速度，加大腾起角，以增加垂直高度。

（四）学法指导

（1）学习要点：起跳有力，腾空将至最高点时，要固定上体，同时迅速提膝、抱腿。伸展时，两臂要积极上举，头部上顶，同时两腿用力下踹。

（2）延伸学习：屈体跳，屈体分腿跳，后屈腿跳等。

（五）保护与帮助

保护与帮助者站在弹跳板前练习者落点一侧，两手前挡后扶，维持其身体平衡，防止前后跌倒。

四、跳转 180°（助跳板）

（一）动作做法（以左转为例）

起跳后，身体保持紧腰、伸直，利用头、臂、肩向左转体带动身体沿纵轴转动。

右臂上举、左手靠右腋窝处。转体接近 180° 时，两臂向前上方伸展制动，然后保持平稳落地（图 6-2-4）。

» **图 6-2-4** 跳转 180°

（二）教学规格

腾空明显，身体直，方向正，经屈膝缓冲成站立。

（三）教法提示

（1）垫上原地练习。要求身体直，转体方向正。
（2）由高位置向低处做跳转 180° 下。要求腾空高，身体直，转体方向正。
（3）加大腾起角以增加垂直高度，便于转体。

（四）学法指导

（1）学习要点：起跳将至最高点时开始转体，以右臂上举、头部左转和左臂伸向右腋窝处完成转体动作。
（2）延伸学习：跳转 360°，跳转 540°，跳转 720°。

（五）保护与帮助

保护与帮助者站在练习者转体方向同侧的落点处，两手前挡后扶，维持其身体平衡。

五、跳上成跪撑接跪跳下

（一）动作做法

助跑上板起跳后，同时含胸，两手撑器械，紧腰屈膝成跪撑，接着两臂经后摆，抬上体，小腿积极下压器械，两臂上摆使身体向前上方腾起，空中经挺身，屈膝缓冲落地（图6-2-5）。

» **图 6-2-5** 跳上成跪撑接跪跳下

（二）教学规格

腾空明显，展体充分，经屈膝缓冲成站立。

（三）教法提示

（1）垫上跪撑，跪跳起。要求两臂摆动积极，带动提肩向上摆起制动，同时小腿迅速压垫发力，收腹提膝成半蹲。

（2）把跳箱放在垫子上（高30~40厘米），练习者由垫上向跳箱上跳成跪撑。要求含胸屈膝前引成跪撑。

（3）适当增加两臂上提和制动的速度及力量，增加小腿对器械的作用力以获得较大的支撑反作用力。

（四）学法指导

（1）学习要点：起跳与手撑器械协调配合，含胸屈膝成跪撑，跪跳下前，两臂要预先后摆并抬上体，以手臂发力提肩向前上摆起，同时小腿用力压离器械。

第二节　跳跃　173

（2）延伸学习：跳下动作可加转体 180° 或 360°。

（五）保护与帮助

（1）保护与帮助者站在器械正前方，当练习者跳上时，两手顶其肩部，然后移步至侧方保护其落地。

（2）保护与帮助者站在器械前侧方，当练习者跳上时，一手握其上臂，另一手托大腿后部帮助其成跪撑。在落地时，两手前挡后扶，维持其身体平衡。

六、跳上成蹲撑接挺身跳下

（一）动作做法

助跑上板起跳，同时两臂迅速前摆，含胸，稍低头，两手撑器械时提腰，屈膝靠胸，前脚掌踏在器械上成蹲撑。迅速向前上方摆臂，同时上体抬起，双脚用力蹬离器械，使身体向前上方腾起，挺身展体至落地（图 6-2-6）。

跳上成蹲撑接挺身跳下

» **图 6-2-6** 跳上成蹲撑接挺身跳下

（二）教学规格

蹲撑团身紧，跳下腾空明显，展体充分，经屈膝缓冲成站立。

（三）教法提示

（1）垫上俯撑，蹬地提腰、屈膝经蹲撑接挺身跳。要求提腰屈膝快，挺身充分。

（2）在鞍马或横马上进行跳上成蹲撑练习。要求团身快，团身紧。

（3）在保护与帮助下完成跳上成蹲撑接挺身跳下练习。要求空中展体充分。

（四）学法指导

（1）学习要点：起跳与两手撑器械协调配合，撑器械时用力顶肩，同时稍含胸、提臀，屈膝上提成蹲撑。蹬离器械时，头要上顶，两臂向前上方摆动，挺身充分。

（2）延伸学习：跳下动作可变换各种姿势，如团身、屈体分腿、直体转体，横马屈腿腾越等。

（五）保护与帮助

保护与帮助者站在器械正前方，当练习者跳上成蹲撑时，两手顶肩部；保护与帮助者也可以站在器械前侧方，一手扶握练习者上臂，另一手托大腿后部帮助其成蹲撑。练习者跳下时，两手前挡后扶，防止跌倒。

七、跳上成分腿立撑接挺身跳下

（一）动作做法

助跑上板起跳，同时两臂迅速前摆，含胸、稍低头，手撑器械，同时提腰、收腹提臀、顶肩成屈体分腿立撑，接着两手推离器械，上体抬起，两臂向前上方摆起，同时两脚用力蹬离器械使身体向前上方迅速腾起，并腿展体挺身落地（图6-2-7）。

» **图 6-2-7** 跳上成分腿立撑接挺身跳下

（二）教学规格

直腿站上器械，跳下腾空明显，展体充分，经屈膝缓冲成站立。

（三）教法提示

（1）垫上俯撑，做蹬地、收腹提臀、顶肩，经水平支撑至分腿立撑，上体抬起、推手接挺身跳。要求顶肩有力，收腿快，挺身充分。

（2）在助跳板上做挺身跳练习。要求身体充分伸展。

（3）在鞍马或高垫上练习，逐渐过渡到保护与帮助下直接练习。要求跳起提臀腿直，跳下腾空高，展体充分。

（4）分腿立撑比蹲撑重心高，手撑器械时应制动性顶肩，由水平速度转换为垂直速度。

（四）学法指导

（1）学习要点：与跳上成蹲撑稍有不同，只是提臀，屈髋分腿成分腿立撑，跳起后立即并腿展体落地。

（2）延伸学习：跳下动作可变换各种姿势，如团身、屈体分腿、直体转体等，山羊分腿腾越，横马分腿腾越。

（五）保护与帮助

保护与帮助者站在正前方，当练习者跳上成分腿立撑时，两手顶肩部；保护与帮助者也可以站在器械前侧方，一手顶扶其上臂，另一手在后托其大腿或腹部，帮助练习者经分腿立撑。挺身跳下时，两手前挡后扶，防止跌倒。

八、纵箱前滚翻

（一）动作做法

短距离助跑上板起跳，两手在近端撑跳箱，同时低头含胸、提臀、屈髋屈体前滚。当滚至跳箱远端臀部接触器械时，跟上体、控制腿，展体落地（图6-2-8）。

» 图 6-2-8　纵箱前滚翻

（二）教学规格

跳起提臀后，有控腿过程，滚动圆滑，方向正，屈膝缓冲成站立。

（三）教法提示

（1）在高垫上做屈体前滚翻。要求体会边起跳边撑垫，滚动圆滑。

（2）助跑 2~3 步在 3~4 节低跳箱上完成纵箱前滚翻，逐步过渡到在正常高度跳箱上做。要求提臀明显高于器械，滚翻时两腿伸直。

（3）翻滚至臀部接触远端跳箱时，迅速制动腿、跟上体，充分利用动量传递做好落地前的展体动作。

（四）学法指导

（1）学习要点：起跳同时撑跳箱，随即低头含胸、提臀高于跳箱，前滚动作圆滑。

（2）延伸学习：在比跳箱高的体操垫上做前滚翻成直角坐或分腿坐。

（五）保护与帮助

保护与帮助者站在跳箱近端一侧，当练习者跳起后，一手虎口向下抓握其上臂，另一手托送大腿，帮助其维持平衡及顺势前滚，并及时向前跟进，保护练习者安全落地。初学者应由两人在两侧同时进行保护与帮助。

九、斜向助跑直角腾越

（一）动作做法（以向右为例）

斜向助跑（纵马或跳箱与跳板约成20°角），左脚上板踏跳，同时上体稍后仰，立腰，右手撑器械右侧，接着右腿带动髋部用力向右前上方踢，左腿踏跳迅速并右腿，两腿高举，两脚尖高于头。至最高点时，快速压大腿展体挺身，同时两手推离器械腾越至落地（图6-2-9）。

斜向助跑直角腾越

（二）教学规格

高举腿时，两脚尖高于头，展体充分，经屈膝缓冲成站立。

（三）教法提示

（1）斜向助跑起跳至器械上成直角支撑。要求明确上板脚和撑器械手及其位置。

（2）双杠外侧坐越两杠下或支撑前摆直角下练习。要求在将至最高点时展髋挺身下。

（3）在器械远端放置限制物（实心球）或在前上方设置标注物（吊球）练习。要求以摆腿、并腿、挺身三个节拍完成动作。

（4）摆腿加快速度，上体适当后仰，体会手臂支撑与摆腿的高度，当腿接近最高点时迅速制动腿、顶肩推手，使动量传递至上体顺势抬起展髋挺身。

（四）学法指导

（1）学习要点：摆动腿上摆同时送髋，上体要稍后仰。空中并腿快、重心高，压腿积极，伸展和推手要同时。

（2）延伸学习：向前直角腾越。

（五）保护与帮助

保护与帮助者站在器械近端右侧，当练习者起跳后，一手握其上臂，另一手托其腰部帮助腾越器械。

十、横马侧腾越

（一）动作做法（以向左为例）

助跑上板起跳，同时双手支撑马，屈髋提臀，上体右倒，带动双腿向左侧上方摆起。接着左手推马，右臂撑实，当腿侧摆接近极点时，经右手单臂支撑挺身展体，越过横马至落地（图6-2-10）。

» **图6-2-10** 横马侧腾越

（二）教学规格

两腿侧摆时，髋关节达肩水平，展体充分，经屈膝缓冲成站立。

（三）教法提示

（1）垫上俯撑提臀侧摆至侧撑。要求先提臀，再侧摆，重心侧移，腿向远侧伸。

（2）站立于助跳板上，手撑马右端跳起提臀侧摆，两脚站马的左端，然后重心右移，两腿向左伸展髋跳下横马。要求提臀侧摆，重心侧移，撑实右臂，展体跳下。

（3）在横马左侧放置障碍物或在器械侧上方设置标注物，使练习者有目标向左侧上方摆。要求腿侧摆与肩平，落地前展体充分。

（4）起跳有力，增大腾起角，便于身体侧展。

（四）学法指导

（1）学习要点：助跑水平速度不宜过快，起跳点应稍靠向右侧。起跳同时手撑器械，含胸提臀，收髋侧摆要充分。近最高点时，以脚面带动身体向左侧上方伸髋，同时左手用力推离，并顺势侧举，使之经右臂侧撑挺身姿势落地。

（2）延伸学习：侧腾越向内转体 90° 下。

（五）保护与帮助

保护与帮助者站在器械前或后的右侧，当练习者撑器械时，一手握其右臂，另一手托送其右髋，顺势帮助其侧摆越挺身下。

十一、斜向助跑俯腾越

（一）动作做法（以向右为例）

斜向助跑踏跳，同时两手撑器械远端，起跳随即提臀后摆腿，重心向前右方向移动，当接近最高点时展髋挺身，右、左手依次推离器械，越过器械至落地（图6-2-11）。

（二）教学规格

伸髋脚尖高于头，经屈膝缓冲成站立。

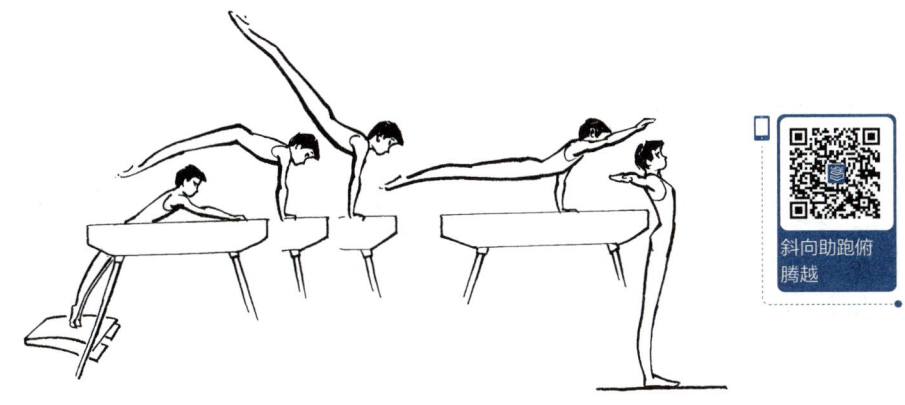

» 图 6-2-11　斜向助跑俯腾越

（三）教法提示

（1）垫上俯撑，一人在右侧后抬起练习者两腿，帮助其做推手侧移的练习。要求身体直、推手移重心快。

（2）双杠支撑后摆挺身下练习。要求保持身体挺身姿势。

（3）在帮助下手撑低器械原地踏跳俯腾越，逐渐过渡到正常高度器械上练习。要求推撑器械时腿与肩平，有挺身动作。

（4）提臀缩短半径增加位能，近极点时展髋挺身。

（四）学法指导

（1）学习要点：助跑速度不宜过快，起跳同时手撑器械，含胸提臀、移重心充分。近最高点时，以脚面带动身体向后上方伸髋，同时右、左手依次推离器械，抬起上体，挺身落地。

（2）延伸学习：斜向助跑俯腾转体180°。

（五）保护与帮助

保护与帮助者站在器械左侧跳板前，当练习者起跳撑器械时，一手扶其左上臂，另一手托送腿部，帮助后摆并越过器械挺身下。

十二、山羊分腿腾越

（一）动作做法

有节奏地逐渐加速助跑，单跳双落，摆臂踏跳，含胸、紧腰，两臂主动撑山羊，并在肩过支撑点垂线前用力快速顶肩推手，同时稍提臀，两腿侧分，下压制动，两臂顺势上举、急速起肩、抬上体、挺身，接着迅速并腿前伸落地（图6-2-12）。

» 图6-2-12　山羊分腿腾越

（二）教学规格

踏跳推手有力，腾空明显，有展体，经屈膝缓冲成站立。

（三）教法提示

（1）助跑2~3步做单跳双落踏跳撑山羊，接着回落至助跳板（帮助下）。要求顶肩稍提臀并腿撑山羊，体会踏跳与撑山羊的腾空感，回落至跳板时屈膝缓冲。

（2）原地做跳起分腿振腹动作（两腿分腿在空中做向前、向后、向前的收挺动作）。要求空中收髋与挺身急促完成。

（3）山羊分腿腾越。要求踏跳撑山羊有节奏、推手快速有力，展体明显。

（4）推手时积极制动腿，使动量传递到上体，利于迅速抬上体、挺身，落地缓冲。

（四）学法指导

（1）学习要点：踏跳与撑山羊有节奏（第一腾空），顶肩推手快速有力，抬上体、挺身、展体迅速充分。

（2）延伸学习：横马分腿腾越，纵马分腿腾越。

（五）保护与帮助

保护与帮助者站在山羊的正前方，当练习者撑山羊时，两手分别托其腹部和腿部，保持第一腾空身体高度；保护与帮助者站在练习者落地点侧方，落地时一手在前，另一手在后前挡后扶，防止前倾后倒。

十三、横马预先后摆分腿腾越

（一）动作做法

有节奏地逐渐加速助跑，单跳双落，积极摆臂踏跳，起跳后含胸、紧腰，两腿后摆，两臂向前下方撑横马，并在肩过支撑点垂线前用力快速顶肩推手，同时稍提臀，两腿侧分，下压制动，接着两臂顺势上举、起肩、急抬上体、挺身，迅速并腿前伸落地（图6-2-13）。

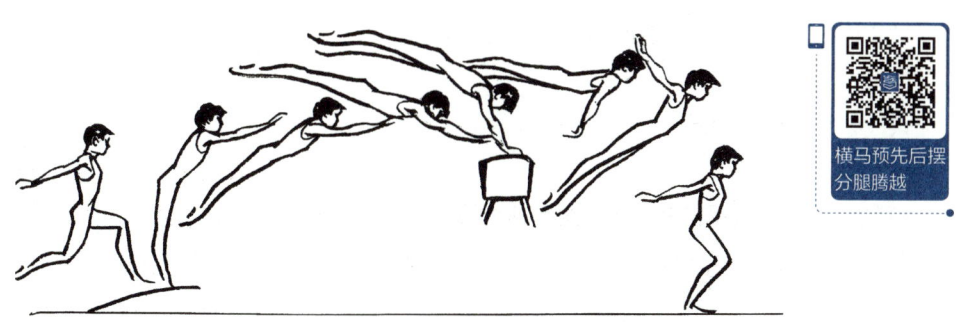

» **图 6-2-13** 横马预先后摆分腿腾越

（二）教学规格

起跳后摆腿过水平面，推手有力，腾空明显，有展体，经屈膝缓冲成站立。

（三）教法提示

（1）在横马或高垫上跳成分腿立撑，挺身跳下。要求跳上时踏跳与撑手动作有节奏，分腿立撑时腿应伸直。

（2）先完成山羊分腿腾越，两侧分别由两人牵拉松紧绳延长山羊；后完成横马预先后摆分腿腾跃。要求踏跳与撑横马有节奏，顶肩推手有力，腿分大并伸直，腾空展体充分。

（3）后摆顶肩时加大制动腿的强度，以更好地获得动量传递效果，利于提高第二腾空高度。

（四）学法指导

（1）学习要点：踏跳与撑横马的节奏比山羊分腿腾跃稍迟，撑器械时含胸、紧腰，当顶肩推手时，迅速提臀分腿。

（2）延伸学习：横马屈腿腾越，纵马分腿腾越。

（五）保护与帮助

同山羊分腿腾跃，但需增加第一腾空托的高度；视练习者落地情况调整保护与帮助的位置与距离。

十四、纵马分腿腾越

（一）动作做法

基本与预先后摆的横马分腿腾越相同，只是由于纵马形体长而窄，无论在心理上，还是在技术上都给练习者增加了难度，除注意解决心理因素外，技术上要加长助跑距离，加快水平速度，起跳后摆臂迅速，含胸、紧腰，尽量撑马的远端（图6-2-14）。

（二）教学规格

踏跳推手有力，腾空明显，有展体，经屈膝缓冲成站立。

纵马分腿腾越

» **图 6-2-14** 纵马分腿腾越

（三）教法提示

（1）站上纵马近端，脚蹬马、手撑马远端分腿下。要求手撑马远端果断、推马有力。

（2）山羊、横马分腿腾越练习。要求逐步拉远助跳板的距离，逐步提高第一腾空高度。

（3）推手时，腿积极制动，以便更好地获得动量传递效果，便于提高第二腾空高度。

（四）学法指导

（1）学习要点：与横马分腿腾越基本相同，但要适当加快助跑的水平速度，加强与制动性踏跳相结合，使起跳更加有力；起跳后要果断向前上含胸、摆臂，往远端撑。

（2）延伸学习：纵马屈腿腾越，纵马屈体腾越。

（五）保护与帮助

保护与帮助者站在练习者落地前侧方，落地时一手在前，另一手在后前挡后扶，防止前倾后倒。

十五、横箱屈腿腾越

（一）动作做法

有节奏地逐渐加速助跑，单跳双落，积极摆臂踏跳，起跳后含胸、紧腰，两腿后摆，两臂向前下方撑跳箱，并在肩过支撑点垂线前用力快速顶肩推手，同时提臀、团身，随即迅速举起两臂、立腰、向下踹腿，展体落地（图6-2-15）。

» **图6-2-15** 横箱屈腿腾越

（二）教学规格

踏跳推手有力，腾空明显，有踹腿，经屈膝缓冲成站立。

（三）教法提示

（1）垫上俯撑或鱼跃经水平支撑，推手成蹲立。要求顶肩有力，收腹快。

（2）助跳板上团身跳。要求跳起团身紧，最高点下落时踹腿快。

（3）先完成跳上横箱经蹲撑、挺身跳下练习；再完成横箱屈腿腾越。要求踏跳与撑跳箱有节奏，顶肩推手有力，团身紧，踹腿充分。

（4）推箱时，立腰顶肩，以利于更好地完成收腹团身动作。

（四）学法指导

（1）学习要点：踏跳与撑跳箱有节奏（第一腾空），手撑跳箱时含胸、紧腰，当顶肩推手时迅速提臀团身，接着迅速踹腿挺身。

（2）延伸学习：横马屈体腾越，纵马屈腿腾越。

（五）保护与帮助

同纵马分腿腾越。

十六、纵马屈腿腾越

（一）动作做法

基本同横马屈腿腾越。只是要适当加快助跑水平速度，起跳要更加有力、积极，两臂向前上方摆起并向远端撑马，在肩过支点垂直线时完成推手动作（图6-2-16）。

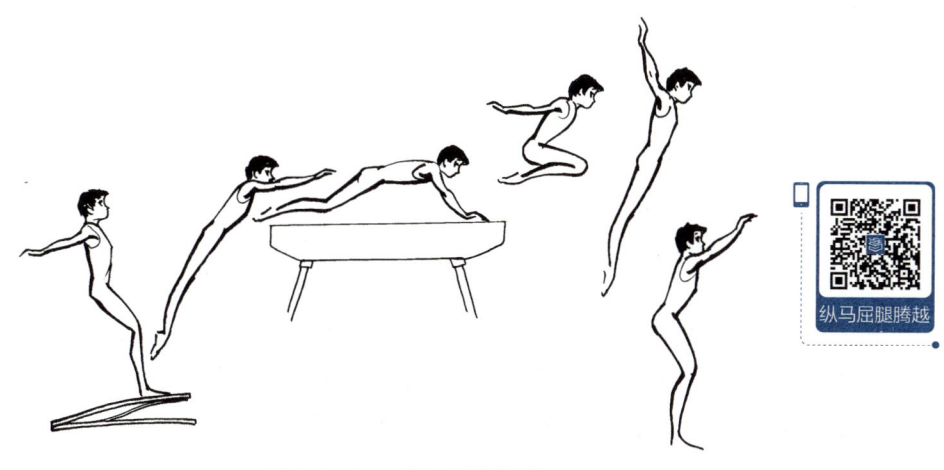

» 图6-2-16 纵马屈腿腾越

（二）教学规格

踏跳推手有力，腾空明显，有踹腿，经屈膝缓冲成站立。

（三）教法提示

（1）同横马屈腿腾越。
（2）山羊屈腿腾越。要求逐渐拉远助跳板，使起跳至推手的距离达到跳纵马的要求。

（3）纵马屈腿腾越落在高垫子上，逐渐降低垫子的高度到正常状况下完成练习。要求推手有力，抬上体、展体明显。

（4）推马时，立腰顶肩，以利更好地完成收腹团身动作。

（四）学法指导

（1）学习要点：踏跳与撑马有节奏（第一腾空），两手远伸撑马时含胸、紧腰，当顶肩推手时迅速提臀团身，接着迅速踹腿挺身。

（2）延伸学习：纵马屈体腾越。

（五）保护与帮助

同纵马分腿腾越。

十七、横马头手翻

（一）动作做法

有节奏地助跑踏跳，两臂前摆屈臂撑马，同时提臀屈髋、立腰、经屈体头手倒立姿势。当重心前移经支点垂直面时，开始向前上方伸髋，两手用力推马，保持抬头挺胸，两臂上举，同时紧腰、伸展身体翻转至落地（图6-2-17）。

横马头手翻

» **图6-2-17　横马头手翻**

（二）教学规格

头手支撑横马有控制，伸髋推手适时有力，展髋充分，经屈膝缓冲成站立。

（三）教法提示

（1）在高垫上向低处做头手翻。要求体会重心前移超出支撑面时的伸髋推手动作。

（2）在帮助下完成横马头手翻。要求体会伸髋推手后重心向上腾起挺身及落地缓冲技术。

（3）增大起跳时的腾起角，提臀缩短转动半径，提高重心位能，推手后迅速伸髋，同时制动腿，加大转动半径、减小角速度，保持挺身姿势落地。

（四）学法指导

（1）学习要点：要控制好助跑速度，起跳后提臀、屈髋，以两手和前额上部撑马，控制好支撑面。重心前移超出支撑面时用力推手、伸髋，保持挺身姿势至落地。

（2）延伸学习：横马前手翻腾越。

（五）保护与帮助

保护与帮助者站在横马前侧面，当练习者经屈体头手倒立时，一手握其上臂或托肩部，另一手托其腰背部，帮助翻转落地；或保护与帮助者站在落地点前侧方，两手前挡后扶，维持练习者身体平衡。

第三节　双　杠

双杠属于器械体操，是竞技体操项目之一，也是教材化技术类体操的内容之一。双杠动作有易有难，变化多样，选择性大，诸如各种摆动、摆越、滚翻、转体、屈伸等动作，是中小学生喜爱的运动项目之一。

双杠动作技术结构大致可分为静力性动作和动力性动作两大类，以动力性动作为主。静力性动作有：支撑、慢起肩倒立、手倒立等；动力性动作有：支撑摆动、挂臂撑摆动、悬垂摆动、滚翻、转体、屈伸上、后摆上、空翻等。近年来，竞技体操双杠项目动作难度越来越大，而且难新动作涌现越来越多，如挂臂前摆屈体后空翻 2 周成挂臂（李小鹏）、支撑后摆团身后空翻 2 周转体 360° 下等。

双杠运动有较高的锻炼价值，经常进行双杠动作练习，能有效地发展上肢、躯干、肩带肌、腹肌和背肌力量，并对身体各部分的控制能力、协调能力和平衡能力等均有着积极的促进作用。双杠锻炼可进行单个动作练习，也可以多个动作巧妙地组合在一起进行套路练习，还可以将静力性动作与动力性动作结合，进行合理地编排，突出以支撑和摆动为主的双杠练习特征，以达到更好的锻炼效果。通过双杠动作练习，还能培养学生勇敢、顽强、果断和勇于克服困难、刻苦练习的良好心理品质，达到很好的健心效果。

双杠教学中，首先要遵循循序渐进原则，在抓好全面及相应的身体素质前提下，先抓基础动作，如支撑摆动、挂臂摆动、杠上移动、转体、滚翻、慢起肩倒立等，易于学生学习与掌握，然后逐步提高动作学习难度，从而提高学生的力量、柔韧、灵敏、协调、控制能力和平衡能力等体操运动素质。同时要重视保护措施与帮助手法的运用。

一、跳上支撑前摆成外侧坐

（一）动作做法（以右侧坐为例）

杠内站立，两手前握杠，跳起成支撑，顺势向前上方摆腿，然后左大腿外侧坐杠，屈小腿向后下伸，右腿向后下方伸直，使左小腿和右腿在后下方平行，左手撑杠，右臂侧举，两眼平视，上体挺直（图 6-3-1）。

» 图 6-3-1 跳上支撑前摆成外侧坐

（二）教学规格

支撑前摆过杠水平面，外侧坐不砸杠。

（三）教法提示

（1）跳上支撑两腿前举臀坐右杠，上体后仰，重心左移，两腿弹杠臀坐左杠。要求跳起直臂支撑，体会弹杠移重心。

（2）在帮助下完成跳上支撑前摆成外侧坐。要求两腿出杠后左臂向右顶肩使重心右移，两腿有控制地落下，臀部坐右杠。

（四）学法指导

（1）学习要点：跳起直臂撑杠，两腿顺势前摆高于杠。

（2）延伸学习：跳上支撑前摆成分腿坐——一腿摆越两杠成外侧坐；外侧坐，后腿摆越两杠同时转体180°成分腿坐；由外侧坐摆越两杠成外侧坐等。

（五）保护与帮助

保护与帮助者站在杠外练习者的左侧，前摆时托其腰部，送至外侧坐。

二、杠端跳起成分腿坐——前进一次成分腿坐

（一）动作做法

杠端站立，两手前握杠，跳起撑杠，两腿顺势前摆。当两腿出杠面后，积极伸髋制动并分腿，大腿靠近两手虎口成分腿坐；由分腿坐开始，推手侧上举立腰，两腿夹杠挺身前倒，两手直臂前撑杠，同时两腿顺势后摆进杠，并腿前摆。当两腿前摆出杠后，主动前伸髋、制动腿，成分腿坐（图6-3-2）。

杠端跳起成分腿坐——前进一次成分腿坐

» 图 6-3-2　杠端跳起成分腿坐——前进一次成分腿坐

（二）教学规格

直臂撑杠，两腿前、后摆高于杠，动作连贯不砸杠。

（三）教法提示

（1）近杠端分腿坐完成前进一次（解除后摆腿不碰杠之忧）后跳下。要求两腿夹杠挺身前倒，两手直臂前撑杠，直腿后摆。

（2）在帮助下完成杠端跳起成分腿坐——前进一次。要求上体前倒，直臂撑杠，夹杠后摆。

（3）支撑摆动前摆成分腿坐。要求支撑摆动幅度过杠，分腿及时。

（四）学法指导

（1）学习要点：杠端跳起分腿坐时，两腿过杠再分腿，以大腿根部靠近手的虎口，不砸杠；做前进时，上体前倒的同时两腿夹杠积极后摆，利于进杠。

（2）延伸学习：由杠端跳起分腿坐，做多次前进；由分腿坐前进成外侧坐；由分腿坐弹杠前摆进杠成支撑摆动。

（五）保护与帮助

保护与帮助者站在练习者侧面，一手扶其上臂，另一手托其腰部，帮助控制平衡和腿前摆。两名保护与帮助者分别站于练习者的两侧，各自一手扶练习者一上臂，另一手顺势托其一大腿帮助进杠。

三、分腿坐—腿杠中后摆同时转体 180° 成外侧坐

（一）动作做法（以向右转体为例）

分腿坐，右腿经前上举向杠中向后摆起，同时左手换撑右杠（两手虎口相对），上体前倒并向右转体 90° 以左大腿撑杠经杠上俯撑。当右腿摆出杠、摆越一杠至左腿后面时，再向右转体 90°，屈左小腿，右臂侧举成外侧坐（图 6-3-3）。

» **图 6-3-3** 分腿坐—腿杠中后摆同时转体 180° 成外侧坐

（二）教学规格

摆腿、换握撑杠和转体动作连贯，成外侧坐不砸杠。

（三）教法提示

（1）分腿坐，右腿进杠转体 90°，左手撑右杠成俯撑。要求体会左大腿中部撑杠、两手撑右杠成俯撑时身体充分伸直，直臂支撑，重心在两手上。

（2）左大腿中部撑杠、两手撑右杠成俯撑开始，摆动右腿后摆转体 90° 成外侧坐。要求后摆腿过杠再转体摆越杠，一臂侧举成外侧坐。

（3）绕身体纵轴转体 180°，应以上体转动带动下肢的摆腿动作。

（四）学法指导

（1）学习要点：在慢做中眼睛看着右腿从进杠到摆出杠，不碰杠。
（2）延伸学习：换另一腿完成。

（五）保护与帮助

保护与帮助者站于练习者右杠一侧，当练习者右腿进杠成俯撑时，保护与帮助者两手扶其两支撑臂，帮助其控制身体重心完成动作。

四、分腿坐一腿杠中后摆同时转体 180° 成分腿坐

（一）动作做法（以向右转体为例）

分腿坐，右腿经前上举向杠中向后摆起，左臂换撑右杠（两手虎口相对），上体前倒并向右转体 90° 经左腿膝关节上部撑杠的俯撑过程。右腿摆出杠后，右手推离杠，身体重心左移，继续向右转体 90°，当右腿摆至接近最高点时，左腿顺势从右腿下摆越两杠成分腿坐，右手体后撑杠（图 6-3-4）。

» **图 6-3-4** 分腿坐一腿杠中后摆同时转体 180° 成分腿坐

（二）教学规格

摆腿、换握撑杠和转体动作连贯，成分腿坐不砸杠。

（三）教法提示

（1）完成后半段动作：由左腿膝关节上部撑杠，右腿在杠中的正俯撑开始，做右腿向右摆动，当右腿摆出杠水平面后，右手推离杠，左腿摆越两杠同时转体 90° 成分腿坐。要求摆腿带动身体侧摆起，推杠移重心快，左腿摆越两杠及时。

（2）在帮助下进行完整动作练习。要求杠中摆腿有高度，直臂撑移杠，分腿坐不砸杠。

（3）注意摆腿与移重心的控制，以便完成动作时不砸杠。

（四）学法指导

（1）学习要点：当身体转成杠上俯撑时，右腿侧摆带动身体摆起高于杠，右手推杠与左腿摆越及时；初学时，应看着右腿侧摆起的方向，以免碰杠。

（2）延伸学习：分腿坐一腿从杠中后摆同时转体180°左腿进杠成支撑摆动。

（五）保护与帮助

保护与帮助者站在练习者转体的另一侧，两手扶其髋，当练习者右腿摆出杠时顺势推搓完成动作。

五、滚杠

（一）动作做法（以滚右杠为例）

分腿坐，上体前倒，左手撑杠顺势屈臂支撑，接着右手从杠下虎口向内、掌心向上靠近左大腿处握杠，同时上体前俯头至杠下，左腿举起带动髋部向右杠翻滚，以臀部上部压杠经分腿仰卧，接着右腿举起跨越两杠向下压杠转体带动上体抬起，同时左肘落下、右肘翻起经屈臂支撑再用力撑直手臂，上体立起成分腿坐（图6-3-5）。

» 图6-3-5 滚杠

（二）教学规格

握法准确，腿带动转体，滚杠匀速。

（三）教法提示

（1）完成后半段动作：杠中正立，两手握近杠，引体将两腿从杠中穿至臀部上部压杠分腿仰卧开始，完成动作做法中的后半段动作。要求掌握两手握法、右腿转、上体抬、两臂推撑动作。

（2）在帮助下完成"滚杠"。要求准确掌握两手握杠的方法和位置。

（3）整个动作的完成过程始终处于支撑状态，注意提示臀部上部压杠、单臂屈臂支撑过渡至另一单臂屈臂支撑。

（四）学法指导

（1）学习要点：臀部上部压杠准确，两手握杠的方法和位置准确；两臂依次屈臂支撑，以腿带身体翻转。

（2）延伸学习：连续做滚杠练习。

（五）保护与帮助

保护与帮助者站在练习者的左杠侧，一手扶其左肘，另一手托其右肩帮助完成；或保护帮助者站在练习者右杠侧，两手扶其腿帮助翻转；可同时由两人一起帮助。

六、分腿坐前滚翻成分腿坐

（一）动作做法

分腿坐，两手靠近大腿处撑杠，上体前倒屈臂夹肘撑推杠、提臀，同时低头收腹拱背使身体尽量折紧前翻，当肩触及杠时，两肘外张肩臂撑杠并腿前滚，当臀部过肩垂直位后，两手迅速向前换握杠并向下压杠，当臀部接近杠水平位时，主动分腿展髋，跟上体成分腿坐（图6-3-6）。

» 图 6-3-6　分腿坐前滚翻成分腿坐

（二）教学规格

提臀张肘肩撑杠，滚翻平稳，臀不掉杠下。

（三）教法提示

（1）在垫子上练习由分腿立撑，向前滚翻经屈体仰撑、两臂换撑垫再成分腿坐。要求在慢滚翻动作中体验两臂换至体侧压垫子动作。

（2）杠上铺一块海绵垫，在帮助下慢动作完成。要求仰卧屈体时身体折紧并腿，两肘外张以臂肩撑压杠控制好身体重心，并及时换握杠起成分腿坐，待正确掌握后便可撤去海绵垫。

（3）开始做动作时，应考虑转动动能。屈臂支撑时，注意上体前倒、屈臂夹肘撑推杠提臀。

（四）学法指导

（1）学习要点：上体前倒同时低头收腹提臀腿离杠，肩着杠时及时张肘以肩臂撑压杠，以防漏杠；两臂换至体侧撑压杠应及时。

（2）延伸学习：前滚翻成外侧坐，前滚翻屈伸上成支撑等。

（五）保护与帮助

保护与帮助者站在杠侧，一手托练习者大腿，另一手从杠下托其肩，并随其前滚而换手至托其背、腰部帮助完成；可两人分别站于两侧一起帮助。

七、分腿坐慢起成肩倒立

（一）动作做法

分腿坐，两手靠近大腿撑杠，上体前倒屈臂夹肘推撑杠、提臀，当肩触及杠时，两肘外张以肩臂撑杠，抬头挺胸，两腿离杠后尽量侧分、翻臀、并腿展体、紧腰夹臀成肩倒立姿势，两手推拉杠控制重心，维持身体平衡（图6-3-7）。

分腿坐慢起成肩倒立

» **图 6-3-7**　分腿坐慢起成肩倒立

（二）教学规格

提臀张肘肩撑杠，慢起肩倒立身体直，控制稳定（3秒）。

（三）教法提示

（1）杠上放一块海绵垫，在帮助下完成动作。要求将垫子放于练习者肩撑杠的前面，以防前倒、滑肩漏下杠，确保练习者的安全。

（2）上体前倒时应尽量缩短重力矩，肩撑杠与手握点的距离约25厘米，以加大稳定角。

（四）学法指导

（1）学习要点：上体前倒同时应收腹提臀，肩着杠时及时张肘以肩臂撑压杠，以防漏杠。

（2）延伸学习：分腿坐并腿屈腿慢起肩倒立，分腿坐并腿直腿慢起肩倒立，由肩倒立前滚成分腿坐。

（五）保护与帮助

保护与帮助者站在杠侧，一手杠下托练习者肩，另一手托其大腿帮助完成，也可两人一起帮助。

八、外侧坐越两杠下

（一）动作做法（以坐右杠为例）

外侧坐，两手体后撑杠，上体稍后仰，右腿迅速向左前上方摆起，接着左腿跟着摆起空中并腿，身体左移。当两腿摆至将近极点时迅速制动腿，并向上顶髋展体，同时两臂顶肩推杠，成右手换握左杠、左臂侧举落地站立（图6-3-8）。

» **图 6-3-8** 外侧坐越两杠下

（二）教学规格

并腿时脚过肩，展体明显。

（三）教法提示

（1）由外侧坐越两杠成另一侧外侧坐。要求依次摆腿有力，前摆高，并在极点前并腿，落下不砸杠。

（2）在帮助下完成外侧坐越两杠下。要求前摆并腿有高度，顶肩推杠有力，展体充分。

（四）学法指导

（1）学习要点：两腿依次向侧前上方摆起时上体稍后仰，并腿快；压脚尖制动与顶肩推杠有力，挺身充分。

（2）延伸学习：外侧坐内转90°前跳下，外侧坐越两杠转体180°下。

（五）保护与帮助

保护与帮助者站在练习者下杠一侧，一手扶其上臂，另一手托其腰部帮助完成越杠动作。

九、支撑摆动

（一）动作做法

支撑，举腿送髋前伸，后摆紧腰夹臀，直臂顶肩以肩为轴前后摆动。前摆时，当身体前摆过垂直位后主动收腹屈髋向前上方用力摆腿，上体稍后仰，同时两臂用力向后下方撑杠顶肩，并积极拉开肩角、伸髋、送腿，自然伸直身体至最高点；后摆时，身体由前摆至最高点保持顶肩、紧腰、夹臀、上体稍前倾，直体自然下摆，至杠垂直位时，用力向后上方甩腿加速后摆，并逐渐顶开肩角，保持含胸、紧腰、夹臀，直体上摆到最高点（图6-3-9）。

支撑摆动

» **图6-3-9** 支撑摆动

（二）教学规格

前摆髋平肘，后摆膝过头。

（三）教法提示

（1）在垫子上练习仰撑。要求直体、含胸、紧腰、夹臀、拉开肩角。

（2）在帮助下小幅度支撑摆动练习，逐步加大摆幅。要求以肩为轴摆动，体会与掌握上体后仰与前倾的幅度、前摆踢腿和后摆甩腿的用力时机及方向。

（3）应考虑动能与势能的转换及利用动能阶段。

（四）学法指导

（1）学习要点：支撑全过程应直臂做动作，以肩为轴基本保持在支撑点垂直位，并控制好上体后仰与前倾的幅度，前、后摆用力时应控制在垂直位。

（2）延伸学习：支撑摆动单腿摆越一杠成支撑，支撑后摆团身绕两杠转体180°下。

（五）保护与帮助

保护与帮助者站于杠侧，一手扶练习者上臂帮助其控制支撑，另一手扶其腰部顺势助其前送，或两手扶其上臂助其支撑。

十、支撑后摆转体 180° 成分腿坐

（一）动作做法

支撑后摆过垂直位后，肩稍前移，当腿摆出杠后，以脚尖带动髋部转体180°成分腿坐，两手依次换握杠成分腿坐（图6-3-10）。

» **图 6-3-10** 支撑后摆转体 180° 成分腿坐

（二）教学规格

后摆、换握撑杠和转体动作连贯，成分腿坐不砸杠。

（三）教法提示

（1）在垫子上做俯撑蹬地后摆转体 180° 成分腿坐撑。要求腿蹬离地后先转体后分腿，保持直腿分腿、脚背朝上。

（2）在帮助下完成动作。要求后摆在极点前以脚尖带动转髋成分腿坐。

（3）应考虑身体绕纵轴转体，转动半径越小，越有利于转体，以并腿转体再分腿。

（四）学法指导

（1）学习要点：后摆时仍保持直体，先转体（不提臀）后分腿。

（2）延伸学习：支撑后摆向内转体 90° 下。

（五）保护与帮助

保护与帮助者站在练习者转体一侧，左手从杠中扶练习者右髋（远侧），另一手推其左髋，用搓的方法帮助练习者转体成分腿坐；保护与帮助者站在练习者转体的另一侧，当练习者后摆过垂直位后，两手扶其髋部，待其后摆腿出杠后用搓的方法帮助转体成分腿坐。

十一、支撑前摆下

（一）动作做法（以向右侧下为例）

由支撑后摆开始，当前摆过垂直面后，两腿加速向前上方摆起并主动屈髋，重心开始右移；当腿将至最高点时，迅速制动腿，并向上顶髋展体，同时两臂用力顶肩推杠，成左手换握右杠、右臂侧举落地站立（图 6-3-11）。

（二）教学规格

前摆时脚过头，展体明显。

» 图 6-3-11　支撑前摆下

支撑前摆下

（三）教法提示

学习该动作前，学生已掌握外侧做越两杠下和支撑摆动，因此，该动作教法可直接安排在帮助下完成动作，或利用标注法让学生明确前摆极点的方位与高度。

（四）学法指导

（1）学习要点：身体前摆过垂直面后，两腿加速前摆时主动屈髋，顶肩推杠和伸髋展体快速有力。

（2）延伸学习：支撑前摆向内转体 90° 下，支撑前摆向外转体 180° 下。

（五）保护与帮助

保护与帮助者站在练习者下杠一侧，一手扶练习者上臂，另一手托其腰部帮助出杠。

十二、支撑前摆向内转体 180° 下

（一）动作做法（以向右侧下为例）

由支撑后摆开始，前摆过垂直位时，两腿加速向前上方摆起，两臂撑直侧顶重心开始右移；当前摆至将近极点时，右臂顶肩推离杠，接着以脚尖带动髋部和上体向内直体转体 180°，同时边转体边展髋，两臂依次推离杠，成右手换握右杠、右臂侧举落地站立（图 6-3-12）。

» **图 6-3-12** 支撑前摆向内转体 180° 下

（二）教学规格

前摆脚过肘，直体转体、方向正。

（三）教法提示

（1）支撑前摆向内转体 90° 下。要求在极点前以脚尖带动转髋转体（不能屈髋转体）。

（2）在帮助下完成动作。要求由较低的支撑前摆向内转体 180° 下，过渡至较高的支撑前摆向内转体 180° 下。

（3）转体的主动力是由脚尖带动腰部的扭紧而促使身体转体 180°。

（四）学法指导

（1）学习要点：以脚尖带动稍前伸转髋转体，转体同时展髋（不能屈髋转体）。

（2）延伸学习：支撑前摆向外转体 90° 下，支撑前摆向外转体 180° 下。

（五）保护与帮助

保护与帮助者站在练习者下杠一侧，一手托其腰部，另一手在其转体时扶其髋部顺势推搓以帮助其转体。

十三、支撑后摆下

（一）动作做法（以向左侧下为例）

由支撑前摆开始，身体后摆过垂直面时，两腿用力向后上方摆起，将至极点时右手迅速推杠换握左杠（在左手前），身体重心左移，保持抬头、挺身、紧腰，成右手直臂撑杠、左手侧举落地站立（图6-3-13）。

» 图6-3-13 支撑后摆下

（二）教学规格

后摆膝过肩，手换杠撑实杠，挺身明显。

（三）教法提示

（1）杠上俯撑练习依次推手向侧移动跳下。要求右手推离在左手前撑地，左手迅速推离至侧举成单臂俯撑，移动快，身体仍保持直体。

（2）在保护与帮助下杠端做两手同时推手的后摆下，或在下杠端延拉一橡皮筋。要求后摆过杠或后摆越过橡皮筋。

（3）在帮助下练习幅度由小到大地后摆下。要求做小幅度后摆下，以掌握空中换握杠的动作和时机，逐渐增大幅度，提高后摆下高度。

（四）学法指导

（1）学习要点：后摆下由低至高，换握杠及时敏捷，空中成单臂支撑时保持抬头、挺身、紧腰姿势。

（2）延伸学习：支撑后摆向外转体 180° 下，支撑后摆向内转体 180° 下。

（五）保护与帮助

保护与帮助者站在练习者下杠一侧，一手握其上臂，另一手从杠中托其腹部帮助出杠；保护与帮助者站在下杠的另一侧，左手握练习者上臂，当其换握杠时顺势推其臂去换握左杠，左手顺势推其髋部帮助出杠。

十四、挂臂撑屈伸上

（一）动作做法

挂臂摆动，两腿向前上方摆起，两手压杠，收腹举腿，翻臀过杠成屈体挂臂撑，接着两腿迅速向前上方伸髋，当伸髋将至身体充分伸直时积极制动腿，同时两臂直臂压杠，上体急振成支撑（图 6-3-14）。

挂臂撑屈伸上

» **图 6-3-14** 挂臂撑屈伸上

（二）教学规格

伸髋压杠成支撑时髋高于杠。

（三）教法提示

（1）在帮助下做挂臂屈伸上成分腿坐。要求两腿前上方约 30° 伸髋、紧腰、夹臀，两臂直臂压杠成分腿坐，不砸杠。帮助者站于杠外托其肩背后部助力压杠、急振上体。

（2）在帮助下完成挂臂屈伸上。要求体会伸髋方向、制动腿时机、压杠、急振上体力量。

（3）伸髋后应急速制动腿，使腿的动量矩减少，上体的动量矩增大。

（四）学法指导

（1）学习要点：挂臂前摆翻臀须过杠，伸髋、压杠、急振上体协同用力。

（2）延伸学习：支撑后倒接挂臂屈伸上，前滚翻接屈体挂臂屈伸上，肩倒立前滚接屈体挂臂屈伸上等。

（五）保护与帮助

保护与帮助者站在杠侧，一手扶其上臂，另一手托其背部帮助上成支撑。

十五、挂臂撑前摆上

（一）动作做法

由挂臂后摆开始，当身体前摆接近垂直面时，两臂稍下沉，两腿积极向前上方鞭打式踢腿前摆，摆过垂直部位后，含胸稍屈髋。当两腿摆至杠面时，立即前伸制动腿，同时两臂迅速用力压杠，梗头，急振上体成支撑，腿和臀部尽量向前上方远伸（图6-3-15）。

» **图6-3-15 挂臂撑前摆上**

（二）教学规格

踢腿压杠成支撑时髋高于杠。

（三）教法提示

（1）反复练习挂臂撑摆动。要求摆动用力准确，摆幅从小到大。

（2）挂臂前摆上成分腿坐。要求体会鞭打式踢腿前摆、直臂压杠、并腿制动。

（3）帮助下完成挂臂撑前摆上。要求挂臂后摆臀过杠，体会鞭打式踢腿前摆、压杠、制动腿、急振上体动作技术。

（4）应考虑利用动能阶段，腿的鞭打时机、制动时机及制动力量，有利于动量矩传递和身体上成支撑。

（四）学法指导

（1）学习要点：两腿前摆应注重鞭打式踢腿前摆，注意踢腿、压杠、急振上体协同用力，防止拉杠。

（2）延伸学习：挂臂前摆上接后摆成肩倒立，挂臂前摆上接后摆转体180°成分腿坐等。

（五）保护与帮助

保护与帮助者站在练习者的侧面，从杠下一手托其背部，另一手托腿帮助上成支撑。

十六、挂臂撑后摆上

（一）动作做法

由屈体挂臂撑开始，两腿向前上方远伸（抛浪），展髋，臀部远送，同时两手拉杠，使肩前移接近握点。当身体接近杠下垂直部位时，髋关节稍屈，肩稍下沉，经过杠下垂直部位后，向后上方鞭打式用力甩腿。两腿摆过杠面后，肩稍前移，两臂用力推杠，同时含胸，推直两臂成支撑，两腿继续上摆（图6-3-16）。

（二）教学规格

甩腿推杠成支撑时身体达杠水平。

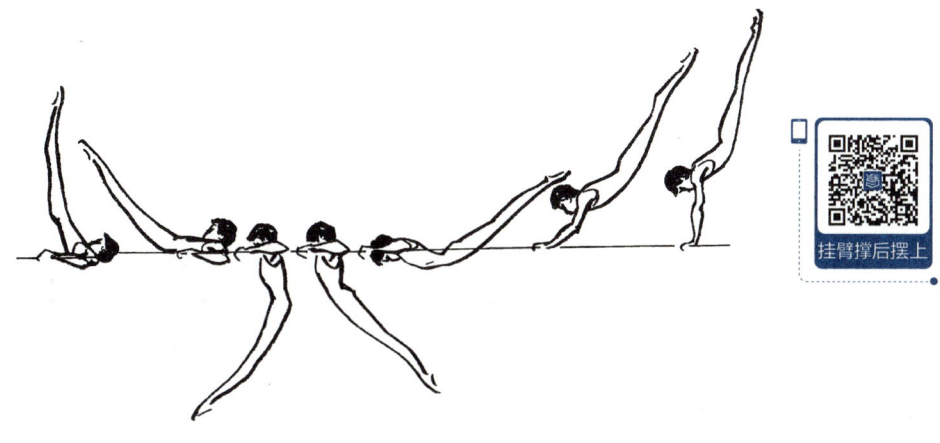

» **图 6-3-16　挂臂撑后摆上**

（三）教法提示

（1）反复练习挂臂撑摆动。要求后摆有力，摆幅高。

（2）由屈体挂臂撑开始做抛浪练习。要求向前上方伸腿送臀高且远，拉杠引肩接近握点。

（3）在帮助下完成挂臂撑后摆上。要求抛浪时髋高于杠，身体接近杠下垂直部位时，向后上方鞭打式摆腿发力，两臂用力压推杠成支撑。

（4）应考虑动能与势能的转换及利用动能阶段，腿的鞭打时机。

（四）学法指导

（1）学习要点：抛浪时应积极前移肩，使其靠近手握点，两腿后摆应注重鞭打式发力，注意后摆腿、移肩、推杠的协同用力。

（2）延伸学习：挂臂撑摆动后摆成肩倒立，挂臂撑后摆上转体180°成分腿坐等。

（五）保护与帮助

保护与帮助者站在练习者的侧面，当练习者做屈体挂臂撑，两腿和臀部向前上方弧形摆出时，一手在杠下托肩，一手托腰背部，向前上方送出；后摆时，托送其腹部帮助上成支撑。

第四节　单　　杠

单杠属于器械体操，是竞技体操项目之一，也是教材化技术类体操的内容之一。单杠动作很多，技术多样，连接多变，可单个动作练习，也可各种动作组成整套练习。经常进行单杠动作练习可增强人体运动系统、神经系统和内脏器官的功能，促进人体的正常发育和全面发展。特别是提高手臂握力、肩部力量、腰腹肌力量和时空感知觉等，深受青少年的喜爱。

单杠上完成的引体向上动作，是《国家学生体质健康标准（2014 年修订）》测试内容。随着我国《全民健身计划纲要》的实施，单杠也成了"健身路径"的器械之一。人们利用单杠进行各种动作练习的锻炼活动较为普遍，有效地促进与提高了大众的身体健康。体操技术发展的生命力在于不断创新，特别是 20 世纪 80 年代以来，单杠技术飞速发展，如团身后空翻两周转体 720° 越杠、多次"飞行"连接等难新动作的涌现，使单杠运动更加精彩夺目、扣人心弦、引人入胜。

单杠学习应先由低杠过渡到高杠，由简单到复杂，由单个动作过渡到整套动作。技术类体操中的单杠动作以摆动、回环、转体、上法和下法等形式为主，容易脱手或磨破手掌。因此，在教学中要加强学生的保护与帮助措施，注重培养学生的自我保护能力。

一、单足蹬地翻上成支撑

（一）动作做法（以右足蹬地为例）

站立握杠，右脚前出蹬地，左腿向后上方摆，右腿跟并左腿，同时屈臂引体，腹部尽早靠杠。当上体翻至杠前水平部位时，制动两腿，抬上体挺身，翻腕成支撑（图6-4-1）。

》 **图 6-4-1** 单足蹬地翻上成支撑

（二）教学规格

蹬地、摆腿、引杠使腹部靠杠，抬上体成支撑。

（三）教法提示

（1）后半部分技术：跳上成支撑，在帮助下做经屈体靠杠再抬上体、翻腕成支撑（帮助者抓扶练习者踝关节）。要求腹部靠杠准确，抬上体、翻腕控制身体。

（2）在蹬地处放置助跳板或跳箱盖进行练习。要求摆蹬腿用力、协调，屈臂引体及时。身体重心围绕杠转半圈上至支撑，因此，做动作时腹部不能脱杠。

（四）学法指导

（1）学习要点：摆蹬腿要快速有力，摆腿方向为后上方，屈臂引体使身体靠杠。

（2）延伸学习：双腿蹬地摆动翻上，高单杠悬垂慢做翻上。

（五）保护与帮助

保护与帮助者站在杠前侧方，一手托其腰，另一手托其肩，当腹部靠杠时，换成一手托其肩，另一手托其腿。

二、支撑前翻下

（一）动作做法

支撑，两手反握杠，上体前倒时，小腹要紧靠杠，然后臀部和两腿再缓慢前翻。两腿沿杠下落时，两臂和腹肌要紧收用力缓慢下落（图6-4-2）。

（二）教学规格

前翻匀速有控制，落地轻。

» 图 6-4-2　支撑前翻下

（三）教法提示

（1）屈体卧杠前翻下。要求两腿沿杠下落时，两臂和腹肌要紧收用力。

（2）在帮助下完整练习。要求前翻下慢，有控制。

（四）学法指导

（1）学习要点：上体前倒时，小腹要紧靠杠。两腿沿杠下落时，两臂和腹肌要紧收用力。

（2）延伸学习：做支撑前翻经倒悬垂慢，做直臂直体经前水平慢落下。

（五）保护与帮助

保护与帮助者站在杠前一侧，前翻时一手托其肩，另一手托其腰，帮助缓慢前翻下落。

三、后撑前摆直角下

（一）动作做法

后撑，向上快速踢腿举臀，踢腿时保持上体稍后仰，直臂顶肩撑杠，接着向前伸腿送髋，两腿积极下压，推杠腾起，展髋挺身下（图 6-4-3）。

后撑前摆直角下

» 图 6-4-3　后撑前摆直角下

（二）教学规格

踢腿脚尖过肩，撑实杠，推杠有腾空，挺身明显，经屈膝缓冲成站立。

（三）教法提示

（1）在帮助下，在低双杠杠端面向外做支撑前摆直角下。要求体会上体稍后仰，向上踢腿举臀和伸腿展髋动作。

（2）在帮助下，在低双杠或鞍马上做后撑前摆直角下。要求踢腿举臀高，顶肩撑杠充分，积极伸腿送髋。

（3）在帮助下完整练习。要求上体稍后仰，踢腿积极，撑实杠，后挺身。

（4）直臂撑直，使身体重心控制在杠前上方。

（四）学法指导

（1）学习要点：上体稍后仰保持稳定，向上踢腿举臀要积极有力，向前伸腿送髋时，两腿应有积极下压动作，以助推杠。

（2）延伸学习：后撑转体 180° 成支撑。

（五）保护与帮助

保护与帮助者站在杠前练习者侧方，一手握其上臂，一手托其大腿，助其向上踢腿举臀。当向前伸腿展髋时，托大腿的手换托其腰部，落地时，一手扶其腹，一手扶其背。

四、支撑单腿摆越成骑撑及还原

（一）动作做法（以右腿摆越为例）

支撑，左手直臂撑杠，上体左移，右腿向前摆越时右手推开杠摆越过杠成骑撑。还原时，右手推离杠，上体左移靠紧左臂，右腿经侧后摆越，右手撑杠成支撑（图6-4-4）。

支撑单腿摆越成骑撑及还原

» **图 6-4-4** 支撑单腿摆越成骑撑及还原

（二）教学规格

腿摆、移上体、摆越杠和换手撑杠成骑撑 / 支撑动作连贯。

（三）教法提示

（1）站立，手持体操棍于腹前，做单腿向前摆越及还原的模仿练习。要求腿摆越高于体操棍，重心侧移。

（2）在鞍马环上练习支撑单腿摆越成骑撑及还原。要求腿摆越高于鞍马环，重心侧移。

（3）在帮助下，在低单杠上进行完整动作练习。要求成"三直一大"（腿直、臂直、上体直、分腿大）的骑撑姿势。注意推手顶杠与移重心的协同配合。

（四）学法指导

（1）学习要点：推手顶杠与移重心以及右腿向前摆越应协同配合，腿摆越过杠时做到换手再撑杠，成骑撑时力求腿直、臂直、上体直、分腿大；还原成支撑时，应注意直臂侧移重心。

（2）延伸学习：换另一腿做，由支撑单腿依次摆越成后撑并还原。

（五）保护与帮助

保护与帮助者站在杠前摆越腿的侧方，一手扶其上臂，一手托摆动腿，摆越后及时换成扶其腿，帮助稳定成骑撑和支撑。

五、骑撑单腿摆越转体 90° 下

（一）动作做法（以右腿在前的骑撑为例）

右腿骑撑，右手离身体 10～15 厘米处反握撑杠。右手直臂撑杠，上体积极右侧倒，使上体紧靠右臂。左腿摆越杠，同时右腿压杠侧摆并左腿。右臂为轴，以头和肩带动身体向右转体 90°，同时展髋挺身落下成右手握杠站立（图 6-4-5）。

骑撑单腿摆越转体 90° 下

» **图 6-4-5** 骑撑单腿摆越转体 90° 下

（二）教学规格

并腿时直臂撑实杠，转体正，展体明显，经屈膝缓冲站立。

（三）教法提示

（1）在鞍马上做骑撑单腿摆越转体 90° 下。要求两腿同时侧摆与上体侧倒，左手主动推杠，上体侧倒，右臂撑直，向右转体 90°，同时展髋挺身。

（2）在帮助下，在低单杠上进行完整动作练习。要求在杠侧下约 45° 并腿展体。

（四）学法指导

（1）学习要点：上体积极侧倒，右臂直臂撑杠，同时两腿侧下方并腿展体。注意侧摆腿、右移撑杠、转体，并腿、展髋技术的协同配合，动作连贯。

（2）延伸学习：可换左腿在前骑撑做，骑撑单腿向后摆越转体 90° 下。

（五）保护与帮助

保护与帮助者站在杠前右腿一侧，一手扶其上臂，另一手托左大腿侧上摆。落地前换成一手扶肩，另一手扶上臂或扶腰侧。

六、骑撑后腿摆越转体 180° 成支撑

（一）动作做法（以右腿在前的骑撑为例）

右腿骑撑，右手离身体约 10 厘米处反握杠，身体重心移向右臂，上体右后倒，同时左腿展髋后举，以头和上体带动转体，同时左腿摆越杠转体 180° 成支撑（图 6-4-6）。

骑撑后腿摆越转体 180° 成支撑

» **图 6-4-6** 骑撑后腿摆越转体 180° 成支撑

（二）教学规格

重心移动与转体动作平稳，成支撑时直臂撑杠有挺身。

（三）教法提示

（1）双杠杠中正立，跳上成右腿在前骑撑，做后腿向前摆越转体 180° 成支撑。要

求身体重心移向右臂，上体积极向右后方倒体（上体侧倒控制不住重心时，可撑双杠）。

（2）在帮助下，在低单杠上进行完整动作练习。要求练习者大胆向侧后倒上体、边转体边展髋。

（3）上体侧倒移动时，注意身体重心始终控制在杠上。

（四）学法指导

（1）学习要点：身体重心移向右臂，上体积极倒向右后方；以头和上体带动转体，展髋成支撑。

（2）延伸学习：可换左腿在前骑撑做，骑撑后腿摆越转体180°成骑撑。

（五）保护与帮助

（1）保护与帮助者站在杠前练习者的正前方，两手托握其前脚，帮助其转体成支撑。

（2）保护与帮助者站在杠后转体方向的同侧，一手扶支撑臂，另一手从杠下托住练习者的前腿，助其转体成支撑。

七、骑撑后倒挂膝上

（一）动作做法（以右挂膝为例）

右腿骑撑，直臂撑起将腿离杠，左腿后举重心后移，右腿屈膝勾杠，上体后倒前摆。当左腿前摆接近杠前水平时应及时制动。当回摆臀部过杠下垂直部位后，左腿加速后摆，同时两臂直臂压杠，跟上体，右腿前伸成骑撑（图6-4-7）。

骑撑后倒挂膝上

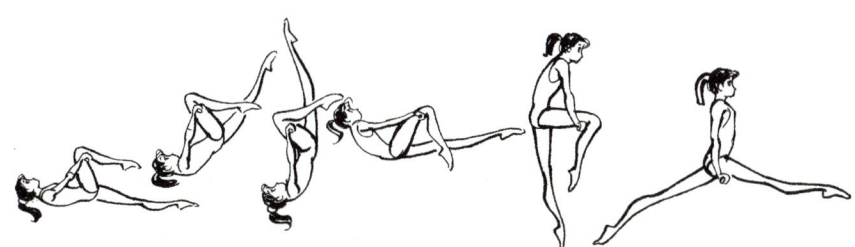

» 图 6-4-7　骑撑后倒挂膝上

（二）教学规格

挂膝稳固，回摆加速不砸浪，压杠成骑撑。

（三）教法提示

（1）右腿在前分腿站立，两手裆下正握体操棍，练习后腿后跨，同时两手将棍推至左腿膝部并屈膝，上体正直成弓步。要求成弓步时直臂。

（2）练习骑撑后倒挂膝摆动若干次。要求左腿接近杠前水平时，积极制动腿，回摆垂直点前加速摆动，不砸浪。

（3）在帮助下完整动作练习。要求左腿后举多，上体后倒多，左腿有制动，回摆加速，压杠跟上体成骑撑。

（4）重心远离转轴，其摆动幅度大，有利于完成动作。

（四）学法指导

（1）学习要点：左腿后举与上体后倒应充分，左腿摆动前伸有制动，垂直点前左腿积极回摆与两臂用力压杠应协同配合。

（2）延伸学习：挂膝后回环，挂膝后回环一周半。

（五）保护与帮助

保护与帮助者站在杠前摆动腿一侧，先一手托膝帮助身体重心后移左腿后举。挂膝前摆时，一手扶肩，一手扶摆动腿的膝部，助其往前上方摆腿送髋。回摆挂膝上时，换一手托背，另一手拨大腿，成骑撑时迅速换成一手扶肩，一手扶腿，以防前倒。

八、支撑后摆下

（一）动作做法

支撑，两腿前摆同时上体稍前倾。两腿后摆过杠下垂直面后，加速向后上方甩腿，随即直臂顶肩撑杠，肩部保持在杠上垂直位。当后摆接近最高点时，两腿制动下压有力推杠，同时抬上体挺身下（图6-4-8）。

支撑后摆下

» **图6-4-8** 支撑后摆下

（二）教学规格

后摆脚尖过杠，直臂推杠，展体明显，经屈膝缓冲站立。

（三）教法提示

（1）在帮助下做后摆成俯撑杠（低单杠）。要求两腿后摆前肩稍前移接着后上甩腿，直臂撑杠。

（2）做手不推离单杠的支撑后摆下。要求掌握两腿过杠垂直位面后上加速用力甩腿。

（3）在帮助下练习支撑后摆下。要求两腿后上用力甩腿，推杠有力，挺身充分。

（4）制动腿利于增大推手的作用力。

（四）学法指导

（1）学习要点：肩部要保持在杠上垂直面，直臂顶肩撑杠；当后摆接近最高点时，两腿制动下压与推杠、抬上体协同配合。

（2）延伸学习：支撑后摆转体90°或180°下，悬垂摆动后摆下等。

（五）保护与帮助

保护与帮助者站在杠后一侧，一手扶上肩，一手顺势向后方托大腿，助其后摆。落地时，一手扶上臂，一手扶背部。

九、支撑后回环

（一）动作做法

支撑，两腿先前摆，上体稍前倾，接着两腿向后上方甩腿，直臂顶肩撑杠。下落回摆当直臂直体腹部接近杠时，梗头，上体迅速后倒，并及时直臂压腹部贴杠。当回环至杠后水平时，制动两腿，上体迅速抬起挺身翻腕成支撑（图6-4-9）。

» **图 6-4-9** 支撑后回环

（二）教学规格

倒肩贴杠及时，直臂做回环，动作连贯。

（三）教法提示

（1）慢做支撑后回环（两人帮助下）。要求直臂直体下落；当腹部接近杠时，保持紧腰上体迅速向后倒。

（2）在帮助下完成支撑后回环。要求体会贴杠后倒、制动腿和抬上体技术。

（3）帮助者的贴杠与倒肩助力手法可利用力偶作用，有利于完成支撑后回环。

（四）学法指导

（1）学习要点：回摆时，要直臂直体下落；腹部压贴杠与上体后倒须协同发力。

（2）延伸学习：腾身后回环，支撑后回环接弧形下。

（五）保护与帮助

保护与帮助者站在杠前练习者的侧方，当身体回落腹部压贴杠与上体后倒时，一手迅速按腰，助其腹部靠紧杠，另一手拨其大腿，以助回环。当制动腿、抬上体时，迅速换成一手托肩，一手托腿。

十、直角悬垂摆动屈伸上

（一）动作做法

站立握杠，稍蹲向后上方跳起提臀、屈髋举腿、直臂含胸沉肩，经直角悬垂前摆。当前摆接近极点时，迅速举腿、屈髋，使两脚靠近杠，接着两腿始终沿杠向前上方用力不离杠伸髋，并直臂压杠，紧跟上体翻腕成支撑（图6-4-10）。

直角悬垂摆动
屈伸上。

» **图 6-4-10** 直角悬垂摆动屈伸上

（二）教学规格

腿贴杠伸髋不离杠，压杠跟上体成支撑。

（三）教法提示

（1）直角悬垂摆动收腹举腿练习。要求身体重心在杠垂直面前完成收腹举腿。

（2）在高低杠上做一脚蹬低杠的屈伸上。要求体会伸髋、直臂压杠和跟上体协同用力技术。

（3）在帮助下完成直角悬垂摆动屈伸上。要求体会伸髋与压杠、跟上体技术。

（4）直臂压杠与两腿沿杠向前上方伸髋和腿的制动，重心半径不断减小，提高摆动角速度，有利于顺利完成动作。

（四）学法指导

（1）学习要点：当前摆接近极点时，迅速举腿；直臂压杠和跟上体协调一致，伸髋充分不离杠。

（2）延伸学习：支撑后倒屈伸上，前上，高单杠悬垂摆动屈伸上等。

（五）保护与帮助

保护与帮助者站在杠前练习者一侧，直角悬垂前摆时，一手扶肩，一手托腿，助其前摆。然后换成一手托背，另一手托臀，助其收腹举腿。接着一手托背，另一手换成托大腿，帮助成支撑。

十一、支撑后倒弧形下

（一）动作做法

支撑后倒弧形下

支撑，上体后倒顺势举腿，大腿上部尽量靠杠，接着两腿沿杠向前上方加速伸腿送髋，同时积极直臂向后引杠、稍抬头。后引推杠后，两腿前伸下压，保持抬头、挺身，使身体在空中经弧形落下（图6-4-11）。

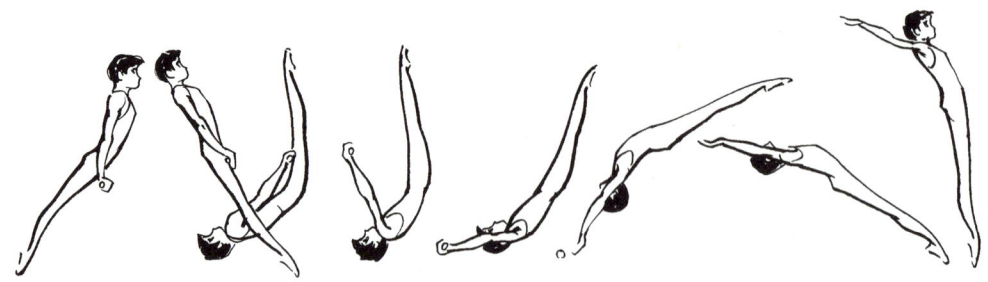

» **图6-4-11　支撑后倒弧形下**

（二）教学规格

身体重心空中弧形抛物线高于杠水平，经屈膝缓冲成站立。

（三）教法提示

（1）站立握杠，跳起做弧形下。要求跳起后倒举腿，大腿上部靠杠，回摆过垂直面后，直臂向后引杠，两腿前伸、挺身、屈膝缓冲站立。

（2）在帮助下完成支撑后倒弧形下。要求后倒积极，腿不丢杠，保持直臂引杠，用力伸腿送髋。

（3）利用标注物练习。要求身体沿标注物方向做动作，空中经弧形落地。

（4）上体后倒与髋不丢杠、伸腿送髋的速度和向后引杠的力量决定了空中弧形的运动轨迹。

（四）学法指导

（1）学习要点：上体后倒要果断，大腿上部靠杠；两腿要沿杠向前上方加速伸腿送髋，同时抬头，积极直臂向后引杠。

（2）延伸学习：支撑后倒弧形转体 90° 下。

（五）保护与帮助

保护与帮助者站在杠前练习者侧方，一手托肩，一手托腰，助其向前上方伸腿送髋。落地时，换成一手扶肩，一手扶腹部。

十二、骑撑前回环

（一）动作做法（以右腿在前骑撑为例）

右腿在前骑撑，反握杠，直臂顶肩撑杠，向前远跨，左大腿上部靠杠，同时立腰、挺胸、梗头，上体积极前倒，使身体重心尽量远离握点。当上体回环过杠下垂直面后，右腿下压，上体回环至杠后水平部位时，直臂压杠、跟上体、翻腕、制动右腿成骑撑（图6-4-12）。

（二）教学规格

直臂撑杠重心前移充分，回环动作连贯。

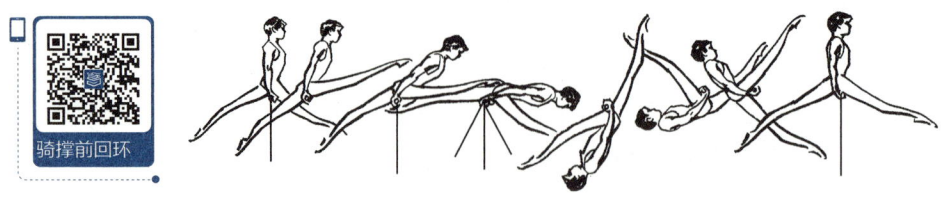

骑撑前回环

» **图 6-4-12 骑撑前回环**

（三）教法提示

（1）在帮助下练习骑撑右腿远跨。帮助者站在杠前，一手托小腿，另一手抓上臂，帮助其体会右腿远跨和上体前倒的动作技术。要求身体重心尽量远离握点。

（2）在帮助下完成骑撑前回环。要求大胆前倒，保持直臂、直腿，分腿大。

（3）利用标注物练习。帮助者手持纸张等标注物。要求练习者右脚踩标注物。

（4）骑撑前回环是由增长转动半径、缩小转动半径、再增长转动半径（制动）的过程。

（四）学法指导

（1）学习要点：直臂顶肩撑杠，上体积极前倒使身体重心尽量远离握点；当上体回环至杠后水平部位时，直臂压杠、跟上体、翻腕、制动右腿成骑撑。

（2）延伸学习：连续做骑撑前回环，从低杠骑撑前回环过渡到高杠上做。

（五）保护与帮助

保护与帮助者站在杠后练习者右腿的同侧，一手从杠下翻握其手腕，当上体回环过杠下垂直面后，另一手托其腰背部，或一手扶其前腿或肩部，帮助上成骑撑。

十三、悬垂摆动

（一）动作做法

悬垂起摆，后摆接近杠下垂直面时，"沉肩"稍屈髋。摆至杠下垂直面后，迅速向后上方甩腿。后摆至极点时，要向前转腕。身体前摆接近杠下垂直面时，要"沉肩"稍展髋。摆至杠下垂直面后，迅速向前上方兜腿。前摆至极点时，要扣腕（图6-4-13）。

» **图 6-4-13** 悬垂摆动

（二）教学规格

前、后悬垂摆动身体重心接近杠水平面。

（三）教法提示

（1）由小幅度的摆动开始练习，逐步加大摆幅。要求身体后摆接近杠下垂直面时，"沉肩"、稍屈髋。摆过杠下垂直面后，迅速向后上方甩腿。前摆接近杠下垂直面时，要"沉肩"、稍展髋。摆过杠下垂直面后，迅速向前上方兜腿。

（2）采用系腰保护带或环形手腕保护套做大摆动练习。要求体验转腕与扣腕动作。

（3）根据动量矩原理，开始前摆时要直臂顶肩，脚向远伸，身体尽量伸直是为了增大动量矩。摆过垂直面30°～40°时，迅速向前上方兜腿，稍屈髋是为了减小动量矩。

（四）学法指导

（1）学习要点：体验前摆兜腿与后摆甩腿的时机、发力与方向；注意转腕与扣腕动作，防止脱手。

（2）延伸学习：悬垂前摆转体180°成正反握或正握悬垂。

（五）保护与帮助

保护与帮助者站在杠下练习者的侧方，后摆甩腿时，向后上方托腹部或大腿；前摆踢腿时向前上方托腰，帮助摆动，同时应注意观察练习者的握点，防止脱手。

第五节　技巧造型

技巧造型是体操的集体练习项目。通过技巧造型的练习，可以培养学生团结合作的集体主义精神和勇敢、果断、坚毅的意志品质，对发展练习者的力量、耐力、灵敏、协调、柔韧等身体素质有很大的作用。技巧造型练习不受场地器材限制，可因人而异，由双人到多人、由简单到复杂，并且容易激发学生的练习兴趣。经常参加技巧造型活动，可为学习体操，掌握较难的技巧动作打下良好的基础。技巧造型是在运动会开幕式上、学校团体操表演或其他集会上经常表演的内容之一，深受人们欢迎。通过技巧造型的表演，不仅能起到积极的宣传作用，还能提升学生的审美素养。因此，在体操课中开展技巧造型教学有一定的意义。本节主要介绍男、女双人，三人和多人技巧造型的一般动作。

男子双人技巧造型

一、男子双人技巧造型

（一）动作做法

预备姿势：两人（分别以"1""2"指代）面对站立，相距一步。

第一动："1"后倒成两臂前举的分腿屈膝仰卧，"2"站立不动。

第二动："2"两手撑"1"的膝部，"1"两手托"2"肩部，"2"做肩膝倒立，停止不动。

第三动："2"两腿落下直立并将"1"拉起成预备姿势（图6-5-1）。

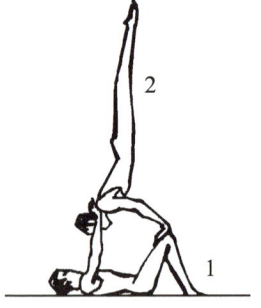

» **图6-5-1** 男子双人技巧造型

（二）教学规格

"1"双手和双膝支撑稳定；"2"倒立停住，身体直。

（三）教法提示

（1）上面人做垫上肩肘倒立和头手倒立练习。要求控制倒立平衡。

（2）下面人应由力大、体壮、控制力较强者担任。

（3）上面人适当增加蹬地摆腿的力量，加大紧腰、夹臀控制力；下面人加强手臂推撑力量练习，提高支撑的稳定性。

（四）学法指导

（1）上面人在同伴扶持下先练习蹬摆腿成手倒立动作，提高蹬地摆腿动作的协调性。

（2）下面人应注意提高手臂支撑及控制能力。

（3）在帮助下完成技巧造型动作。

（五）保护与帮助

保护与帮助者站立在练习者侧前方，用手顺势托上面人摆动腿，帮助其成肩膝倒立。

二、女子双人技巧造型

（一）动作做法

预备姿势：两人同向站立，相距一步半。

第一动："1"做分腿屈膝仰卧，两臂前举，"2"站立不动。

第二动："2"两手支撑在"1"的膝部，右腿跪在"1"手上，左腿后举成跪撑平衡，停止不动。

第三动："2"两腿落下，同时"1"手臂放下，"2"直立并将"1"拉起成预备姿势（图6-5-2）。

» 图 6-5-2 女子双人技巧造型

（二）教学规格

"1"双臂和双膝支撑稳定；"2"后举腿高于头，身体保持稳定。

（三）教法提示

（1）上面人做垫上单膝跪撑平衡练习。要求两臂撑直，上体后屈，左腿后上举。

（2）下面人应由力大、体壮、控制力较强者担任。

（3）上面人应加强两臂的支撑力量和腿的柔韧性练习；下面人加强手臂推撑力量练习，提高支撑的稳定性。

（四）学法指导

（1）上面人先练习各种跪立、跪撑姿势，提高单膝跪撑平衡能力。

（2）下面人应注意提高手臂支撑与控制能力，加强腿的柔韧性训练。

（3）在帮助下，完成技巧造型动作。

（五）保护与帮助

保护与帮助者站立在练习者侧方，一手顺势托上面人后举腿，另一手扶持其上臂，帮助其完成单膝跪撑平衡动作。

三、男子三人技巧造型

（一）动作做法

预备姿势：三人排成一列横队，相距半步。

第一动："1"分腿半蹲立，两臂侧举；"2"内侧脚站在"1"大腿外侧部，两手深握互拉。

第二动："1"手扶"2"的腰部外侧，"2"成单脚站腿的平衡动作（外侧腿侧下举），停止不动。

第三动："1""2"手臂放下，"2"两腿落地，"1""2"直立成预备姿势（图6-5-3）。

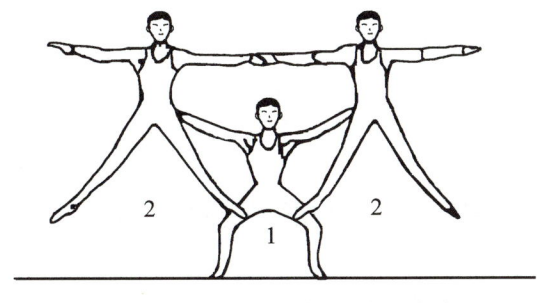

男子三人技巧造型

» **图 6-5-3** 男子三人技巧造型

（二）教学规格

"1"半蹲保持稳定；"2"两手互拉保持平衡。

（三）教法提示

（1）地面上做好各自动作的基本姿势训练。

（2）注意单个动作的准确性，练习可按下列口令进行："预备""各就各位""起""下"，使三人动作配合协调一致。

（3）完成造型动作后，停留5~6秒时间。

（四）学法指导

（1）根据自身条件和技术特点，选择好造型的角色，以便充分发挥各自的特长。

（2）听从指挥，互相协作。

（3）轻踩轻上，轻巧落地。

（五）保护与帮助

保护与帮助者站立在练习者背面，用手顺势托举"2"帮助其完成三人造型动作。

四、女子三人技巧造型

（一）动作做法

预备姿势：三人排成一列横队，"1"和"2"相距一步，"1"和"3"相距两步半。

第一动："1""2"向左转体90°，"1"右膝跪立，"2"蹲撑，"3"向右转体90°站立不动。

第二动："2"肘撑倒立，"1"上体后仰，右臂上举，手抓扶"2"小腿，"3"右腿站立在"1"左大腿上，上体前俯（抬头），左腿后举，手扶"2"的脚尖成俯平衡，"1"左手抓扶"3"右腿，停止不动。

第三动："1"和"3"手臂放下，两脚依次落地直立，"2"两腿落地起立，"1"起立，"1"和"2"向右，"3"向左各转体90°成预备姿势（图6-5-4）。

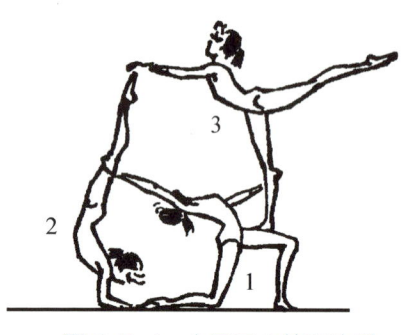

» **图 6-5-4** 女子三人技巧造型

（二）教学规格

"1"两手抓扶牢固；"2"肘撑倒立稳定；"3"后举腿膝高于臀，保持稳定。

（三）教法提示

（1）先在地面上练好各自的单个动作。

（2）为了使学生加快学习进程，教师可配合学生进行直观示范，强调动作的准确性。

（3）在帮助下，统一指挥练习。

（4）加强基本姿势和平衡能力练习。

（四）学法指导

（1）"1"和"3"在帮助下学习平衡造型动作。

（2）"2"在帮助下做肘撑倒立。

（3）组合练习。听从指挥，互相协作。

（五）保护与帮助

保护与帮助者站立在练习者侧面，用手顺势托举"3"后举腿，帮助其完成三人造型动作。

五、男子多人技巧造型

（一）动作做法

预备姿势：九人排成二列横队，"2""3"站在前排，"5""1""4"站在后排，左右相距一步。

第一动："1""2""3"向外，"4"向内转体90°，"3"跪撑，"2"两手撑"3"的臀背部，"4"站在"3"的肩部，两手撑"2"的肩部，"1"站在"2"的腰臀部，两手撑"4"的肩部，"5"站立不动。

第二动："5"两手先后撑"2"和"1"的背部，两脚依次经"2"臀腰部至"1"腰背部分腿站立，两臂侧举，站立不动。

第三动："1""2""4"同时屈臂下蹲，"5"手撑"1"臀部，向后跳下直立，"1""4"向侧跳下直立，"2""3"起立，"1""2""3"向内、"4"向外各转体90°成预备姿势（图6-5-5）。

» **图6-5-5** 男子多人技巧造型

（二）教学规格

"1""2""4"两脚站稳，两手撑牢；"3"手撑牢，不晃动；"5"两脚站稳，不晃动。

（三）教法提示

（1）先看图定位，明确各人位置。

（2）让少数学生练习单个动作或人数少的配合，待这些动作掌握后，再进行对称边的练习。

（3）集体配合要协调一致，结构上要疏密适当。

（四）学法指导

（1）明确自己的任务。

（2）互相协作，轻踩轻上，注意上下左右的距离。

（五）保护与帮助

保护与帮助者站立在造型图案正前方或后方，特别注意保护最高位置练习者的安全。

六、女子多人技巧造型

（一）动作做法

预备姿势：七人排成一列横队，相距1~2步。

第一动："1"站立不动，"2""3""4"同时向内转体90°，"2"跪撑，"3"两臂前举成屈膝分腿仰卧，"4"站立不动。

第二动："1"站立，两臂侧上举，掌心向内，"2"一腿后举、一手抓扶"1"髋部外侧成单膝跪撑，"4"两手撑"3"膝上，一腿跪在"3"手上，另一腿后举成跪撑平衡，停止不动。

第三动："1"成直立，"2"起立，"3"将"4"腿部放下，"4"

成直立，"3"起立，"2""3""4"同时向外转体90°成预备姿势（图6-5-6）。

» 图 6-5-6　女子多人技巧造型图

（二）教学规格

"2"后举腿高于头，不晃动；"3"两臂和双膝支撑稳定；"4"后举腿高于头，保持稳定。

（三）教法提示

（1）先看图定位，明确各人位置。

（2）先分段练习，再完整练习整套动作。

（3）对暂时不能完成的动作，可以采用在帮助下完成。

（四）学法指导

（1）根据自己特点接受造型任务，充分发挥各自特长。

（2）听从指挥，互相协作。

（3）顾全大局，保持图案大方、舒展和美观。

（五）保护与帮助

保护与帮助者站立在造型图案两侧，特别注意保护"4"和"3"的安全。

思考与实践"

❶ 通过对体操技术类动作的学习，谈谈体操在学校体育教学与训练中的意义。

❷ 谈一谈你在学习技巧侧手翻、山羊分腿腾跃、双杠支撑后摆下、单杠骑撑前回环等动作过程中运用了哪些学习步骤？

❸ 尝试设计 3~4 个双人、三人及以上的技巧造型。

第七章　实用类体操

内容提要

本章阐述实用类体操的练习作用，介绍实用体操中走、跑、跳、平衡、投掷、爬行、搬运、攀登和爬越等主要练习内容、教法与学法，以及在现实生活中的实例，介绍预防损伤的医疗体操与康复处方，并阐述实用类体操练习中的注意事项。

学习目标

1. 了解实用类体操练习的作用；肩关节、膝关节和踝关节核心肌群稳定的功能性动作、预防损伤的医疗保健体操与康复处方；实用类体操练习中的注意事项。

2. 知晓实用类体操的基本内容和教法学法。

3. 培养学生运用实用类体操锻炼身体，采用医疗康复体操手段预防损伤和康复的能力。

实用类体操是指与人们生活、生存相联系的体操练习，包括实用体操、医疗保健体操等。这类练习内容重在满足人们生活、生存与健身需要。

实用类体操练习对发展一般身体素质具有较高的锻炼价值，同时对培养人们生活上所必需的生活实用技能、预防损伤所需的医疗体操与保健康复动作技能，以及提高人们的生活生存能力具有较高的实用价值。实用类体操具有实用性、生活性、健身性、趣味性和多样性等特点，其动作结构简单，容易掌握，适合各种人群练习，并且对场地条件要求不高，可以利用自然地形和各种器械进行练习，易于开展，对丰富学校体育教学内容，拓展全民体育锻炼形式具有重要作用。随着我国社会的快速发展，人民生活、文化水平的日益提升，人们对健身锻炼的需求也在不断提高。这就迫切需要我们对实用类体操的内容资源进行开发、研究和利用，使实用类体操发挥出更多的锻炼功能。

第一节　实用类体操的内容

本节主要介绍走、跑、跳、平衡、投掷、爬行、搬运、攀登和爬越等实用类体操练习内容及生活实例。

一、走、跑、跳练习

走、跑、跳是生活中最基本的技能，对提高心血管机能，促进身心健康有重要作用。

（一）走

走是以两脚相互交替向前移动的动作。走的动作看起来很简单，其实对人的协调性要求很高。在慢步走时，肌肉节奏性工作为机体的放松创造了条件，而在快步走时，机体则要承受较大负荷。走不仅能使下肢肌肉得到运动，还能影响人体其他部位的肌肉，所以经常进行走的练习可以增强心血管和呼吸系统的机能。

进行走的练习时，脚掌应稍向外斜，两腿肌肉不要过分放松，尽量避免躯干晃动，两臂肘关节和肩关节放松、自然摆动。选择走的练习时，可通过增加身体姿势的变化来提高练习难度，也可以通过改变走的距离、速度或负重、设置障碍物等提高运动量，并根据练习者的能力选择稍蹲、半蹲和全蹲的走。

1. 走的基本练习

（1）脚尖走：也称为前脚掌走、提踵走。

实例：在水流淌的路面上用前脚掌行走。

（2）蹲走：屈膝姿势的走。

实例：在低矮的房子、岩洞里屈膝走。

（3）抬腿走：大腿抬起的走。

实例：在齐膝深的水中走，在沙滩上走等。

（4）象形走：模仿大象行走。

实例：穿越树林（营造障碍与路线）。

2. 走的组合练习

脚尖走—半蹲走—抬腿走—象形走。

（二）跑和跳

跑是在走的基础上两脚相互用力蹬地并保持一只脚着地向某一方向移动的动作。跳是以单脚或双脚用力蹬地使身体腾起向某方向移动的动作。跑和跳的动作比走的活动性大，它对运动系统、心血管系统和呼吸系统产生的影响更大。

进行跑的练习时，应以脚跟先着地再过渡到前脚掌着地，腿部肌肉保持适度的紧张，上体稍前倾，以肩关节为轴，屈臂自然摆动。单脚跳练习时，以一腿摆动，另一腿经缓冲后脚用力蹬地，同时两臂积极配合摆动。双脚跳练习时，两腿经缓冲后脚用力蹬地，同时两臂积极配合摆动。

选择跑和跳的练习时，可通过改变身体姿势增加练习难度，也可以通过改变跑和跳的时间、速度或负重、设置障碍物等提高运动量。

1. 跑和跳的基本练习

（1）抬腿跑：大腿向前抬起的跑。

实例：在齐膝深的水中跑，在沙滩上跑。

（2）转身跑：跑的途中向左／右转身后再继续往前跑。

实例：在观察某移动物体过程中转体跑。

（3）单脚跳：一脚蹬地，另一腿摆动向前跃出。

实例：跳过壕沟。

2. 跑和跳的组合练习

向侧交叉腿跑—后踢腿跑—跳过限制物。

（三）教法与学法提示

1. 掌握与体验

掌握脚尖走、半蹲走和抬腿走练习。教学中可采用信号法，学生按教师预先的练习内容进行练习，也可根据对象特点，选择模仿动物行走与奔跑，体验将走、跑、跳的基本练习运用在日常生活中。

2. 拓展与尝试

变换练习形式，如脚跟走、后退走、脚掌内侧走、脚掌外侧走、扶膝走、上体前屈走、交叉腿（向前、向后、向侧）走和跑、后踢腿跑等，尝试在不同的练习环境和改变练习条件下进行练习，如跑过障碍物或跳过限制物、多人绑腿跑等。

二、平衡练习

平衡是人体企图保持某种稳定的状态而进行的练习。在日常生活和体育运动中，保持人体平衡具有重要的作用。平衡练习能培养良好的身体姿态，发展前庭器官的功能，提高自信心和生活生存能力。

进行平衡练习时，应尽量使身体总重心的投影在支撑面内，并保持较大的支撑面，降低重心，以利于保持平衡。选择平衡练习时，可通过以下方法改变练习的难度：改变支撑面积（用脚尖、脚跟、单脚站立等）；改变身体姿势（闭眼进行各种练习、改变两臂姿势等）；改变行进方法（走、跑、跳、舞蹈步）；变换行进方向（向前、向后、向侧）；变换练习器械（在体操凳、平衡木、双杠上等）；改变器械高度和坡度；改变练习的速度；通过障碍物；负重练习。

（一）平衡的基本练习

（1）提踵站立：用前脚掌站立的静止姿势。

实例：提踵看戏。

（2）单脚站立：用一只脚站立的静止姿势。

实例：站立穿裤子。

（3）闭眼走：闭着眼睛走。

实例：在伸手不见五指的条件下行走。

（4）过独木桥：在独木桥上走过或跑过。

实例：过独木桥。

（5）高空通过障碍物或限制物：在高空行进中避开某障碍物或限制物走过的练习（图7-1-1）。

实例：在独木桥上两人迎面走过（图7-1-2）。

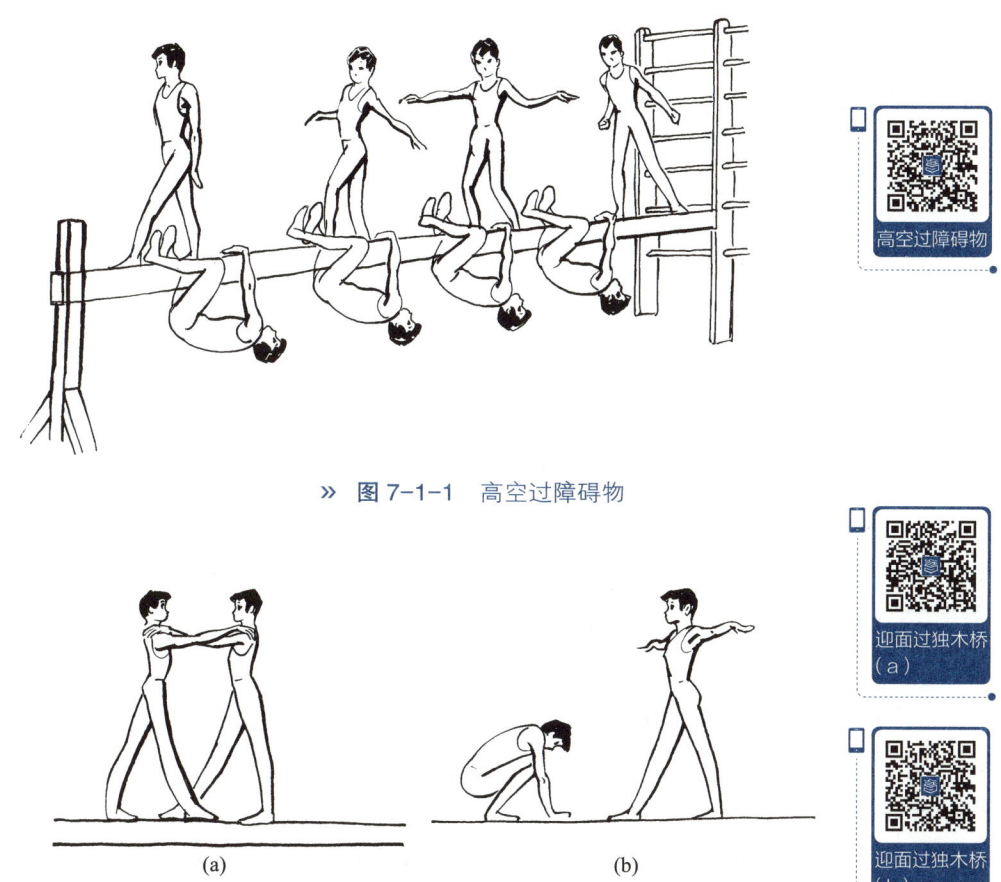

» **图 7-1-1** 高空过障碍物

高空过障碍物

迎面过独木桥（a）

迎面过独木桥（b）

» **图 7-1-2** 迎面过独木桥

（二）平衡的组合练习

（1）脚尖站立—单脚站立—闭眼走。

（2）闭眼走—转身180°往回走。

（三）平衡的教法与学法提示

1. 掌握与体验

掌握脚尖站立、单脚站立和闭眼走等练习，体验将平衡的行进间动作运用在日常生活中。

2. 拓展与尝试

变换练习形式，如脚跟站立、低头走、转头走、上体侧屈走、两臂左/右举走、转体走、头顶重物走等；尝试在改变练习环境和练习条件下进行练习，如在较高的位置单脚站立、踩木桩走（图7-1-3）、在斜木或浪木上行走（图7-1-4）、高空通过障碍物或限制物等。

» **图 7-1-3** 踩木桩走

» **图 7-1-4** 在浪木上行走

三、投掷练习

投掷是以手握持（或双脚夹住）器械或其他物品向某一方向抛出的一种练习。投掷练习能发展人体的灵巧、速度、目测力素质，对提高人体的协调性，增强上肢力量有积极作用。

投掷可分为掷准、掷远、抛与接等练习。投掷练习的器械或物品主要有实心球、体操棍、沙袋、小皮球、小石块、纸团等。进行投掷练习时，应尽量拉长肢体肌肉初长度，保持适当的出手角度；从空中接物体时，应做好缓冲动作。选择投掷练习时，可通过下列方法改变练习的难度和运动量：改变抛接器械的大小和重量；增加同时抛接器械的数量；增加器械飞行的距离；改变预备姿势（如坐、躺、跪立等）；在抛接的同时，手、脚、躯干做各种动作（如击掌、下蹲、转体、跳跃、屈体、平衡、爬行、跑）；单手抛接。

（一）投掷的基本练习

（1）投准：手持物品投中规定的目标
（图7-1-5）。

实例：用石头砸老鼠。

（2）抛与接：将物品抛起或将空中下
落的物品接住。

实例：建筑工地上工人由楼下向楼上
抛接砖头，少数民族抛绣球、叼羊等活动。

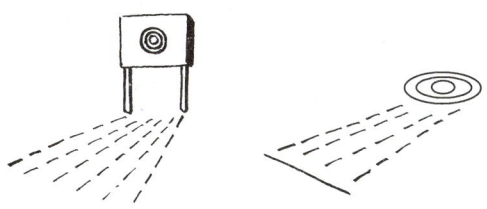

» **图7-1-5** 投准目标靶

（二）投掷的组合练习

（1）原地双手向上自抛自接实心球—单手背后抛接实心球—转身180°向前抛实
心球投准进篮筐。

（2）原地双人由胯下向前上抛接实心球—双手向后抛接实心球。

（三）投掷的教法与学法提示

1. 掌握与体验

掌握原地自抛自接、互抛互接等练习，体验将投掷练习运用在日常生活中。

2. 拓展与尝试

变换练习形式，如行进间的自抛自接物品等，尝试两人合作定位的或行进间的
互抛互接，如在边转体边走或跑中互抛互接物品。除以手进行抛接外，还可以用脚
夹球进行抛接练习（图7-1-6）；接物体时可选择双手或单手接；增加互抛互接的
距离；改变抛接物的体积和重量；变换抛接的姿势。投准练习时，可采用比赛的形
式进行。

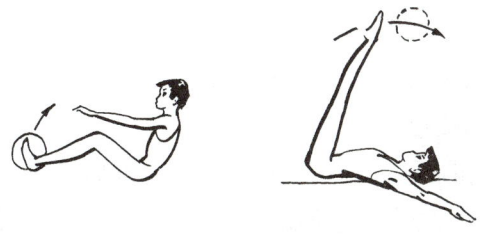

» **图7-1-6** 脚夹球抛球

四、爬行练习

爬行是指在地面上以臂和腿的交替屈伸使身体移动的一种练习。爬行练习是部队训练的内容，也是人们生存的一种实用技能。爬行时，身体主要肌群都要参与收缩，因此对改善人体运动系统、心血管系统和呼吸系统的功能有明显效果。

进行爬行练习时，应尽量使身体靠近地面，双手与双脚交替用力协调配合，使爬行移动持久省力。选择爬行练习时，可选择跪撑爬行、肘膝俯撑爬行、侧体爬行、匍匐爬行和向侧爬行。爬行练习通常在体操垫上进行，也可在铺设木板的地面上或草地上进行。

（一）爬行的基本练习

1. 向前 / 后爬行

俯卧，以身体的某些部位接触地面向前 / 后移动至目的地的一种练习。向前 / 后爬行的主要方法有跪撑爬行、肘膝俯撑爬行、侧体爬行和匍匐爬行等。

（1）跪撑爬行

由跪撑开始，右膝向前移半步，同时左手也向前移半步，然后左膝和右手用同样方法向前爬行。

（2）肘膝俯撑爬行：由肘膝跪撑开始，右腿 / 左腿引向胸部的下方，同时左臂 / 右臂前移，身体随之前移，直到右腿 / 左腿完全伸直时，把另一腿引向胸部下方，同时另一臂前移，如此往复向前移动。肘膝俯撑爬行也可以用同侧方法来做，即左臂和左腿同时向前移动（图 7-1-7）。

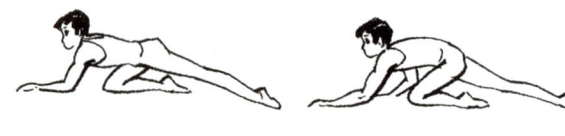

» **图 7-1-7 肘膝俯撑爬行**

（3）侧体爬行：以身体的右侧卧地为例，右膝关节和髋关节充分弯曲，右臂前伸，并用前臂撑地，左脚跟撑在右脚跟附近，左手自然地放在地上。然后用右前臂撑起，使上体稍稍抬起，左脚蹬地，使上体移近右臂，右腿弯曲随之前移，接着右臂和左腿再前移，还原成开始姿势。

（4）匍匐爬行：由俯卧开始，屈左腿向左腋下引膝，同时右前臂前伸撑地。然后，左腿蹬伸，使身体前移，同时左臂前伸撑地，右腿屈膝向右腋下前引。接着右腿蹬伸，同时右臂前伸撑地，左腿屈膝向左腋下前引，左右交替向前爬行（图 7-1-8）。

实例：腿部受伤，在无他人帮助情况下，爬出危险地带。

» **图 7-1-8** 匍匐爬行

匍匐爬行

2. 向侧爬行

俯卧，以身体的某些部位接触地面向侧方移动。向侧爬行由屈肘、两手肩旁撑地、两腿伸直并拢的俯卧姿势开始，先用同侧的手和腿同时向侧方移动，并把体重移到这一侧的手和腿上，然后把另一只手和腿向这一侧并拢，依次交替向侧爬行。

实例：同上。

向侧爬行一

（二）爬行的组合练习

（1）向侧滚动两次—向前爬行若干距离—向后爬行返回原地。

（2）用牛皮筋绑住标枪等作为限制物，多人在牛皮筋下爬过—跑回起点（接力游戏）。

爬行的组合练习

（三）爬行的教法与学法提示

1. 掌握与体验

掌握向前/后、向侧爬行练习，可选择跪撑爬行、肘膝俯撑爬行、侧身爬行、匍匐爬行等。爬行教学时，让学生先在垫子上练习，当学生较熟练掌握了爬行技能后，可采用限制物和障碍物进行练习，如在横绳下爬过（图 7-1-9），爬过体操凳或垫子等；低年级的学生可结合游戏进行练习，如猫式爬行、熊式爬行或集体做的列车式爬行等；高年级学生可增加爬行的速度和距离。体验将爬行练习运用在日常生活中。

2. 拓展与尝试

变换练习形式，如只用手的爬行、仰卧爬行。尝试背人爬行（图7-1-10）或负重爬行等。

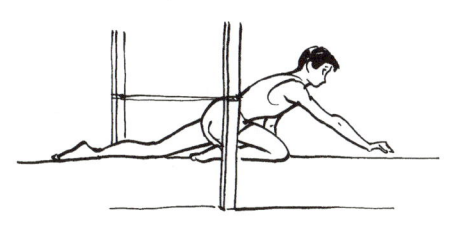

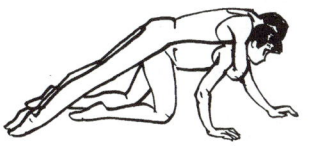

» **图 7-1-9** 横绳下爬过   » **图 7-1-10** 背人爬行

横绳下爬过

背人爬行

五、搬运练习

搬运是以手提、肩扛、怀抱、头顶和背负的方法，将实物或同伴从某处搬往目的地的一种练习。搬运练习对发展练习者的力量、耐力、灵敏等素质，培养搬运技能和提高生活生存能力等有积极作用。

进行搬运实物练习时，应把实物尽量靠近身体，以节省力气；搬运距离较长时，应讲究搬运方法，避免身体局部负担过重。选择搬运实物练习时，可选择单人搬运、双人搬运和多人搬运等形式；选择搬运同伴练习时，可选择一对一搬运、二对一搬运等形式。

（一）搬运的基本练习

1. 搬运实物

搬运实物是采用抓、握、托、抬，以及怀抱、臂夹、肩扛、挪动等方法将实物从某处搬运至目的地的一种练习。在学校体育教学中，搬运的实物一般有实心球、体操凳、跳箱、山羊、垫子等器材和器械，还可以利用石块、圆木等实物进行练习。

实例：抬课桌。

2. 搬运同伴

搬运同伴是采用抬、背、抱、扛等方法将同伴从某处搬运至目的地的一种练习。

（1）一对一的搬运方法主要有背负法、骑坐肩上法、托背托腿法、肩扛法、单臂勾腰法等。

① 背负法：被搬运者分腿站立在搬运者后面，两手扶住搬运者肩部，搬运者上体稍前倾，下蹲，两手托抱被搬运者大腿，起身站立，开始移动（图7-1-11）。

② 骑坐肩上法：搬运者成单膝跪立，上体前屈，让被搬运者坐于自己肩上，被搬运者用脚尖勾住搬运者的腰背部，搬运者抱住被搬运者的两腿，并起身站立，开始移动（图7-1-12）。

③ 托背托腿法：被搬运者仰卧，搬运者成单膝跪立或下蹲，一只手托其背部，另一只手托其膝，将其托起，被搬运者双手抱住搬运者的颈部，开始移动。

④ 肩扛法：两人面对站立，搬运者用左手握住被搬运者的右手腕，右手抱住其膝部下方，俯身将被搬运者扛在右肩上。然后左手松开，将被搬运者的右臂夹在自己的左腋下，用右手从被搬运者右腿后握其右手腕，起身站立，开始移动（图7-1-13）。

  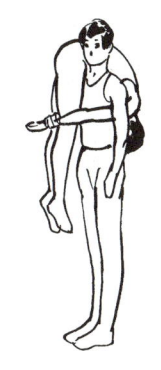

» 图 7-1-11　背负法　　　» 图 7-1-12　骑坐肩上法　　　» 图 7-1-13　肩扛法

⑤ 单臂勾腰法：被搬运者俯卧，搬运者站其侧面，上体前倾，用两手抱住被搬运者的腰部，将其提起；然后以一臂勾住被搬运者腰部，并靠近自己的体侧，开始移动。

（2）二对一的搬运方法主要有两手交搭椅式搬运法、两手交搭两手扶背椅式搬运法、四手互搭坐式搬运法、托腋下和膝部搬运法、托抱背部和两腿搬运法等。

① 两手交搭椅式搬运法：两人面向移动方向并排站立，相邻两手互握对方手腕。被搬运者坐在由两人连接起的手上，并用两手抱住搬运者的颈部或肩部（图 7-1-14）。

② 两手交搭两手扶背椅式搬运法：两个搬运者相对站立，靠近被搬运者的手互握为座，另一只手相互搭在对方肩上为靠背，被搬运者坐在互握的手上，背靠在两人的臂上（图 7-1-15）。

③ 四手互搭坐式搬运法：搬运者相对站立，每人用一手正握另一手的手腕，另一只手握对方空着的手腕，被搬运者坐在由两人搭起的手上，并用两手抱住搬运者的肩部。

两手交搭椅式搬运法

④ 托抱腋下和膝部搬运法：搬运者前后站立，被搬运者仰卧在两名搬运者中间的地上，一人抱被搬运者的腋下，另一人托抱搬运者的膝部（图 7-1-16）。

两手交搭两手扶背椅式搬运法

托抱腋下和膝部搬运法

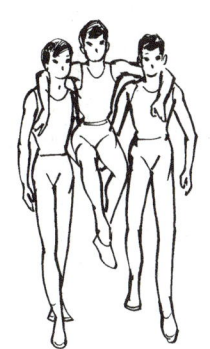  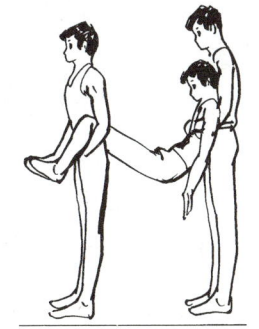

» 图 7-1-14　两手交搭椅式搬运法　　» 图 7-1-15　两手交搭两手扶背椅式搬运法　　» 图 7-1-16　托抱腋下和膝部搬运法

⑤ 托抱背部和两腿搬运法：搬运者站在仰卧的被搬运者的一侧，蹲下成单膝跪立，一人托抱被搬运者的腿，另一人托抱被搬运者的背部，把被搬运者抬起，被搬运者用手抱住站在他头侧同伴的颈部。也可用这种方法进行三对一和四对一的搬运。四对一搬运时，搬运者二对二相对而立，相互拉住对方的手把被搬运者搬走。在二对一或多对一搬运时，可利用器械（如棍棒一对一）搬运。

实例：抬伤员。

（二）搬运的组合练习

（1）两手腹前托抱2~3个实心球向前行走若干距离—交给同伴用同样方法搬运返回（接力游戏）。

（2）采用两手交搭式搬运同伴法向前行走若干距离（二对一搬运）—换人后采用背靠椅式搬运同伴法返回—第二次换人后采用托腋抬膝搬运同伴法向前行走若干距离。

（三）搬运的教法与学法提示

1. 掌握与体验

掌握搬运实物和搬运同伴的基本练习。搬运实物教学时，可尝试不同的搬运方法，如搬运实心球时，可选择两手腹前托抱球搬运、体侧夹球搬运和头上扶球搬运等；搬运体操凳时，可选择两人各握体操凳一头搬运、一人抓握体操凳中部搬运（将体操凳持在体前、夹在体侧、扛在肩上等）和四人各抓握体操凳一角搬运等；搬运平衡木或圆木时，可选择一列横队的向前搬运（搬运者将平衡木托起在胸前行进，也可选择面对面站立的两列横队搬运。如选择纵队搬运平衡木或圆木，搬运者可将平衡木扛在肩上行进）。搬运同伴教学时，可尝试不同的搬运形式与方法，如一对一搬运、二对一搬运等。体验将搬运练习运用在日常生活中。

2. 拓展与尝试

变换练习形式。例如，集体挪动大圆木，搬运者成一路纵队，两脚开立，大圆木在胯下，两手抱圆木（图7-1-17），根据统一号令，同时将圆木稍抬起，并向前挪动，然后放下圆木，以此类推。将梯子（或圆木）竖直时，在固定的物体上或以同伴踩住、抵住梯子或圆木的一端，两手依次推换梯子（或圆木）的下部，将其竖起。如果梯子（或圆木）太长而无法竖起，则要将竖起的圆木一端绑住结实的绳索，再依靠其他的支撑物将梯子（或圆木）竖起。尝试肩扛式搬运同伴练习。

» 图 7-1-17 抱圆木搬运

六、攀登和爬越练习

攀登和爬越是以手或手脚共同用力的方式向高处或低处攀爬的一种练习。攀登和爬越练习能发展力量和灵敏素质，对培养练习者的勇敢品质，提高生存能力和自救能力具有积极意义。

进行攀爬练习时，双手应握紧器械或物体，使身体重心靠近支点交替用力，并控制住身体重心，防止身体摇摆。选择攀爬练习时，可选择只用手的攀爬、手脚并用的攀爬、肩负同伴的攀爬等。攀登练习常用的器械有绳索、竿子、肋木、体操凳、梯子、柱子等。爬越练习一般在专用的横木、板墙上进行，也可以在高单杠上进行，还可以利用坚固的墙体与门窗等进行。

（一）攀登和爬越的基本练习

1. 爬垂直绳（竿）

爬垂直绳（竿）是用两手和两脚或只用两手用力引体向上攀爬至高处的一种练习。该练习的方法有三段法、两段法和只用手的爬绳（竿）。

（1）三段法：由直臂悬垂开始。第一段，两腿前屈，两脚、两膝夹住绳子（用一只脚的脚背和另一只脚的脚跟抵住绳向上攀登）；第二段，两腿伸直（蹬腿）同时屈臂；第三段，两手向上换握成开始姿势。用三段法攀登时，不仅臂肌和肩带肌要承受负荷，而且腿部肌肉也要承受负荷，所以上肢力量较差者可以采用该方法（图 7-1-18）。

三段法

（2）两段法：由单臂直臂悬垂、另一臂屈肘，手在下颌处握住绳子开始。

第一段：两腿前屈，两脚夹绳（同三段攀登法）；第二段：两腿伸直（蹬腿），在上的臂屈臂引体向上，在下的手向上换握绳子成开始姿

两段法

势，两脚仍夹紧绳子。用两段法攀爬时，上肢承受的负荷比三段法大（图7-1-19）。

» 图 7-1-18　三段法　　　　　　　　　　　　» 图 7-1-19　两段法

手脚并用的方法还有脚蹬在墙上攀登吊绳或同时攀登两根绳（两手握一根绳，两脚夹另一根绳或者是两手分别握两根绳，两脚夹一根绳或同时夹两根绳）。

（3）只用手的爬绳（竿）：由直臂悬垂开始，两臂引体，两手依次向上换握。攀登时，手臂所承受的负荷大，要求攀爬者上肢力量较强。

（4）停绳方法：包括立式绞绳、扣环绞绳和"8"字形绞绳。

① 立式绞绳：由直臂悬垂开始，绳子处于身体右侧。右腿经绳前向后绕，使绳子由前往后缠住右腿，左脚背由下缠紧绳子，两脚并拢，绳子紧贴右脚掌，然后绳子从左臂下穿过，两臂侧举（图7-1-20）。

② 扣环绞绳：由直臂悬垂开始，两腿夹绳前举，换单臂悬垂，另一手将绳从下绕过一只大腿，提起与下颌齐平时，与绳的上端并拢。也可以用绳子套住两腿绞绳（图7-1-21）。

③"8"字形绞绳：开始动作与扣环绞绳相同，但绳子下端先绕大腿一周，从两腿中间往下穿过，两手再拿起绳子下端绕另侧腿一周，从两腿中间往下穿过，使两腿都处在两个环套中，另一只手可以松开绳子（图7-1-22）。

实例：沿管道攀爬至高处。

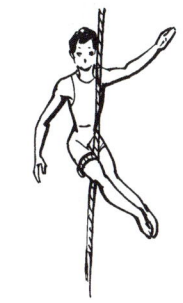

» 图 7-1-20　立式绞绳　　　» 图 7-1-21　扣环绞绳　　　» 图 7-1-22　"8"字形绞绳

2. 爬斜绳（竿）或横绳（竿）

爬斜绳（竿）或横绳（竿）是用两手握绳（竿）和身体其他部位挂绳（竿）由斜绳（竿）或横绳（竿）的一端爬行至另一端的一种练习。该练习的基本方法有挂膝法和挂踵法。

（1）挂膝法：由右手在前，左手在后握绳，以左腿腘窝挂绳姿势开始，左手于右手前换握绳，同时右腿在左腿前挂绳，左腿前举，向头的方向依次换握，挂膝前进（图 7-1-23）。

» 图 7-1-23　挂膝法

（2）挂踵法：与挂膝法相同，只是由脚跟依次挂绳（竿）。

实例：在小溪的对岸沿斜绳（竿）或横绳（竿）爬至本岸。

3. 荡绳

荡绳是用手抓握绳，两脚离地随绳摆荡，从某处荡至目的地的一种练习。该练习可分为摆荡和荡过两种。根据人体与绳的方向，又可分为向前荡绳、向后荡绳和向侧荡绳。荡绳练习对增强练习者手的握力、上肢拉力和腹背力量，以及提高协调性和控制身体姿势等有显著作用，也是野外生存的必备技能。

（1）摆荡：有两种做法，一种是脚不蹬地的摆荡，即利用身体姿势的变化来增大摆幅；另一种是脚蹬地的摆荡，其蹬地点可在绳的垂直下方，也可在一侧或两侧。

（2）荡过：是由一个极点开始，荡至另一个极点跳下（图 7-1-24）。

实例：荡绳过小溪。

4. 攀爬肋木

攀爬肋木是用手或手脚并用在肋木上进行的攀爬练习。该练习的基本方法有只用手的攀爬、手脚依次交换的攀爬、两手同时换握的攀爬和跳跃式的攀爬等。攀爬的线路可分为直线、斜线和曲线。此外，可采用攀爬肋木的方法，进行攀爬体操梯的练习。体操梯放置方式有垂直梯、横梯和斜梯。

实例：爬梯子至高处。

» 图 7-1-24　荡过

5. 爬越特定障碍物

爬越特定障碍物是利用两手和身体其他部位引体向上爬越过特定障碍物到达目的地的一种练习。在悬垂、支撑和由悬垂变为支撑、由支撑变为悬垂中都可进行爬越特定障碍物练习。爬越练习的器械有高单杠、双杠、跳跃器、平衡木、肋木、专用的板墙（图 7-1-25）和坚固的高窗等。

实例：遇火灾时从窗户爬出逃生。

» 图 7-1-25　爬越板墙

（二）攀登和爬越的组合练习

（1）攀上肋木—爬下肋木（接力游戏）。
（2）荡绳越过"壕沟"—转体放手落地，随之将绳荡回（接力游戏）。

（三）攀登和爬越的教法与学法提示

1. 掌握与体验

掌握手脚并用的爬垂直绳／竿、荡绳、爬越板墙等练习。爬垂直绳／竿教学时，先介绍爬绳中的停止方法（主要有立式、扣环式和"8"字形式），然后尝试三段式或两段式的爬绳方法。根据教学条件，体验攀爬肋木、爬越横木等练习，将攀爬练习运用在日常生活中。

2. 拓展与尝试

变换练习形式，如只用手的爬垂直绳，以挂膝式、挂踵式爬斜横绳／竿；采用挂膝爬越、引体拉上成支撑爬越（图7-1-26）和慢翻上爬越横木或板墙、爬横梯（图7-1-27）等；尝试两人合作的负重攀爬，如背人攀爬斜梯、肋木和绳子（图7-1-28）等。

» **图 7-1-26** 引体拉上成支撑爬越

» **图 7-1-27** 爬横梯

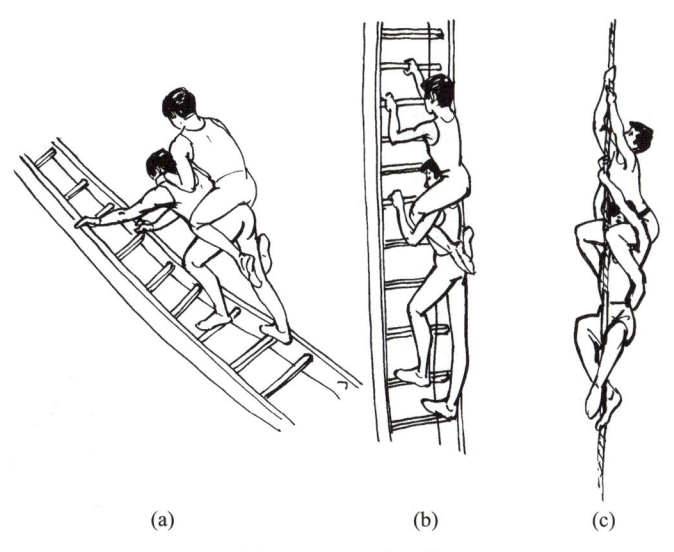

(a)　　　　　　　　(b)　　　　　　　　(c)

» **图 7-1-28** 背人攀爬

引体拉上成支
撑爬越

爬横梯

背人攀爬（a）

背人攀爬（b）

背人攀爬（c）

第二节　预防损伤的医疗保健体操与康复处方

　　我国古代医疗保健体操具有几千年的历史，由于种种原因，至今仅保留极少部分，如八段锦、十二段锦、易筋经等。随着大众健康意识的提高，现代医学科技的迅猛发展，医疗保健体操走进人们的视野，这就需要体育教师具备医疗体操基本知识与技能，指导学生科学预防与康复。

　　医疗保健体操是指为了达到预防和康复目的而专门编排的徒手、持轻器械或借助器械而进行的肢体运动和功能锻炼。体操是一项技术性较强的运动，动作的复杂性容易造成各类运动损伤。本节主要介绍核心肌群稳定的功能性动作，选择肩关节、膝关节和踝关节功能性动作，通过练习预防损伤。以下以肩关节、膝关节和踝关节损伤为例，介绍功能性康复处方。

一、预防损伤的医疗保健体操

（一）核心肌群稳定的功能性动作

　　核心肌群稳定功能性动作是指通过特定的练习，增强核心肌群的力量、耐力和稳定性，从而提高身体整体的功能性和运动表现。通过功能性动作练习，减少因核心肌群不稳定导致的运动损伤风险。核心肌群不仅包括腹部肌群，还涵盖了背部、臀部和髋部的肌群，这些肌群共同作用，维持身体的稳定和平衡。

屈肘俯撑组合
动作

　　1. 屈肘俯撑组合动作（图 7-2-1）

　　动作方法：屈肘 90° 俯卧撑，脚趾撑地，两手握拳，收紧腹部肌肉，保持头与脚跟成一条直线。从这一姿势开始，做两臂交替离地上举（手肘转换支撑）、两腿交替离地后举、同步做异侧腿后举和异侧臂离地上举、屈肘推成直臂俯卧撑、上体交替左右转动作。

注意事项：从简单的动作（两臂交替离地或两腿交替离地）开始，逐渐增加动作难度（异侧腿和臂离地、屈肘推成直臂俯卧撑、上体交替左右转）。练习时，保持均匀呼吸，不要屏住呼吸。

» **图 7-2-1** 屈肘俯撑组合动作

2. 站立波速球抛接球（图 7-2-2）

动作方法：将波速球平面朝上放置地上，两脚与肩同宽站在波速球上，两手持药球或轻质球，收紧核心肌群，保持背部挺直，将球向上抛起后接球、向前抛接球（同伴帮助）。

注意事项：可以增加难度，如抛向墙壁再接球等。练习时，需时刻注意保持身体的稳定性，以防跌倒，在练习过程中保持均匀呼吸，不要屏住呼吸。

站立波速球抛接球

» **图 7-2-2** 站立波速球抛接球

（二）肩关节、膝关节和踝关节功能性动作

1. 肩关节

通过某些有针对性的动作练习，旨在增强肩关节功能，减少肩部僵硬和不适，改善肩关节灵活性，增强肩部肌肉伸展性、稳定性和协调性，预防肩部损伤，提高肩关节的运动表现。

（1）体操棍转肩（图 7-2-3）

动作方法：开立，双手持体操棍（或木棍），双手之间的距离稍比肩宽。保持双臂伸直，缓慢将木棍向前经上绕过头部至背后，然后还原。如果肩关节灵活性较好，可以尝试适当缩短两手握木棍的距离。

体操棍转肩

动作过程中保持均匀呼吸，不要屏住呼吸。

注意事项：动作应平稳流畅，避免快速或突然的移动，感到轻微的拉伸感是正常的，但如果出现疼痛或不适，应立即停止。

（2）肩棒式外旋（图7-2-4）

肩棒式外旋

动作方法：开立或坐姿，保持背部挺直，左臂前举屈肘外旋，左手反握体操棍（或木棍）一端，右臂下内举，右手正握体操棍另一端开始，缓慢做体操棍向外旋转使肩关节外旋，直到感到肩部有轻微的拉伸感，经短暂保持这个姿势，然后缓慢回到起始位置。两臂交换练习。

注意事项：练习前，建议进行适当的热身活动，如慢跑或其他动态拉伸，以增加肌肉温度，动作应平稳，避免快速或突然的外旋动作。

» 图7-2-3 体操棍转肩　　　　　　» 图7-2-4 肩棒式外旋

2. 膝关节

通过特定的练习，改善下肢核心肌群的力量、稳定性、灵活性和协调性，提高身体的协调性和控制力。选择的动作主要围绕能直接或间接支持或增强膝关节核心肌群，并通过提高这些肌群的协同工作，提升膝关节的功能性。

（1）单腿站立勾绷脚尖（图7-2-5）

单脚站立勾绷脚尖

动作方法：开立，两手叉腰，背部挺直，收紧核心肌群，保持身体稳定，一腿前举，勾脚尖，举到一定高度后，保持几秒，然后缓慢放下（绷脚尖），再换另一腿练习。

注意事项：完成动作过程中要求膝关节伸直，勾绷脚尖充分，缓慢进行，以充分锻炼肌肉。

（2）单脚站立屈转上体（图7-2-6）

单脚站立屈转上体

动作方法：开立，两臂侧举（掌心向上），右脚站立（支撑腿），左腿离地后举，上体前屈右转，左手触右脚面，缓慢还原，再换另一腿做。

注意事项：在整个过程中核心肌群要控制身体稳定，避免突然的、不受控的动作，从而提高膝关节核心力量和稳定性。

» 图 7-2-5 单腿站立勾绷脚尖

» 图 7-2-6 单脚站立屈转上体

3. 踝关节

通过踝关节功能性动作练习，不仅能够提高运动表现，还能有效预防踝关节扭伤及其他损伤，增强踝关节的力量、稳定性、灵活性和协调性。

（1）站立平衡板移控重心（图 7-2-7）

动作方法：开立，站在平衡板上，维持身体平衡，避免板的一端触地。稍蹲，人体重心做向前、后或左、右倾斜，进行移控重心练习，可根据练习者实际情况，增加倾斜幅度。

站立平衡板移控重心

注意事项：练习时应保持上体稳定，收紧核心肌群。

（2）提踵弹动（图 7-2-8）

动作方法：开立，缓慢提踵，做快速上下弹动，弹动过程脚后跟不能落地。

提踵弹动

注意事项：练习时避免不受控的动作，保持上体稳定，练习中保持均匀呼吸，不要屏住呼吸。

» 图 7-2-7 站立平衡板移控重心

» 图 7-2-8 提踵弹动

二、损伤后的功能性康复处方

（一）疼痛管理

缓解疼痛除可采用热敷、冷敷、按摩、物理治疗等手段外，在康复阶段，还可通

过医疗体操中的康复处方动作来帮助恢复身体功能，帮助疼痛者恢复日常活动和运动能力，减轻疼痛对生活和心理的负面影响。

（二）功能性康复处方

康复处方是指通过特定的动作，促进血液循环、缓解肌肉紧张、恢复受损组织的功能和力量来缓解疼痛的方案。在康复体操练习中，针对不同的损伤类型，可以采用有针对性的康复处方，进行功能性康复，以恢复身体的功能和稳定性。下面主要介绍肩部、腰部、膝关节和踝关节损伤的康复处方。

1. 肩袖损伤功能性康复处方

肩袖是位于三角肌下面的一层肌肉，由一块冈上肌、两块冈下肌，以及一块小圆肌共同构成。由于这4块肌肉缝起来形状像个袖套，因此称为肩袖。

（1）徒手做直臂举屈臂旋（图7-2-9）：开立，两臂做轻微幅度的前上举、后举、侧举、前内举，屈肘做内旋、外旋等。以上综合练习做10~15次，可重复3组，伤者应根据损伤程度，加大活动幅度。该练习可以增加肩关节活动幅度，提高灵活性。

» **图7-2-9　徒手做直臂举屈臂旋**

（2）使用抗阻弹力带做直臂举屈臂旋（图7-2-10）：使用抗阻弹力带，练习方法同徒手做直臂举屈臂旋动作，以上综合练习做10~15次，可重复3组。该练习可以加强肩部周围的小肌肉力量，减少对肩袖的压力。

（3）跪撑异侧手与脚交替离地（图7-2-11）：跪俯卧撑姿势，收紧腹部肌肉，做膝慢慢离地，用两手掌和脚趾支撑体重，做一只手和异侧脚离地交替平衡动作，可练习30秒，重复3组。该练习可以提高肩关节稳定性及灵活性。

» **图 7-2-10** 使用抗阻弹力带做直臂举屈臂旋

» **图 7-2-11** 跪撑异侧手与脚交替离地

使用抗阻弹力带做直臂举屈臂旋一　使用抗阻弹力带做直臂举屈臂旋二　使用抗阻力带做直臂举屈臂旋三　跪撑异侧手与脚交替离地

2. 腰部损伤功能性康复处方

（1）肩膝对异扭转（图 7-2-12）：从直角坐开始，屈右腿，右脚掌放在左膝外侧，左手扶右膝，右手撑地，左肩带动上体与右膝做对异扭转动作，然后换另一侧做。该练习单侧做 30 秒后交换，重复 3 组。该练习可以改善腰椎活动度，帮助放松腰部肌肉，增加脊椎的可动范围。

肩膝对异扭转

（2）使用泡沫轴仰卧转髋（图 7-2-13）：仰卧，两脚平放在泡沫轴上，两臂侧举。收紧腹部和臀部肌肉，抬起臀部形成从肩部到膝关节一直线姿势，保持 1~2 分钟后慢慢放下，再做抬起臀部转髋动作，重复 3~5 次。该练习可以增强腰部肌力。

使用泡沫轴仰卧转髋

» **图 7-2-12** 肩膝对异扭转　　» **图 7-2-13** 使用泡沫轴仰卧转髋

吸气拱背呼气沉腰

（3）吸气拱背呼气沉腰（图7-2-14）：跪撑开始，吸气拱背（猫式），头和尾骨向下；呼气沉腰（牛式），头和尾骨向上。每个动作保持4~5秒，重复10~15次。该练习可以提高腰椎稳定性及灵活性。

» **图7-2-14** 吸气拱背呼气沉腰

3. 膝关节损伤功能性康复处方

拉伸股四头肌

（1）拉伸股四头肌（图7-2-15）：左脚站立，右腿后举上屈，左臂前上举，右手抓右踝，将踝关节拉向臀部，直到感觉到大腿前侧有轻微的拉伸感，保持15~30秒，换另一腿做。该练习可以改善膝关节活动度。

（2）拉伸腘绳肌（图7-2-16）：站立，将脚放在合适高度的台阶或椅子上，膝关节保持伸直，上体前倾，直至感到后腿腘绳肌（大腿后侧）有轻微的拉伸感，保持15~30秒，换另一腿做。也可以坐姿练习。该练习可以改善膝关节活动度。

» **图7-2-15** 拉伸股四头肌   » **图7-2-16** 拉伸腘绳肌

拉伸小腿

（3）拉伸小腿（图7-2-17）：面对墙站立（约一大步距离），左脚前出成弓步，右脚跟不离地，两手扶墙，身体向前倾斜，直到感受到后脚跟腱处有温和拉伸，保持20~30秒，重复3~5次，然后换另一腿做。该练习可以改善踝关节活动度。

（4）普拉提蹲（图7-2-18）：从小开立开始，半蹲，两臂前举（掌心相对），臀部稍后推（如坐在看不见的椅子上），保持背部挺直，膝关节不要超过脚趾，保持

5~6秒，然后站立，重复 10~15 次。该练习可以增强膝部肌力。

普拉提蹲

» **图 7-2-17**　拉伸小腿　　　　　» **图 7-2-18**　普拉提蹲

（5）屈腿仰卧挺髋抬腿（图 7-2-19）：屈膝仰卧，两臂放在身体两侧，收紧腹部和臀部肌肉，抬起臀部，用脚和肩臂支撑，使肩、髋、膝形成一直线，抬起一条腿，保持 5~6 秒，慢慢放下腿，换另一腿抬起，重复 10~15 次。该练习可以增强膝部肌群肌力。

屈腿仰卧挺髋抬腿

» **图 7-2-19**　屈腿仰卧挺髋抬腿

（6）半蹲抖膝（图 7-2-20）：从开立开始，半蹲，两臂前举（掌心相对），臀部稍后推（如坐在看不见的椅子上），保持背部挺直，膝关节不要超过脚趾，做快速小幅度的膝关节内外轻微抖动，保持 30秒，做 3~5 组。该练习可以提高膝关节稳定性及灵活性。

半蹲抖膝

（7）单脚站立平衡屈伸腿（图 7-2-21）：站立，左腿抬起，控制大腿高度，小腿做屈伸动作，两臂侧举（掌心向前），上体保持平衡，重复 10~15 次，换另一腿做。该练习可以提高膝关节稳定性及灵活性。

单腿站立平衡屈伸腿

» **图 7-2-20**　半蹲抖膝　　　　　» **图 7-2-21**　单腿站立平衡屈伸腿

拉伸腓肠肌和比目鱼肌

踝绕旋

4. 踝关节损伤功能性康复处方

（1）拉伸腓肠肌和比目鱼肌（图7-2-22）：利用台阶站立，左腿稍屈，右脚趾站立于台阶边缘，脚跟下沉，感受小腿后侧肌肉的拉伸，保持5~6秒，重复3~5次，换另一腿做。该练习可以改善踝关节活动度。

（2）踝绕旋（图7-2-23）：坐椅子上，抬起脚踝做绕旋动作，先顺时针绕旋4~5次，再逆时针绕旋4~5次，每个方向重复10~15次。该练习可以改善踝关节活动度和灵活性。

» 图 7-2-22 拉伸腓肠肌和比目鱼肌

» 图 7-2-23 踝绕旋

蹬踩弹力带

（3）蹬踩弹力带（图7-2-24）：从直角坐开始，用弹力带固定在右前脚掌上，左腿屈膝，两手抓握弹力带两端，脚趾向下用力蹬踩弹力带，然后慢慢回到起始位置，再做踝关节向内翻、向外翻蹬踩弹力带，重复10~15次。该练习可以增强踝关节肌力。

» 图 7-2-24 蹬踩弹力带

提踵平衡

单脚站立闭眼平衡

（4）提踵平衡（图7-2-25）：开立，两臂向前屈肘，慢慢做提踵动作，保持几秒后再慢慢落踵，重复10~15次。该练习可以提高膝关节稳定性及灵活性。

（5）单脚站立闭眼平衡（图7-2-26）：闭眼站立，左腿抬起，上体轻微左右偏离，但仍力图保持平衡，做20~30秒，然后换另一腿做。该练习可以增强踝关节力量。

» 图 7-2-25　提踵平衡　　　　　» 图 7-2-26　单脚站立闭眼平衡

第三节　实用类体操练习的注意事项

实用类体操内容丰富，应用广泛。组织与选择实用类体操练习，一方面具有锻炼身体的作用，另一方面可发展学生的生活与生存技能。由于实用类体操练习有的具有一定的危险性，教法与学法不当，可能存在安全隐患，所以在教与学中应注意如下几方面。

一、遵循由易到难原则

练习时，应充分估计某项练习的难度。例如，在平衡类练习中，选择站立与行走的高度要适宜；投掷练习中，实物的重量与投掷的距离要适中；攀登与爬越练习中，应规定攀爬的高度；搬运练习中，搬运实物的重量要适合对象特点；预防损伤的医疗体操练习中，使用体操棍转肩，两手握棍距离先大后小、慢速进行。

二、善于调整运动量

练习时，应善于调整运动量。例如，在走、跑和跳类练习中，尤其是跑和跳时应注意控制练习的距离、速度和次数；攀登与爬越练习中，要掌握攀爬的速度、高度与练习的次数。

三、定期检查教学设施

对校内体育设施资源要设立定期检查的制度。对存在安全隐患的设备，应及时维修或更换。例如，爬绳、爬竿、肋木、平衡木、浪木等，应定期检查是否牢固。利用校外自然资源进行实用类体操教学时，应事先考察，确认无安全隐患，方可使用。

四、加强帮助与保护

运用帮助与保护是确保练习安全的有力措施。尤其在进行较难动作的教学中，教师应确保各项练习有安全保障，要教会学生相互间的保护与帮助和自我保护的方法，让学生不但具备安全意识，还能将其转化为实际的安全行为。例如，在较高的器械上练习，一定要有人看护；感觉身体不适（如头疼等）时，应及时中断练习。

五、注意掌握好练习方法

教学中，练习方法是师生都应当关注的问题。练习方法不当，不仅存在安全隐患，而且做动作费力。例如，练习者没有掌握好停绳和爬绳方法，爬绳至一定高度后，两臂力量耗尽，撒手掉下，就会产生危险；投掷练习时，抛接物体前应判断好物体抛起的高度与远度，并在接物体时做好缓冲动作；搬运实物时，应将实物靠近身体，减少重力臂，使搬运省力；爬行时，应使身体尽量靠近地面，减少两臂的用力；采用功能性康复处方中的吸气拱背（猫式）、呼气沉腰（牛式）训练时，注意呼与吸的方法等。

思考与实践"

① 举若干实例说明实用类体操在生活、生存中的运用。

② 结合生活实际，谈一谈如何开发与利用实用类体操内容资源？

③ 预防损伤的医疗体操中核心肌群稳定的功能性动作有哪些？

④ 如果他人踝关节发生损伤，你能采用功能性康复处方，帮助其进行功能性康复吗？

⑤ 在实用类体操练习时应注意哪些事项？

第八章　体操体能训练

内容提要

本章简要介绍体能训练的概念、分类、内容，阐述体操体能训练的常用手段、注意事项和关键要素，并介绍身体主要部位体操专项体能训练方法。

学习目标

1. 了解体能训练的概念、分类、内容。
2. 掌握体操体能训练的常用手段、注意事项和关键要素。
3. 知晓身体主要部位体操专项体能训练方法，并能够利用课余时间进行训练。

第一节　体能训练概述

一、体能的概念

体能是以人体三大供能系统的能量代谢活动为基础，通过骨骼肌系统表现出来的基本运动能力。体能是人体活动基本能力的表现，是人体各器官、系统功能在运动中的综合反映。人体各器官、系统的机能在身体活动中表现出来的能力包括力量、速度、柔韧、耐力和灵敏等基本身体素质，以及人体的基本活动能力和运动能力（如走、跑、跳、投掷、攀登、爬越、悬垂和支撑等）。体能的发展程度是衡量体质水平的一个重要标志，也是人类从事不同活动所需要的多种身体能力的综合表现。

二、体能的分类

依据体能的范围、性质、对象，结合上述体能的概念和体能针对的对象及实际需要，可将体能分为两大类，一类是与竞技运动有关的竞技体能；另一类是与健康有关的健康体能。竞技体能是指运动员机体的运动能力，是竞技能力的重要组成部分，运动员的体能水平主要通过力量、速度、柔韧、耐力和灵敏等运动能力表现出来。人体具备充沛的精力从事日常工作（学习）而不感到疲劳，同时有余力享受休闲活动的乐趣，能够适应突发状况的能力被称为健康体能，健康体能主要包含身体成分、心肺功能、肌肉适能、柔韧性等要素。

三、体能训练的内容

体能训练的内容包括运动素质训练、身体机能训练和专项所需的身体形态训练等。

从体能训练与专项的关系上来看，体能训练具有阶段性，包括一般体能训练、专项体能训练以及综合体能训练三个阶段（或层次）。一般体能训练在青少年时期最为重要，是整个运动训练过程中打基础的重要阶段，这一阶段的主要特点是使青少年运动员各方面全面发展，特别是基本运动素质和能力发展方面，通过采用多样化的训练方法，最大程度上提高各项运动器官的机能，改善运动员身体形态。专项体能训练是根据专项体育运动特点以及运动员自身身体素质，制订科学合理的、与专项体育运动紧密联系的训练方案，在保障运动员掌握专项技战术的同时，充分发展运动员自身与专项体育运动相关的专项素质，以便在竞技比赛中取得优异成绩。一般体能训练和专项体能训练相结合的体能训练即为综合体能训练。因此，体能训练是一种多因素、多层次、动态的科学训练。

（一）力量素质

力量素质是指肌肉在用力过程中克服或对抗阻力的能力。力量素质主要有4种：相对力量、速度力量、力量耐力和静力力量。

（二）速度素质

速度素质是指人体快速运动的能力。包括人体快速完成动作的能力和对外界信号刺激快速反应的能力，以及快速位移的能力。速度素质包括反应速度、动作速度和移动速度。反应速度是指人体对各种信号刺激快速应答的能力。动作速度是指人体或人体某一部分快速完成某一动作的能力。移动速度是人体在特定方向位移的速度。

（三）耐力素质

耐力素质是指有机体坚持长时间运动的能力。按人体的生理系统分类，耐力素质可分为肌肉耐力和心肺耐力。肌肉耐力也称为力量耐力，心肺耐力又分为有氧耐力和无氧耐力。有氧耐力是指机体在氧供应比较充足的情况下，坚持长时间工作的能力。无氧耐力也称为速度耐力，它是指机体以无氧代谢为主要供能形式，坚持较长时间工作的能力。

（四）柔韧素质

柔韧素质是指人体关节在不同方向的运动能力以及肌肉、韧带等软组织的伸展能力。可以分为一般柔韧素质和专门柔韧素质。柔韧素质与人体关节活动幅度的大小和跨过关节的韧带、肌腱、肌肉等的延展性有关。对一般人来讲，柔韧性下降主要出现在躯干和下肢，因此，坐位上体前屈是测定柔韧素质的主要方法。

（五）灵敏素质

灵敏素质是指人体在各种突然变换的条件下，快速、协调、敏捷、准确地完成动作的能力。它是人的运动技能、神经反应和各种身体素质的综合表现。发展灵敏素质可采用球类运动、折线跑、十字变向跑、游戏等方法。

对体操专业学生来说，选择体能训练内容比普通健身人群要求更高，更加偏重于对学习体操技术动作的需要，有针对性地选择体操体能训练的手段，以便科学地发展学生的体能。

第二节　体操体能训练的常用手段与注意事项

体操体能训练是针对体操项目的特点和要求，运用各种专门的训练方法和手段，来提高体操练习者身体素质的过程。体操体能的要求比普通健身人群要求更高，更加偏重于专项的需要。有针对性地采取体操体能训练手段，并在训练中注意相关问题，可科学地发展体操练习者的体能。

一、力量素质训练

（一）主要手段

（1）负重抗阻力练习：运用杠铃、哑铃、壶铃等训练器械，加大练习者的运动负荷，是力量素质训练最常用的手段，可用于机体任何一个部位肌肉力量的训练。

（2）对抗练习：通过双人顶、推、拉等运动形式，依靠对抗双方以短暂的静力作用发展力量素质。对抗性练习不需要任何训练器械和设备，又可以引起练习者的兴趣。

（3）克服弹性物体练习：通过使用拉力器、拉橡皮带等形式，依靠弹性物体形变而产生的阻力发展力量素质。

（4）利用力量训练器械的练习：利用力量训练器械，可以使身体处在各个不同的姿势（坐、卧、立等）进行练习，可直接发展运动时所需的肌肉力量，使锻炼具有针对性。

（5）克服外部环境阻力的练习：如沙地和草地跑、跳练习等。做这种练习往往在动作结束阶段所用的力量较大，每次练习要求不用全力，动作要轻快。

（6）克服自身重力的练习：如引体向上、推倒立、纵跳、爬绳（爬竿）等。这类练习均由四肢的远端支撑完成，迫使机体局部承受体重，使机体局部的力量得到发展。

（7）电刺激：用电刺激发展肌肉力量是将电极放置于肌肉的起止端，电流强度以人体不感觉到痛苦为宜。经过刺激后，肌肉体积没有明显增大，脂肪减少，力量得到提高。

体操练习者力量练习的重点部位：上肢及肩带，躯干的腹肌、背肌和侧腰肌，下肢的快速力量肌群等。

（二）注意事项

1. 力量素质的发展要全面而有重点

在发展力量素质的过程中，一方面应使四肢、肩、腰、腹、背、臀等部位的大肌群和主要肌群得到锻炼，另一方面也要注意发展那些薄弱的小肌群的力量和被动肌群的力量。因为体操运动中的许多动作是很复杂的，需要身体各个部位许多大小不同的肌群协同工作才能完成，所以发展不同类型的力量素质并不意味着面面俱到，平均发展，应该在全面发展的基础上针对项目特点有所侧重。

2. 紧密结合项目特点和专项技术安排力量训练

不同的体操动作有不同的技术结构，参加工作的肌群力量也不同。每一个力量练习动作都有各自的技术规格要求，练习者只有按照技术规格要求去操作，才能够发展肌群的力量。否则，技术动作变了样，参与活动的肌群也就有所改变，就势必影响力量训练的效果。例如，腿部力量、爆发力训练要针对瞬间起跳的特点来设计，采用跨步跳、障碍跳及双摇跳绳等都是很好的踝关节弹性训练手段。

3. 进行力量练习时，要全神贯注，念动一致，注意安全

肌肉活动是在中枢神经系统的调节下进行的，练习时要全神贯注，使意念活动与练习动作紧密配合，并且在练习过程中要保持身体姿态的整体性，这样在训练中不仅可控制住姿态，更有助于肌肉力量得到训练。特别是进行大负荷练习时，不能说说笑笑，因为笑的时候肌肉最容易放松，如果力量练习的负荷过大，容易造成损伤。此外，在负荷重量较大时，应注意加强自我保护和互相保护。

4. 进行力量练习时，要掌握正确的呼吸方法

憋气有利于固定胸廓，提高腰背肌紧张程度，可适当增加负荷重量。但是用力憋

气会引起胸廓内压力升高，使动脉的血液循环受阻，而导致脑贫血，甚至产生休克。为了避免产生不良后果，力量练习时必须注意以下几点：

（1）当最大用力的时间很短，尤其在重复做用力不是很大的练习时，应尽量不憋气。

（2）避免用憋气来完成练习。对刚开始训练者，所给予的极限和次极限用力的练习不要太多，并让其学会在练习过程中有节奏地呼吸。

（3）在完成力量练习前，不应做最深的吸气，因为力量练习时间短暂，吸的气并不会立即在练习中产生作用。相反，深度吸气增加了胸廓内的压力，此时如再憋气就可能产生不良反应。

（4）用狭窄的声带进行呼气，也可达到与憋气同样大的力量指标。因此，做最大用力练习时，可采用慢呼气来协助完成最大用力练习。

5. 要采用大负荷与循序递增负荷进行训练

大负荷训练一般要采用个人所能承受的最大负荷或接近最大负荷来进行训练。因为采用大负荷能迫使肌肉进行最大收缩，能刺激人体产生一系列的生理适应变化，从而增加肌肉力量。因此，大负荷练习时，应采用较多次数或组次进行训练。当力量增长后，必须注意循序渐进递增负荷。

6. 练习时要使肌肉充分拉长和收缩，练习后要使肌肉充分放松

每次练习时应使肌肉充分伸展拉长，然后再收缩，动作幅度要大，因为肌纤维被拉长后可以增大收缩力量，同时又可以保持肌肉良好的弹性和收缩速度。力量训练后，肌肉常常会充血并胀得很僵硬，这时应该做一些与力量练习动作相反的拉长动作，或者做些按摩和抖动，使肌肉充分放松，这样既可以加速消除疲劳，又有助于保持肌肉良好的弹性和收缩速度。

7. 力量素质训练要系统科学安排、不间断

研究表明，力量增长得快，停止训练后消退得也快。如果停止力量训练，已获得的力量将会按增长速度的三分之一消退。通过训练获得的力量，停止训练后虽然会逐渐消退，但一部分力量会保持很久，甚至会永远保持下来。发展力量素质练习不宜在疲劳的状态下进行。这种状态下的练习不是发展力量，而是发展耐力。实验证明，对刚开始训练者，每周 3 次力量训练要比 1~2 次或 5 次的效果更好。

二、速度素质训练

（一）主要手段

（1）位移速度训练：30~60 米快速跑；下坡跑、上坡跑；扶肋木或墙后蹬跑、

高抬腿跑等。

（2）专项技术速度训练：俯撑快速推起击掌，俯撑 10 米快速爬行，对墙快速摆倒立，快速仰卧起坐或俯卧两头起；连续侧手翻、后手翻，连续快速的前手翻、后手翻等。

（二）注意事项

（1）依据训练时间、训练内容和运动负荷三个方面来确保速度素质训练的有效性。选择练习者技术成熟的动作，以最快的速度重复完成。

（2）由于速度素质不易转移，因此要尽可能地选用专项动作本身作为练习内容。

（3）速度素质训练要多样化和多元化，要以游戏或竞赛的形式来提高练习者中枢神经系统的兴奋水平。

三、耐力素质训练

（一）主要手段

（1）一般耐力：发展心肺耐力时，可用 300 米、400 米跑等锻炼无氧耐力；用 1 500 米以上的有氧耐力跑或计时跳绳等锻炼有氧耐力。发展力量耐力时，可用多组重复力量动作。例如，双杠摆动双臂屈伸、肋木举腿、仰卧两头起、俯卧两头起、靠墙倒立等。

（2）专项耐力：专项耐力训练时，可对基本动作或基本难度动作进行多次重复练习。例如，双杠支撑摆动手倒立、连续支撑摆动、后倒屈伸上；技巧的连续前手翻、后手翻，以及联合动作或成套动作多组重复练习。

（二）注意事项

（1）一般耐力与专项耐力的训练比例根据不同训练内容和不同对象有所区别。

（2）专项耐力应从有氧训练开始。

（3）专项耐力训练应该达到并超过比赛的量和强度。

四、柔韧素质训练

（一）主要手段

柔韧性训练基本上采用拉伸法，分为动力拉伸法和静力拉伸法。在这两种方法中又都有主动拉伸和被动拉伸两种不同的训练方式。

1. 主动拉伸

主动拉伸是指主要依靠收缩肌的力量，而不是其他外力使动作保持在某一特定位置。主动拉伸又分弹性拉伸和动力拉伸。

（1）弹性拉伸：是指运用练习者的身体或肢体的惯性，尽力使关节的运动幅度超过最大运动幅度的拉伸方式。例如，上体前屈，用手连续触摸自己的脚趾；背向肋木，双手抓肋木做连续上体前屈。

（2）动力拉伸：是指在运动中拉伸肢体，并逐渐加大动作幅度和动作速度。动力拉伸应主动控制肢体的动作，缓慢到达动作的最大幅度，不宜出现弹性或爆发性动作。例如，慢速、有控制地扩胸运动或踢腿动作。动力性拉伸可以提高动力性柔韧度，常作为热身活动的一项内容。

2. 被动拉伸

被动拉伸是指利用自身体重或器械及同伴使肢体保持在一定的伸展位置。例如，将腿举起，然后通过手的助力使其保持在某一位置。缓慢、放松的拉伸不仅对缓解肌肉痉挛有一定作用，还能降低神经和肌肉的兴奋性，是一种在课结束时采用的放松方法。

3. 等长拉伸

等长拉伸是指肌群被拉伸后进行的等长收缩。等长拉伸有助于提高"紧张"肌的力量，同时拉伸引起的肌肉疼痛也较小，因此可能会引起肌腱和结缔组织的损伤。练习中可以借助自己的肢体、器械（如墙、场地）或同伴提供阻力。等长拉伸不适合正处于生长发育期的儿童和少年。

等长拉伸的正确方法是：选择合适的肌肉，然后使被拉伸的肌肉保持紧张状态7~15秒，最后使肌肉放松至少20秒。

4. PNF拉伸

PNF是指等长拉伸后放松，再等长拉伸的一种方法。PNF（proprioceptive neuromuscular facilitation）是本体感神经肌肉易化法的英语首字母缩写。PNF不仅是一种拉伸方式，也是在综合被动拉伸和等长拉伸的基础上发展起来的最大静力性柔韧练习方法。在神经肌肉本体感受作用过程中，肌群首先被动拉伸，然后进行等长收缩，之后再增加动作幅度进行被动拉伸。该练习方法要求利用同伴提供阻力进行等长收缩，然后被动性地增加动作幅度。

（二）注意事项

1. 柔韧与力量素质相结合

发展柔韧与力量素质，不仅可以避免或消除两者之间的不良迁移，而且有助于两种素质的协调发展。柔韧性练习后应注意放松练习，以使肌肉柔而不软、韧而不僵。

2. 注意柔韧性练习与温度、时间的关系

外界温度过高或过低，都会影响肌肉的状态和伸展能力。一般地说，当外界温度在 18℃ 时，有利于柔韧性的表现。在一天之内，早晨柔韧性明显要低，10—18 时可表现出较好的柔韧性。但这不等于早晚不能进行柔韧性练习，只要做好准备活动，一天之内任何时候都可以进行柔韧性练习。

3. 柔韧性练习应常抓不懈

柔韧性发展快，易见效，但消失也快，停止练习时间稍长一些，就会消失。因此，柔韧性练习要常抓不懈。如果处于专门提高关节活动度阶段，每天都要安排发展柔韧性练习。在全年训练的任何一个时期，都要安排发展或保持柔韧性的练习。

4. 柔韧性练习应循序渐进

发展柔韧素质训练时，特别要注意循序渐进，动作幅度要由小到大，用力要柔和，以防止撕裂和拉伤。在训练中还要注意与放松练习交替进行，防止因肌肉拉长而失去弹性和收缩能力。在大运动量后或在疲劳的情况下，不宜做柔韧性练习。

5. 注重发展儿童少年柔韧性

儿童少年与成年人相比，关节面角度大、关节面的软骨厚、关节内外的韧带较松弛等，因而，发展儿童少年的柔韧性较为容易。一般地说，要抓紧 7 岁以前进行柔韧性练习，力争在 12 岁以前使柔韧性得到较好的发展。此外，发展儿童少年的柔韧性应多用"缓慢式"和"主动"练习。这是因为儿童少年关节牢固性差，骨骼易弯曲变形，长时间用力掰、压等，容易造成关节、韧带的损伤和骨骼的变形，不利于促进其健康成长。少年在 13~16 岁生长发育较快，身高、体重明显增加，柔韧性下降，骨骼能承担的负荷较弱，易出现骨骼损伤。因此，要防止过分扭转肌肉和骨骼的活动，以免造成损伤。16 岁以后，可逐渐加大柔韧性练习的负荷量和负荷强度。

第三节　体操体能训练的关键要素

体能训练的核心要素是运动中人体的三维平衡和重心稳定。平衡是指人体无论处在何位置，运动或受到外力作用时，人体都能自动调整姿势并维持所需姿势的能力。平衡训练的基本原则是姿势的重心由低到高；偏离稳定位置的幅度由小到大；从维持静态平衡到动态平衡过渡；从大面积支持基底到小面积支持基底；在保持稳定的前提下逐步增加头颈、躯干和四肢运动；从睁眼活动逐步过渡到闭眼活动等。平衡性很好的体操练习者在运动中往往具有很好的协调性和控制能力。运动中的各种对抗、自身活动，以及空气阻力、摩擦力和地心引力等都会影响人体的平衡稳定性。现代体操体能训练的方法主要针对肌肉平衡、动态平衡、重心稳定性，三者之间的联系很紧密。

一、肌肉平衡

在体操训练中，肌肉训练计划的全面性至关重要。建构一个三维肌肉平衡计划是关键所在。该计划不仅要包括单关节运动，还要包括多关节运动，这将有利于提高练习者整体的运动能力与协调能力，防止受伤。

二、动态平衡

男子鞍马、吊环、双杠和单杠；女子高低杠、平衡木等器械项目都要求练习者在复杂精细的运动中保持平衡。例如，吊环练习时支点不固定；女子平衡木和男子鞍马对练习者的平衡控制能力要求相当高。因此，提高体操练习者动态平衡能力是体能训练的重要内容。

三、重心稳定性

在体操项目中，练习者的重心稳定包括静态稳定和动态稳定。静态稳定的稳定角一般较小。动态稳定的重心位移必须控制在精确的范围内，否则会造成动作失误或发生伤害事故。重心的稳定性要求将来自地面的力量传递到上肢，或将器械上握点的力量传递到躯干、下肢以获得身体运动的加速度。这种力量传递通常能够反映上下肢协调用力的能力。在日常体操训练时，必须对力量训练进行严格控制，否则会造成某一肌群的过度训练，忽视了肌肉的力量平衡。强壮的躯干是许多动作的动力来源，它可以使上下肢同步协调。因此，应该对躯干进行全方位训练以获得稳定和合理的身体姿势。当然，肌肉不是孤立工作的，只有当肌肉或上肢肌群有非常好的力量作为基础时，才能达到最佳的重心稳定性。

第四节　身体主要部位体操专项体能训练方法

体操体能训练的方法多种多样，身体主要部位的体能训练除一般体能训练方法（如采用杠铃、哑铃，或在联合器械上进行卧推杠铃、坐推杠铃、上臂屈伸和举哑铃等，发展肩带、上肢等力量的方法；采用杠铃负重进行下蹲、提踵，以及高抬腿跑、负重跑等发展下肢力量的方法）外，还包括学校体操教学与训练中常见的体操专项体能训练方法，本节重点介绍后者。

一、躯干

（一）仰卧伸髋

目的：发展臀大肌和腰腹肌力量。

方法：仰卧，双脚置于瑞士球上，然后向上挺髋至身体充分伸展，再慢慢把臀部放下（图8-4-1）。

» **图 8-4-1**　仰卧伸髋

要求：挺起速度快，放下速度慢。

（二）屈肘俯撑控体

屈肘俯撑控体

» 图 8-4-2　屈肘俯撑控体

目的：发展腹部肌群力量。

方法：屈肘俯撑，双脚背置于瑞士球上，身体控制成一直线（图 8-4-2）。

要求：核心肌群收紧，梗头。

（三）仰卧屈膝夹球转髋

仰卧屈膝夹球转髋

目的：发展转体和转髋肌群，以及腿部内收肌群的力量。

方法：仰卧，两臂侧举，掌心着地，屈膝约 90° 夹住瑞士球做左右转髋练习（图 8-4-3）。

要求：两臂和两脚相对固定，髋向左右转动。

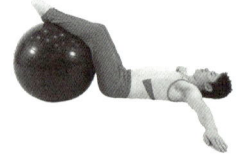
» 图 8-4-3　仰卧屈膝夹球转髋

（四）屈肘侧撑控腿

屈肘侧撑控腿

» 图 8-4-4　屈肘侧撑控腿

目的：发展腰侧肌群力量。

方法：单肘撑地，身体侧撑于地面，另一手臂侧举，腿举起保持一定时间（图 8-4-4）。

要求：核心肌群收紧，梗头。

（五）侧卧抬上体

目的：发展腰侧肌群力量。

方法：侧卧，练习者身体充分伸直，两手抱头后，同伴按住其腿部，练习者用腰侧肌群力量快速抬上体（图8-4-5）。

要求：身体不能松懈，梗头。

（六）仰卧两头起

目的：发展腹部肌群力量。

方法：仰卧，身体充分伸展，两臂上举，用腹部肌群力量快速屈体（图8-4-6）。如需增加难度，可以仰卧在瑞士球上练习。

要求：四肢充分伸直，手触脚面，快速完成动作。

» **图8-4-5** 侧卧抬上体   » **图8-4-6** 仰卧两头起

（七）俯卧两头起

目的：发展背部、臀部和大腿后部肌群力量。

方法：俯卧，身体充分伸展，两臂上举，快速做两头翘起，两臂和两腿同时离开地面，头和颈部保持自然姿势（图8-4-7）。如需增加难度，可以俯卧在瑞士球上练习。

要求：将背部和下肢作为一个整体进行练习。

» **图8-4-7** 俯卧两头起

（八）直角支撑

目的：发展腰腹肌群、大腿和手臂力量。

方法：直角坐，直臂撑起，臀部、双腿离开地面成直角支撑（图8-4-8）。初学者可以屈膝完成支撑。

要求：双脚并拢绷直，腰腹保持紧张。

直角支撑

» **图 8-4-8** 直角支撑

（九）高位俯卧抬上体

目的：发展背部、臀部和大腿后部肌群力量。

方法：将下腹部及大腿上部贴靠高垫或跳箱，保持上半身悬空，同伴按住练习者的双脚，随后进行抬上体练习（图 8-4-9）。上体抬起高度根据个人能力调控。

要求：练习时，上体抬起时速度快，还原时速度慢，抬上体至最高点稍停。

高位俯卧抬上体

» **图 8-4-9** 高位俯卧抬上体

（十）悬垂举腿

目的：发展腹部肌群力量。

方法：背向肋木悬垂，直腿向上举起（图 8-4-10）。举腿幅度根据个人能力调控。

悬垂举腿

 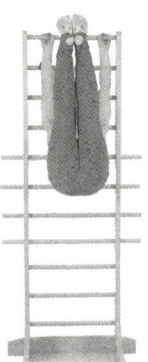

» **图 8-4-10** 悬垂举腿

要求：腿举起时速度快，还原时速度慢。

二、胸部和肩部

（一）撑球俯卧撑

目的：发展上臂后部和肩部肌群力量。

方法：俯撑，双手撑在瑞士球上，一腿后举，屈肘然后撑起身体（图8-4-11）。如需增加难度，可以双手撑地，双脚放在瑞士球上进行练习。

要求：练习时，不屈髋，保持平衡。

» **图 8-4-11　撑球俯卧撑**

（二）撑球扩胸

目的：发展胸部、肩带肌群力量，提高身体支撑和稳定能力。

方法：屈臂俯撑在两个瑞士球上，将两球向外侧滚动扩胸，直到在自己能够控制的动作幅度后还原（图8-4-12）。

要求：保持身体伸直。肩部有伤时勿做此练习。

» **图 8-4-12　撑球扩胸**

（三）推小车

目的：发展上肢、肩带肌群和腰腹肌群的力量。

方法：俯撑，含胸梗头，帮助者握住练习者双脚踝，随练习者一同前行（图 8-4-13 ）。

要求：收紧核心肌群，保持直体。

» 图 8-4-13　推小车

（四）俯撑推起击掌

目的；发展胸部和肩带肌群力量。

方法：屈臂俯撑，用力推地，使身体向上腾起，在临近最高点击掌，回落时双手撑地，屈臂缓冲（图 8-4-14 ）。如需增加难度，可将双脚放在瑞士球上练习。

要求：身体不能松懈，回落后一定要屈肘缓冲控制。

» 图 8-4-14　俯撑推起击掌

（五）直臂下压橡皮带

目的：发展前臂、上臂和肩带内收肌群力量。

方法：把橡皮带挂在高处，直臂下压橡皮带或单臂从侧上举开始做向异侧下压练习（图 8-4-15 ）。可逐步延长橡皮带支点距离，增加练习负重。

要求：含胸直臂压橡皮带。

278　第八章　体操体能训练

» **图 8-4-15** 直臂下压、侧内拉橡皮带

三、上肢

（一）引体向上

目的：发展肩带、臂部和上背肌群力量。

方法：正握悬垂，向上拉引身体（图 8-4-16）。如需降低难度，可在低单杠进行斜身引体向上练习。

要求：向上引体下颌超过单杠，身体不摆动。

» **图 8-4-16** 引体向上

引体向上

（二）单杠悬垂拉上成支撑

目的：发展上肢肌群力量。

方法：正握悬垂，引体至胸口平杠时，迅速翻腕立肘至双臂屈肘支撑在杠上，随后推直手臂成支撑（图 8-4-17）。初学时，可多做引体向上至胸口练习和在低杠上练习翻腕立肘动作，也可在高杠下放置

单杠悬垂拉上成支撑

跳箱，脚踩跳箱进行练习。

　　要求：动作连贯，身体保持绷紧。

» **图 8-4-17**　单杠悬垂拉上成支撑

（三）双杠水平悬垂引体向上

　　目的：发展上肢肌群力量。

　　方法：双手从外握双杠，双脚踝外侧搭在双杠上成水平悬垂，向上拉起身体后还原（图 8-4-18）。

　　要求：腰腹肌群收紧，向上拉起时不屈髋。

双杠水平悬垂引体向上

 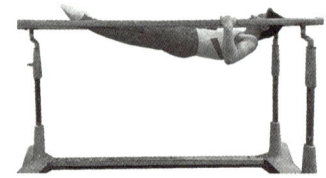

» **图 8-4-18**　双杠水平悬垂引体向上

（四）双杠挂臂撑压杠经屈臂撑推成支撑

双杠挂臂撑压杠经屈臂撑推成支撑

　　目的：发展上肢肌群力量。

　　方法：双杠挂臂撑开始，用力向前上方压杠，经屈臂撑推起成支撑（图 8-4-19）。

　　要求：控制身体不漏肩。

» **图 8-4-19** 双杠挂臂撑压杠经屈臂撑推成支撑

（五）双杠双臂屈伸

目的：发展肩带、肱三头肌等力量。

方法：直臂静止支撑在双杠上，向下屈臂（前臂与上臂夹角小于90°），随即向上推直手臂成支撑，连续重复练习（图8-4-20）。如需增加难度，可做摆动双臂屈伸。

要求：协调用力。做摆动双臂屈伸，适当控制摆动幅度。

» **图 8-4-20** 双杠双臂屈伸

（六）背对墙爬倒立

目的：发展上肢肌群力量。

方法：从背对墙站立开始，前倒成俯撑，前脚掌抵住墙面，随后双手向墙、前脚掌向上爬行至倒立（图8-4-21）。

要求：动作过程中始终保持顶肩，腰腹和臀部肌群收紧。

» 图 8-4-21　背对墙爬倒立

（七）推倒立

目的：发展上肢、肩袖肌群力量。

方法：在同伴帮助下，在倒立架上从手倒立开始，向下屈臂撑（前臂与上臂夹角尽可能小），随后迅速推撑至手倒立（图 8-4-22）。

要求：身体绷紧不塌腰。

» 图 8-4-22　推倒立

四、腿部、腰胯部、肩部的柔韧性训练

体操专项柔韧性训练的目的是发展腿部、腰胯部、肩部相关韧带、肌肉、肌腱及其他组织的弹性和伸展性，提高关节活动幅度。主要方法包括劈、压、踢、摆、搬、吊等。首先，要求练习者以正确的身体姿势进行练习；其次，应以完成体操各项技术要求选择练习内容；最后，练习中一般应先压、后踢，先主动、后被动，由小到大，由弱到强。体操专项柔韧性常见练习如下：

（一）压纵叉（图8-4-23）、压横叉（图8-4-24）

» 图 8-4-23　压纵叉　　　　　　　　» 图 8-4-24　压横叉

（二）前压腿（图8-4-25）、侧压腿（图8-4-26）、后压腿（图8-4-27）

» 图 8-4-25　前压腿　　　　　　　　» 图 8-4-26　侧压腿

» 图 8-4-27　后压腿

（三）前踢腿（图8-4-28）、侧踢腿（图8-4-29）、后踢腿（图8-4-30）

» 图 8-4-28　前踢腿

» 图 8-4-29　侧踢腿

» 图 8-4-30　后踢腿

（四）前搬腿（图8-4-31）、侧搬腿（图8-4-32）、后搬腿（图8-4-33）

» 图 8-4-31　前搬腿

» 图 8-4-32　侧搬腿

» 图 8-4-33　后搬腿

（五）前控腿（图8-4-34）、侧控腿（图8-4-35）、后控腿（图8-4-36）

» 图8-4-34　前控腿　　　» 图8-4-35　侧控腿　　　» 图8-4-36　后控腿

（六）外摆腿（图8-4-37）

» 图8-4-37　外摆腿

（七）内摆腿（图8-4-38）

» 图 8-4-38　内摆腿

（八）压肩（图8-4-39）、侧腰（图8-4-40）、体前屈（图8-4-41）

» 图 8-4-39　压肩　　　» 图 8-4-40　侧腰　　　» 图 8-4-41　体前屈

（九）负重体前屈（图 8-4-42）

» **图 8-4-42** 负重体前屈

（十）单杠吊肩（图 8-4-43)

» **图 8-4-43** 单杠吊肩

思考与实践"

❶ 体操体能训练中，力量素质训练应注意哪些事项？

❷ 为什么说三维平衡和重心稳定是体操体能训练的关键要素？

❸ 采用瑞士球进行身体不同部位体操专项体能训练，有哪些方法？

❹ 你能利用课余时间掌握 10 种以上体操专项体能力量训练的方法吗？

第九章 体操比赛的组织与欣赏

内容提要

本章阐述体操比赛的组织，介绍幼儿基本体操表演赛、队列队形、徒手体操、体操课程学生运动能力的评分方式、评分内容和欣赏的观测点，简要介绍竞技体操比赛一般常识，以及竞技体操比赛各项目欣赏的观测点等内容。

学习目标

1. 了解体操比赛的组织与运作，基本体操表演赛、列队形和徒手体操比赛、体操课程学生运动能力教学比赛欣赏的观测点，竞技体操比赛常识。

2. 知晓基本体操表演赛、队列队形和徒手体操比赛、体操课程学生运动能力教学比赛的评分方式和评分内容，学会制订队列队形和徒手体操比赛评分细则。

3. 从艺术属性角度掌握竞技体操比赛欣赏的主要观测点，提高审美能力。

第一节 体操比赛的组织

体操比赛是一项复杂而细致的工作，组织工作的好坏将直接影响比赛的运行质量。

一、比赛的组织机构

根据比赛规模的大小，成立相应的组织机构。对涉及参赛单位较多的比赛，通常由主办单位确定组委会人员的构成，一般包括主办单位负责人、赞助单位领导、有关专业知名人士和组委会总裁判长。对于规模较小或单位内部的比赛，组委会成员一般由单位有关领导、项目负责人和相关的后勤保障人员组成。组委会的组织结构如图9-1-1所示。

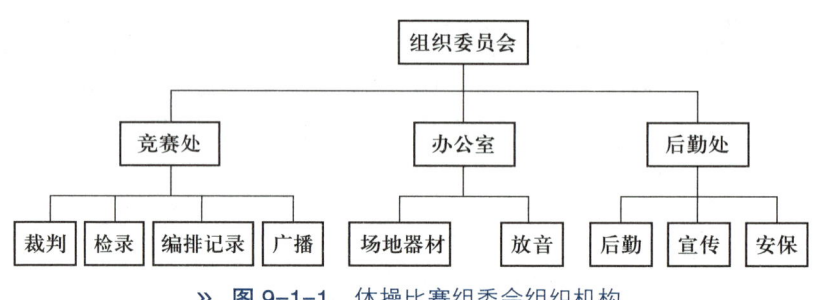

» **图 9-1-1**　体操比赛组委会组织机构

竞赛组织委员会负责人主要负责召开领队和教练员等有关方面的联席会议。其主要内容有：介绍比赛场地及有关筹备工作的准备情况；解释竞赛规程和评分规则等方面的有关问题；抽签决定比赛顺序和安排试用场地；研究和决定有关比赛的问题。

二、竞赛规程的制订

竞赛规程是比赛的重要指导性文件，无论比赛的规模大小都必须制订相应的规程；其文字应简明、准确，使参赛单位不致产生误解。竞赛规程根据比赛的规模和比赛动作的难易程度，一般应提前半年，最迟不少于 3 个月发到参赛单位和有关部门及领导，以便参赛单位提前做好参赛准备并安排好各项事宜。竞赛规程一般包括下列内容：

比赛的名称；比赛的指导思想；比赛的日期和地点；比赛的项目（内容）；参赛单位；运动员资格；参赛办法（组队要求、报名办法等）；比赛办法；评分办法；名次录取及奖励办法；报到的方式、日期、地点；其他（裁判员的选派办法，仲裁委员会的人员组成和职责范围、赛风赛纪、风险防控预案等）。未尽事宜由承办单位另行通知。

三、比赛的运作

（一）编印秩序册

在确定比赛顺序和比赛场次后，总记录组应尽快编印秩序册，其主要内容包括竞赛规程、组委会或竞委会、大会办事机构、技术代表、仲裁、裁判员、参赛单位、大会活动日程安排、竞赛日程、赛台训练安排、比赛顺序、参赛代表队统计表、比赛场地示意图等。

（二）组织裁判员学习

赛前首先由总裁判长或高级裁判组用 1~2 天的时间组织裁判员学习竞赛规程和评分规则，统一评分标准，现场观看赛台训练并进行试评，然后根据学习情况对裁判员进行裁判分工。

（三）召开领队和教练员会议

组织各领队、教练员、技术代表、仲裁、裁判长、编排长召开准备会议。

（四）做好场地、器械的准备工作

目前，大型体操比赛通常使用电子计时计分系统。如果没有使用电子计时计分系统，赛前应设计和准备必要的裁判员评分表、比赛成绩记录表等竞赛表格，做好场地布置、音响设备等后勤工作。同时，准备好必要的裁判评分用具。

（五）比赛与颁奖

为保证比赛的顺利进行，大会与裁判组工作要协调配合，统一指挥，衔接紧凑，确保记录算分准确无误和比赛紧凑进行。比赛结束应及时组织颁奖仪式，颁奖仪式应简短而热烈，以达到良好的宣传效果。

第二节　体操比赛与欣赏

一、幼儿基本体操表演赛

幼儿基本体操是 20 世纪 90 年代发展起来的项目。该项目对幼儿身心健康发展有着重要意义，能够有效提高幼儿基本身体活动能力，为其顺利进入小学学习生活打下坚实基础。此外，通过幼儿基本体操表演赛活动，吸引幼儿参与体操锻炼。

（一）一般要求

幼儿基本体操表演赛的运动员为男、女各 6 名 5~6 岁的幼儿（学龄前儿童）。

1. 规定动作表演

由主办单位指定每次比赛选用的幼儿基本体操规定动作。

2. 自编动作表演

指定 10 个规定动作编排为成套动作。例如，2009 年全国幼儿基本体操表演大会规则规定了 10 个动作。包括前滚翻或后滚翻、劈叉、仰卧起坐、肩肘倒立、桥（女）/立卧撑（男）、可扶持的站立平衡、左右踢腿各一次、单脚转体 360°、连续两次跳步、足尖步或跑跳步。根据以上 10 个动作编排成套动作。

3. 自编动作的表演时间

自编幼儿基本体操成套动作的表演时间为 3 分至 3 分 30 秒。时间不足或超过时间分别扣 0.2 分，时间的计算以入场后，成套动作开始计时，动作结束停表。全套动作开始前和结束后，要有 4 拍的停顿或间隔，并各有两个 8 拍的出场和退场（形式任选，不予计时）。

4. 音乐的选择

幼儿基本体操规定动作音乐由主办单位统一提供。自编幼儿基本体操表演音乐，选择的素材要适合儿童特点，选择儿童容易理解的乐曲。

5. 场地要求与出界扣分

自编幼儿基本体操的全套动作必须在 12 米 ×12 米的场地内进行，每越出场地一次扣 0.1 分。

（二）评分介绍

幼儿基本体操成套动作评分由编排裁判组和完成情况裁判组构成。各裁判组最高分为 10 分，各队满分为 20 分。

1. 编排评分

自编幼儿基本体操 10 个全套规定动作占 3 分，编排的合理性占 7 分。

编排成套幼儿基本体操动作要求：

（1）应根据幼儿的特点选择体操中有利于生长发育的基本动作。

（2）根据规程和规则的要求创编动作。

（3）根据幼儿的身体素质条件、训练周期等实际条件选编。

（4）选择音乐并根据音乐的段落创编成套动作。

编排幼儿基本体操应注意如下事项：

（1）动作选择应简单易学，能全面影响身体的各个部位。

（2）成套动作分布要合理。

（3）动静结合，动作快慢高低起伏要有变化。

（4）动作之间的过渡要自然。

（5）队形的变化要快捷巧妙清晰。

（6）音乐要优美动听，适合幼儿特点。

（7）不得选择以下 5 种动作：① 容易造成局部负担过重，引起局部损伤的静止用力动作，如手倒立、头手倒立、胸倒立、分腿或直角支撑、后滚翻推成手倒立等；② 前手翻、后手翻、单臂侧手翻、后软翻成手倒立、空翻、鱼跃前滚翻动作；③ 动作着地冲击力过大，没有缓冲余地而造成幼儿关节损伤或挫伤的着地动作，如跳起用膝着地成跪姿、站立前扑成俯撑、双脚跳起接劈叉、双脚跳起转体 180°～360° 接劈叉；④ 多次重复容易造成局部损伤的动作，如头顶胸挺起（角力桥）、跪立经脚背站起；⑤ 双人或双人以上的叠罗汉。如违反以上规定，每出现一次扣 0.2 分。

2. 完成情况评分

自编幼儿基本体操全套动作完成情况评分要素包括动作的准确度、熟练性、一致性等。针对不符合动作的准确度、熟练性、一致性错误，每个动作按照轻微（扣0.05~0.1分）、显著（扣0.15~0.2分）和严重（扣0.3分以上）三个等级进行扣分，然后进行总评分。

裁判组的组成与座位、评分方式、最后得分的确定和完成情况的评分可参见队列队形、徒手体操比赛的评分。

（三）幼儿基本体操表演赛的欣赏

无论是规定动作，还是自编动作比赛，欣赏幼儿基本体操表演赛的主要观测点包括成套动作的准确度、熟练性和整齐性。

1. 动作的准确度

肢体动作的"横平竖直"是幼儿基本体操最基础的姿势。在此基础上，还需讲究动作的延展性，力求展示动作幅度，做到动作准确、姿态优美。动作准确度对幼儿机体的控制能力提出了较高要求。

2. 动作的熟练性

对于幼儿而言，完成幼儿基本体操动作也存在一定难度，因为完成的单个动作和成套动作都存在熟练性问题。完成单个动作和成套动作能够做到"十拿九稳"，说明该参赛队成功率高、熟练性好。此外，动作与音乐的配合流畅、合拍，也体现了动作的熟练性。

3. 动作的整齐性

幼儿基本体操以集体为单位参加比赛，参赛者具备单个动作和成套动作整体感的把控能力，理解了动作的节奏与韵律，从整体上体现动作的整齐性。

二、队列队形、徒手体操比赛与欣赏

（一）裁判组的组成与座位

队列队形和徒手体操比赛通常由裁判长1名，副裁判长1名（兼总记录长），裁判员4~10名，记录员1名，检录员1名，播音员1名组成。组织校内的比赛，裁判组的人员可减少为：裁判长1名，裁判员4~6名，记录员1名，检录员1名，播音员1名。

裁判长坐场地端线外的中间，裁判长的左边是记录员，记录员的左右两边分别是负责队列队形指挥员或徒手体操领操员的裁判员。如有条件，裁判员的座位宜设在

1.0~1.5 米高台上，以便观察参赛队伍完成情况。裁判员的位置，按照裁判员的编号（1、2、3、4、5）顺时针分布在四个角就座，也可以允许裁判员坐成一排，但要保持一定的距离（图 9-2-1）。

△ △ △ △ △
△ △ △ △ △

△

2　1　记录员　裁判长　5　4　3

» **图 9-2-1**　队列队形 / 徒手体操比赛裁判员位置

（二）裁判组的评分方式

队列队形和徒手体操比赛一般采用一组裁判。评分方式有如下三种：

1. 全场通评

在参赛人数不多，进退场队形变化不大的小型比赛中，多采用此种方式。

2. 分区与全场相结合评分

在参赛人数较多的中型比赛中，既能看清分区又能兼视全场的情况下，常采用分区与全场相结合的方式进行评分。

3. 分区评分

在参赛人数很多（100 人以上）的比赛中，由于裁判员视野的局限性，要通观全局比较困难，容易漏判，故多采用分区评分。

（三）最后得分的确定

某参赛队比赛结束后，裁判员把分数填在评分单上，由传分员交给裁判长，裁判长示意后裁判员统一示分，随后裁判长示最后得分。也可采用裁判员不示分，由裁判长示最后得分的方式。

为适应群众的习惯，以 100 分制进行评分。最后得分的计算方法通常有两种，即平均分和累积分。

1. 平均分的计算方式（精确到小数点后两位）

（1）去掉最高分和最低分，中间几个分数的平均分为最后得分。

（2）所有裁判员的平均分，即为最后得分。

2. 累积分的计算方式

累积分是指裁判员按评分内容，所评出的诸分之和为最后得分。队列队形裁判员按照参赛人数、精神面貌与服装、进退场、指挥员和操练质量等评分内容给出评分；徒手体操裁判员按照参赛人数、精神面貌与服装、进退场、领操员和做操质量等评分内容，以累积计分法计算，得出最后得分。例如，徒手体操比赛：参赛人数占 5%，扣 0 分；精神面貌与服装占 5%，扣 0.5 分；进退场占 10%，扣 1 分；领操员占 10%，扣 0.9 分；做操质量占 70%，扣 9.0 分（做操质量可以先按照满分 100 分进行扣分，后再以 70% 折算扣分）。按分数累积法计算，该队最后得分为 88.6 分。

（四）完成情况的评分

队列队形和徒手体操比赛完成情况的评分，主要内容包括参赛人数要求、精神面貌和服装、进退场、指挥员 / 领操员、操练 / 做操质量等，但以操练 / 做操的完成情况评分为主，通常占 70%。

1. 动作错误的类型与错误等级的划分

动作错误类型包括动作姿势、部位、路线、方向、节奏等方面的错误，以及漏做动作和附加动作等。动作错误的等级可划分为轻微、显著、严重、未完成动作、漏做动作和附加动作。轻微错误指与正确动作、姿势和节拍等有微小的偏差或动作错误角度与方向为 0°~15°。显著错误指与正确动作、姿势和节拍等有明显的偏差或动作错误角度与方向为 16°~30°。严重错误指动作接近变形、严重偏离正确的动作、姿势和节拍或动作错误角度与方向为 31°~45°。未完成（扣分值）指动作做错或完成动作的角度与方向超过正确动作 46° 及以上。漏做动作（扣分值）指漏做了某部分、某节拍动作。附加动作（每次扣 0.5 分）指在规定的动作中出现其他多余的动作。

2. 队列队形完成情况的评分

（1）精神面貌与服装的评分包括参赛队比赛全过程始终保持精神饱满、充满自信、仪表端庄，服装统一、整齐整洁、色彩搭配协调等，可按照好、中、差分别扣 0.1~0.5 分、0.6~1.0 分、1.1~1.5 分。

（2）进退场的评分包括队形的编排与设计有新意，指挥员口令洪亮、节奏鲜明，进退场中的队列动作规范性与队形的整齐性等，可按照好、中、差分别扣 0.1~1.0 分、1.1~2.0 分、2.1~3.0 分。

（3）指挥员的评分包括口令洪亮、准确、节奏鲜明、指挥位置与跑位的合理性等，可按照好、中、差分别扣 0.1~1.0 分、1.1~2.0 分、2.1~3.0 分。

（4）操练质量的评分：① 操练者动作的准确度（分项内容扣分），即动作规范、准确到位程度等；② 动作整齐性（分项内容扣分），即操练者在动作部位与幅度、路线与方向上展示出整齐划一的效果。动作准确度与动作整齐性的评分参见表 9-2-1。

3. 徒手体操完成情况的评分

（1）精神面貌与服装：同队列队形完成情况的评分。

（2）进退场的评分：同队列队形完成情况的评分。

（3）领操员的评分同做操质量的评分。

（4）做操质量的评分：① 参赛者动作的准确度（分节内容扣分），即动作规范、准确到位、路线清晰、方向正确等，做操时，身体姿势表达优美、充分彰显动作幅度，做到动作轻松而不懈怠、肢体表达有力度但不僵硬；② 动作整齐性即参赛者在动作姿势、部位、路线、方向、节奏与韵律上表现出的整齐划一效果。

动作准确度与动作整齐性扣分等级标准参见表 9-2-1。

表 9-2-1　动作准确度和动作整齐性扣分等级标准参照表

错误	个别（10% 以下）	少数（10%～30%）	多数（30% 以上）	说明
动作不准确 动作不整齐	轻微扣 0.1～0.5 显著扣 0.6～1.0 严重扣 1.1～1.5	轻微扣 1.6～2.0 显著扣 2.1～2.5 严重扣 2.6～3.0	轻微扣 3.1～3.5 显著扣 3.6～4.0 严重扣 4.1～4.5	分项内容扣分 / 分节动作扣分

备注：① 队列队形和徒手体操比赛满分 100 分；② 动作准确度和动作整齐性以分项内容或分节动作，按照 10 分制进行评分，累计扣分后折算为 70%；③ 动作不准确和动作不整齐错误应分别扣分；④ 某项内容或某节动作的扣分不能超过该项内容或该节动作的分值。

（五）队列队形比赛内容与评分细则实例介绍

选择以下比赛内容，并赋予各项内容分值（满分 100 分），制订评分细则（表 9-2-2）。比赛内容：① 立正、稍息、看齐、报数（每项内容 1 分）；② 原地向左、右、后转各 2 次（每项内容 4 分）；③ 齐步走—立定 2 次（每次 5 分）；④ 跑步走 2 次—立定 2 次（每次 5 分）；⑤ 行进间向左转走 2 次、行进间向右转走 2 次（每次 5 分）；⑥ 行进间向后转走 2 次（每次 7 分）。

队列队形比赛
内容视频

表 9-2-2　队列队形比赛内容与评分细则表

评分内容 / 分值	要求	扣分细则
参赛人数 （5 分）	参赛人数符合要求	人数少于规定要求，每少 1 人扣 1.0 分
精神面貌 比赛服装 （5 分）	1. 精神饱满、仪表端庄 2. 服装统一、整齐整洁，色彩搭配协调	1. 精神面貌与仪表，按照好、中、差，分别扣 0.1～0.5 分、0.6～1.0 分、1.1～1.5 分 2. 服装统一、整洁、色彩搭配等，按照好、中、差，分别扣 0.1～0.5 分、0.6～1.0 分、1.1～1.5 分
进退场 （10 分）	1. 队伍整齐 2. 队形变换有新意	1. 队伍整齐性，按照好、中、差，分别扣 0.1～1.0 分、1.1～2.0 分、2.1～3.0 分 2. 进退场队形变换的创新，按照好、中、差，分别扣 0.1～1.0 分、1.1～2.0 分、2.1～3.0 分

评分内容 / 分值	要求	扣分细则
指挥员 （10分）	1. 精神饱满，仪表端庄 2. 口令洪亮，口令下达准确、节奏鲜明 3. 移动位置合理，动作规范	1. 精神面貌与仪表，按照好、中、差，分别扣0.1~0.5分、0.6~1.0分、1.1~1.5分 2. 口令洪亮程度、口令下达与节奏，按照好、中、差，分别扣0.1~0.5分、0.6~1.0分、1.1~1.5分。口令下达错误扣动作分值 3. 指挥移动位置的合理性与动作的规范性，按照好、中、差，分别扣0.1~0.2分、0.3~0.4分、0.5~0.6分
操练质量 （70分）	1. 动作的准确度 2. 动作的整齐性	1. 动作的准确度（每项内容），根据操练人数中个别人、少数人、多数人出现轻微、显著、严重错误，分别扣0.1~1.5分、1.6~3.0分、3.1~4.5分。漏做动作扣该动作分值。附加动作每次扣0.5分 2. 动作的整齐性（每项内容），根据操练人数中个别人、少数人、多数人的动作出现轻微、显著、严重不整齐，分别扣0.1~1.5分、1.6~3.0分、3.1~4.5分

表9-2-2中，比赛组织者可根据参赛队伍实际情况规定评分内容，赋予比赛内容分值，制订评分细则。

（六）徒手体操比赛内容与评分细则实例介绍

以第九套广播体操为例，赋予各项内容分值（满分100分），制订评分细则（表9-2-3）。评分内容包括参赛人数（占5%）、精神面貌、比赛服装（占5%）、进退场与队形（占10%）、领操员（占10%）和做操质量（占70%）。做操质量中的动作准确性（36分），其中预备节、伸展运动、扩胸运动、踢腿运动、体侧运动、体转运动、全身运动、跳跃运动和整理运动，每节4分；动作整齐性（34分），其中预备节2分，伸展运动、扩胸运动、踢腿运动、体侧运动、体转运动、全身运动、跳跃运动和整理运动，每节4分。

表 9-2-3 第九套广播体操评分内容与评分细则表

内容 / 分值	要求	扣分细则
参赛人数（5分）	参赛人数符合要求	人数少于规定要求，每少1人扣1.0分
精神面貌比赛服装（5分）	1. 精神饱满、仪表端庄 2. 服装统一、整齐整洁，色彩搭配协调	1. 精神面貌和仪表，按照好、中、差，分别扣0.1~0.5分、0.6~1.0分、1.1~1.5分 2. 服装统一、整洁、色彩搭配等，按照好、中、差，分别扣0.1~0.5分、0.6~1.0分、1.1~1.5分
进退场队形（10分）	1. 队伍整齐 2. 队形变换有新意	1. 队伍整齐性，按照好、中、差，分别扣0.1~1.0分、1.1~2.0分、2.1~3.0分 2. 进退场队形变换的创新，按照好、中、差，分别扣0.1~1.0分、1.1~2.0分、2.1~3.0分
领操员（10分）	1. 动作规范、准确到位、路线清晰、方向正确、有力度 2. 动作整齐合拍 3. 动作与音乐呼应	1. 动作的准确度（每节动作），根据出现轻微、显著、严重错误，分别扣0.1~0.5分、0.6~1.0分、1.1~1.5分。漏做动作扣该动作分值。附加动作每次扣0.5分 2. 操练的整齐性（每节动作），根据与做操队伍出现轻微、显著、严重不整齐，分别扣0.1~0.5分、0.6~1.0分、1.1~1.5分 3. 动作与音乐呼应性不足，分别扣0.1分、0.2分、0.3分
做操质量（70分）	1. 动作规范、准确到位、路线清晰、方向正确、有力度 2. 动作整齐合拍 3. 动作与音乐呼应	1. 动作的准确度（每节动作），根据做操人数中个别人、少数人、多数人出现轻微、显著、严重错误，分别扣0.1~1.5分、1.6~3.0分、3.1~4.5分。漏做动作扣该动作分值。附加动作每次扣0.5分 2. 操练的整齐性（每节动作），根据做操人数中个别人、少数人、多数人出现轻微、显著、严重不整齐，分别扣0.1~1.5分、1.6~3.0分、3.1~4.5分 3. 动作与音乐呼应性，根据做操人数中个别人、少数人、多数出现人呼应性不足，分别扣0.1~0.5分、0.6~1.0分、1.1~1.5分

表 9-2-3 中，比赛组织者可根据参赛队伍实际情况规定评分内容，赋予比赛内容分值，制订评分细则。

（七）队列队形比赛的欣赏

欣赏队列队形比赛的主要观测点，一是在指挥员的统一号令下，操练者所表现的秩序美感；二是操练者动作准确、协调一致的形式美感。

1. 队列队形比赛的秩序美感

秩序美感主要反映队列队形比赛时参赛队伍"精神"层面的美感。指挥员一声令下，操练者反应迅速，这是一种令行禁止的优良作风、组织纪律性和集体主义精神的体现。因此，队列队形比赛评分中设置"精神面貌""服装要求"等要素，就是观测参赛队伍全体人员是否做到目光专注、精神饱满、充满自信、服装整洁、仪表端庄等。因此，参赛个体务必要克服个人主义，要有配合意识，保持强烈的集体荣誉感。

在队列队形比赛中，秩序美感不仅能让参赛者在参与过程中，也能让观赛者在观赏过程中，充分体验并把握秩序。这种对秩序的感知，可引起他们内心诸种心理功能的和谐运动，从而产生愉悦、兴奋的感觉。秩序感具有真、善、美的价值与整合性情感，它能够促进人的认知、道德与审美的发展，是提高素质教育的重要教育资源。

2. 队列队形比赛的形式美感

把队列队形比赛的内容作为审美对象看，它的感性形式是靠姿势、路线、幅度、方向、速度与力度等影响动作的因素来体现。因此，规范的队列队形动作所具有的形式感，是体验并把握队列队形动作形式美感的关键所在。在队列队形比赛中，形式美的各种形态须遵循如下形式美的法则：

（1）整齐一律：队列队形比赛时，全体参赛者按照一定的队形做协同一致的动作，虽然队列动作本身并不难，但众多参赛者要做到协同一致却比较难，它考察每一个参赛者对动作整体感的把控能力。

（2）节奏：队列队形比赛中，节奏最简单、最基本的形式是节拍，是动作或口令按照节拍和规律的运动变化形成一定的时值与强弱关系。例如，原地转法中，向左/右转和向后转的转体与并腿动作，都是两拍完成，但转体动作的度数不同，它们的节拍时值也不同，向后转两拍的节奏略长。再如，齐步走与跑步走的立定动作，前者用2拍完成（模式是"较弱：强"的关系），后者用4拍完成（模式是"较强：较强：较弱：强"的关系）。可见，齐步走与跑步走的立定动作的最后一拍节奏强，表现为动作简洁有力。

（3）均衡与比例：在队列队形比赛中主要表现为如下两方面：① 形体动作或姿势要做到均衡，符合比例。例如，齐步走时的两臂前后摆动；跑步走时的"前摆不露肘，后摆不露手"，都要求两臂动作的摆动应做到一种对称性。此外，摆臂的幅度也要求有"量"的比例关系规定。练习者常见的错误是"打鼓式"的摆臂形式，不符合均衡比例要求。立正、走等身体姿势要做到一种"重力均衡"。古人说的"立如松"，就是要求立正时身躯挺直，给人一种挺、直、稳的美感；走的形体动作，迈步时要做到昂首挺胸，肩正身直而不左右摇晃、前后颠簸，要给人一种稳健、有朝气的美感。② 集体队列练习和队形变化要讲究均衡与比例。例如，左 / 右转弯走，排头和排尾的相互照应达到整体均衡。做到"首尾相应，项背相依""虽向前必顾后，向后者必应前"。参赛队伍列队时，间隔 10 厘米，距离 75 厘米，总体要求间隔与距离的数量关系应力求做到"紧而不挤"，太紧容易互相碰撞，反之则不容易互相关照影响动作或排面的整齐一律。

（八）徒手体操比赛的欣赏

在徒手体操比赛中，做操质量是主要评判内容。欣赏徒手体操比赛的做操质量，有以下主要观测点：一是参赛者对动作姿态控制的准确程度；二是参赛者对动作的速度与力度的转换与配合是否合理、清晰，形成整体美感。

徒手体操的姿态属于西方的身体姿态文化。欧洲的文艺复兴运动，产生了芭蕾这一舞种。研究表明，体操运动员所采用的许多动作都来自芭蕾，是对芭蕾舞中优美且富有表现力的姿态动作的进一步汲取与发扬。

1. 动作姿态

动作姿态是指徒手体操动作在空间概念上，身体或身体各部位运动过程中所处的状态。它的重要因素是人体各部位的实体形态。上肢的形态是两掌五指并拢、掌直、与前臂成一直线。下肢的形态是脚尖绷直、直膝、直腿。头在正常位置时，则应两眼正视前水平略高位置。躯干稍挺胸，与头部动作配合，具有挺拔的美感。

徒手体操的姿态造型中，动作所占空间幅度和身体各部位组合造型中的相互关系，形成了其特定美感形态。例如，上肢的两臂上举动作，它是徒手体操常见的造型姿态之一，练习时需要五指并拢、掌直、拉开肩角、指尖力求攀高点，并配合稍抬头、稍挺胸，这样才能体现徒手体操挺拔的美感。下肢动作的弓步造型，后腿应撑直，脚跟不离地，眼看远，表现出开阔、矫健的美感。

除了姿态造型，四肢、头颈、躯干向某方向运动，从一种姿势到另一种姿势，形成了动态的姿态表达。动态的每一瞬间相互衔接，连贯成一条移动线（曲线或直线）。移动线曲、直形式的长短、幅度等应精确，应符合徒手体操动作美感。

徒手体操一般以"分节运动"的方式练习，动作从一种姿势到另一种姿势时，大部分动作都有其相对的造型。动作路线除了规定要经过的那一个位置，大部分的动作路线为直线。例如，直立开始做两臂侧上举动作，两臂以最短的路线运动到达水平 45° 侧上举的位置上（两掌约在过水平线时翻掌），并保持相对静态的造型姿势。即使短距离经过的动作路线，两臂的运动轨迹也是表现为直线的。例如，扩胸运动时，两臂经前至胸前平屈后振（两手握拳，拳心向下），拳的轨迹须达"前举点"，动作路线呈"菱角"而不宜做"弧线"，否则不能很好地表现出简捷、有力、舒展大方的动态美感。

2. 动作速度

动作速度是指动作从一种姿势到另一种姿势时，在一定的时间内呈现的快慢形式。徒手体操动作的速度并不是匀速的，而是根据各节运动的不同特点，在速度上呈现出快慢的差异。即使在某节运动中，由于四肢做动作时的曲直形式、所指方向、运动弧度变化不一，速度快慢也有差别。一般来说，屈臂形式的动作速度较快，直臂形式则较慢。例如，第九套广播体操的扩胸运动，第一拍两臂经前至侧举后振（两手握拳，拳心朝下），该拍动作须加速"抢拍"做，因为在一拍动作中经过两条路线，所以在完成第一条线路时须加速，而两拍之间的这种速度变化，形成了有快有慢，快慢相间的节奏。这种节奏呈现出了有规律的重复，有秩序的变化，展现出了鲜明的动态韵律美。韵律性则是更深层次的形式。当动作从单纯的节奏升华至韵律时，便能在视觉上带来愉悦的美感体验。淋漓尽致地展现出简捷、有力的动作美感。

3. 动作力度

动作力度是指徒手体操动作过程中按动作的要求肌肉用力的紧张程度，是肌肉收缩与放松相交替的节奏在技术上的表现。徒手体操动作将要到达姿势的相应造型时，一般都要求肌肉加速制动，表现出动作的力度。

力度概念包括动向、动量、着力点等要素。

（1）动向：即动作向哪个方向用力。动向变化最容易被视觉器官感知。例如，第九套广播体操体侧运动，第二拍半蹲同时两臂经上至肩侧屈，两手握拳，拳心朝内，一拍两路线（须抢拍完成），这一动作其动向是垂直向下的。

（2）动量：即动作用力的大小。总体看，完成徒手体操动作要求肌肉的收缩与放松的协调配合，有相对造型的节拍要有力度意识，表现出不同结构动作肌肉的用力程度，做到紧而不僵、松而不懈，使动作既协调又柔韧。

（3）着力点：即一个动作的能量释放在哪个位置／点上。对着力点的理解体现在：一方面力求表现出身体某部位到达着力点时，能把"能量"释放在着力点上；另一方面则要培养练习者对动作力度延伸感的理解。例如，两臂上举姿势，应调动身体所有关节向上释放能量，手指尖到脚呈一直线，加上五指并拢的实体形态，给人一种向上延伸感。

教学中，通过对学生进行有规律的、有秩序的强弱、长短、急缓、高低、快慢等肢体连续的时空感知练习，培养其对特定动作的节奏感，做到动作轻松而不懈怠、肢体动作有力度但不僵硬。

三、体操课程学生运动能力的测评与欣赏

（一）体操课程学生运动能力的测评

《体操课程学生运动能力测评规范》分为六级，以体操基础动作的难易程度为梯度编制一至六级成套动作（见附录1）。

1. 测评项目和内容

（1）测评项目：男、女生的测评项目为技巧、支撑跳跃、双杠和单杠。

（2）测评内容：进行成套规定动作的测评。1~4级男、女生成套动作相同；5~6级男、女生为不同的成套动作。

2. 项目轮换

（1）分场项目轮换：在参加测评的队伍多、裁判组及测评场地有保证时，多采用男、女分场轮换的测评形式（表9-2-4）。

（2）同场项目轮换：若参加测评的队伍不多、裁判人数有限时，可采用同场进行上、下半场的测评形式（表9-2-5）。

表9-2-4　男、女分场测评项目轮换表

| 队别/组 | 自由体操 | 双杠 | 支撑跳跃 | 单杠 |
	支撑跳跃	单杠	自由体操	双杠
一	1	2	3	4
二	4	1	2	3
三	3	4	1	2
四	2	3	4	1

表9-2-5　男、女同场测评项目轮换表

| 队别/组 | 上半场 | | 下半场 | |
| | 自由体操 | 双杠 | 支撑跳跃 | 单杠 |
	支撑跳跃	单杠	自由体操	双杠
一	1	2	3	4
二	2	1	4	3

3. 完成情况的测评

体操课程学生运动能力测评立足培养学生体操动作技能，以动作技术的主要环节为观测点，按照观测点的要求进行评判。

各观测点均符合要求为达到合格，3 名测评员判定合格为合格。某动作观测点包含了完成动作的关键技术，只要能做出该关键技术动作即可合格。例如，男生 5 级自由体操成套动作中的鱼跃前滚翻，该动作的观测点，一是跳起腾空的高度与远度；二是落地撑手屈臂缓冲团身前滚。主要错误是没有腾空、没有屈臂缓冲过程（表 9-2-6）。

表 9-2-6　体操课程学生运动能力标准男生 5 级成套动作中的鱼跃前滚翻测评示例

评价内容	观测点	合格要求
鱼跃前滚翻	1. 跃起高度 2. 跃起远度 3. 撑手 4. 团身起	1. 跃起高度达腰部水平 2. 跃起撑手远度大于 100 厘米 3. 撑手屈臂缓冲 4. 团身抱膝，团身前滚翻连贯、流畅

竞技体操规定动作评分中的"漏做动作""帮助下完成动作""技术与姿势偏差扣分"等动作错误类型，不适合体操课程学生运动能力的测评。参赛者从器械掉下不扣分，但限制再上器械的次数。

（二）体操课程学生运动能力测评的欣赏

《体操课程学生运动能力测评规范》基于"成功体验"理论，编制不同难易程度梯度的体操基础动作，目的是提高学生基本体操运动技能。因此，体操课程学生运动能力的测评方法有别于竞技体操评分系统。

体操课程学生运动能力测评欣赏的主要观测点是参赛者自身的成功体验带来的身心愉悦。成功体验是指个体在完成某项学习或活动后产生的一种自我满足的积极愉快的情绪状态。参赛者的成套动作被测评员判定为合格，证明了他自己的力量和能力。从初级（1~3 级）的"我能""我行"，到高级（4~6 级）的"一切皆有可能"的成功体验。他们在不断获得成功后，体验到了自身的价值，激发出自信，为以后学习更高等级动作提供了有利条件，并产生了一种自我满足和积极愉快的情绪感受。

四、竞技体操比赛与欣赏

（一）竞技体操比赛简介

竞技体操归属技能类表现难美的竞技项群，难与美是竞技体操最显著的特点。竞技体操比赛项目较多，动作难度大，技术复杂并有一定的惊险性，同时也具有较高的艺术欣赏价值。但由于竞技体操竞赛规则非常复杂，如果不了解竞技体操比赛的特点和规则，往往会出现"看不懂"比赛的情况。下面简单介绍竞技体操比赛的一般常识：

1. 竞技体操比赛的种类

根据国际体操联合会男、女技术委员会制定的竞技体操评分规则，进行自选动作比赛。大型竞技体操比赛种类包括资格赛（第Ⅰ种比赛）、个人全能决赛（第Ⅱ种比赛）、个人单项决赛（第Ⅲ种比赛）、团体决赛（第Ⅳ种比赛）。通常竞技体操的比赛顺序为资格赛、团体决赛、个人全能决赛和个人单项决赛。

所有参赛单位和个人必须参加资格赛，通过资格赛决定参加其他三种决赛的资格。个人全能决赛由资格赛中全能成绩前24名的运动员参加（每个单位最多有2名运动员），通过决赛排出运动员的全能名次。个人单项决赛是竞技体操最高水平的比赛，由资格赛中各单项前8名的运动员参加（每个单位最多2名运动员），通过决赛排出运动员的单项名次。

2. 竞技体操比赛的程序

竞技体操比赛可以分场或同场进行。一般情况下，重大的国际性体操比赛均采用男、女分场比赛的形式。

运动员入场后，正式比赛前，赛台热身时间为30秒/人，但男子双杠、女子高低杠为50秒/人，跳马热身为试跳2次（单项决赛最多3次试跳）。比赛开始后，由D1裁判举绿旗或亮绿灯，示意运动员开始比赛，运动员要向裁判长举手示意并在30秒内开始做动作。各项目成套动作除自由体操（男子不超过70秒，女子不超过90秒）和平衡木（不超过90秒）外，均无时间限制。完成一套动作后，运动员向D1裁判员示意后方可退场。裁判员根据运动员成套动作进行评分。本组运动员都做完动作后，D1裁判员应在本项目的器械上挂上红旗或亮红灯，示意本项目此轮比赛结束。当男子6项或女子4项都挂上红旗或红灯亮后，由播音员宣告运动员开始轮换项目，进行下一项目的比赛。运动员赛完所有项目后，本场比赛结束，裁判员和运动员统一退场。

3. 竞技体操裁判组的构成与基本要求

单项裁判组由D裁判组、E裁判组和辅助裁判员构成。

（1）D裁判组由2名裁判员组成（D1和D2）。

（2）E裁判组（世锦赛、奥运会）由7名裁判员组成。国际邀请赛裁判组最少4人，D裁判组2人，E裁判组2~4人。

（3）辅助裁判员：包括自由体操和跳马视线裁判员，自由体操、平衡木、高低杠、双杠的计时裁判员，以及根据比赛需要，设置记分员、秘书、计算机操作员、跑分员等辅助人员。对其他国际性、国家和地区的比赛，裁判组的构成可以修改和调整。

在所有种类比赛中（资格赛、团体决赛、个人全能决赛和个人单项决赛），单项裁判组的人数和组成完全一致。但是，在单项决赛中，采用裁判员回避制度，凡来自参赛运动员同一单位的裁判员不得执法该项目的裁判工作。

裁判员场上执裁时的座位以顺时针方向排列在器械周边或坐成一排，离器械一定距离。

4. 竞技体操比赛的评分

在所有的项目上，成套动作最后得分包括D分、E分和中性扣分三个内容。D分包括运动员完成动作的难度分、动作组别分、动作连接加分和编排要求分。男子E分包括运动员完成动作的技术、编排要求和身体姿势的扣分；女子E分包括运动员完成动作的一般错误、专项完成错误和艺术性错误的扣分。中性扣分包括出界、超时、成套动作数量不足、行为错误等。E分的最高分数为10.0分。

（1）D组裁判评分：D组裁判员认定运动员成套动作的难度分。除跳马项目（单个动作即为D分）外，男、女其他各项目认定8个难度动作的价值之和、连接加分和动作组别分为运动员成套动作的D分。

所有男、女竞技体操单个动作都列入动作难度表中，动作难度已发展至J组。每个单个动作都赋有特定的难度价值和一个特定的编号。男子自由体操、鞍马、吊环、双杠、单杠和女子高低杠、平衡木、自由体操单个动作难度赋值见表9-2-7。

表9-2-7　竞技体操比赛男、女动作难度赋值表

难度级别	A	B	C	D	E	F	G	H	I	J
赋值	0.1	0.2	0.3	0.4	0.5	0.6	0.7	0.8	0.9	1.0

男子认定连接加分的项目为自由体操和单杠；女子认定连接加分的项目为高低杠、平衡木和自由体操。每个项目连接加分的动作类型要求不同，连接加分以2个或更多的动作之间难度赋值高低分别加0.1分和0.2分。例如，男子单杠C组飞行动作＋D组或以上飞行动作可获0.1的连接加分，D组或以上飞行动作＋E组或以上飞行动作

则可获 0.2 连接加分。

男、女跳马项目的动作类型分为 5 个动作组。男子其他项目的动作类型分为 3 个动作组，分别为Ⅰ、Ⅱ、Ⅲ组（以上某动作组的动作数量不允许超过 4 个难度动作），Ⅳ组为下法组，但自由体操有独立的Ⅳ组动作（翻腾类的结束动作）。运动员完成 D组或更高难度动作来满足动作组要求，D 裁判组给予 0.5 分的组别分，完成 A、B、C 组难度动作来满足动作组要求时，给予 0.3 分的组别分，但完成Ⅰ组中的任何动作都给予 0.5 分的组别分。Ⅳ组的组别分等于下法动作的难度值。除鞍马外，如果下法动作站稳，D 裁判组将给予 C 组（跳马做多周空翻动作）难度以上的下法动作 0.1 分的加分。

女子项目的动作类型分为 4 个动作组，分别为Ⅰ、Ⅱ、Ⅲ和Ⅳ组。平衡木和自由体操 8 个难度动作至少包括 3 个舞蹈动作、3 个技巧动作和 2 个任意动作编排成套。自由体操第Ⅳ组是指计入的最后的技巧串（承认最高的难度价值），如果没有该技巧串，将被视为无下法。技巧串由至少 2 个直接连接的腾空动作组成，其中 1 个须为空翻动作，一套动作中最多只能编排 4 个技巧串。每完成Ⅰ、Ⅱ、Ⅲ和Ⅳ组难度动作满足动作组要求后，D 裁判组给予 0.5 分的组别分。在高低杠、平衡木和自由体操项目中，使用 D 组或更高难度的下法，可获得 0.2 的加分。

（2）E 组裁判评分：E 分即运动员成套动作的完成情况分，涉及成套动作完成情况、技术表现、编排要求和艺术性等。总体来看，E 组裁判员会根据运动员完成动作时与完美的最后姿势以及完美的技术要求存在的微小或轻微、明显或较大、重大或严重三个错误等级（小错、中错、大错）扣 0.1 分、0.3 分和 0.5 分。但男女项目不同，动作类型不同，区分的错误程度也有差别。例如，男子转体类动作与准确的转体度数差距 >0°~45° 扣 0.1 分，>45°~90° 扣 0.3 分，>90° 扣 0.5 分并不承认该难度动作；任何项目的力量动作或完全静止姿势，与完美保持姿势的角度偏差，>5°~20° 扣 0.1 分，>20°~45° 扣 0.3 分，>45° 扣 0.5 分并不承认该难度动作；摆动动作经倒立或以倒立结束的动作，0°~15° 不扣分，>15°~30° 扣 0.1 分，>30°~45° 扣 0.3 分。女子评分规则中对技术规格要求比男子更为严格。例如，屈体空翻膝角小于 135°，被认定为团身空翻；直体空翻屈髋 10°，被认定为屈体空翻；女子转体类不足超过 30°，被认定为另一个动作；单脚跳、双脚跳等跳起分腿角度不足，>0°~20° 扣 0.1 分，>20°~45° 扣 0.3 分，>45° 被认定是另一个动作或无难度价值；高低杠上完成摆倒立、回环倒立、倒立转体类动作，身体在垂线前 >10°，不承认难度或降为其他难度，如 >10°~30°，E 裁判扣 0.1 分；完成平衡木和自由体操动作中头、肩和躯干身体姿态艺术表现不好扣 0.1~0.2 分；完成平衡木动作中缺少韵律和节奏的变化扣 0.1~0.2 分。此外，女子自由体操是唯一有配乐的项目，乐感表现与音乐风格无关联的表演、成套中的部分 / 整套动作与音乐的联系缺乏，分别扣 0.1 分、0.2 分、0.3 分。

此外，对运动员完成成套动作时出现静止动作时间不足、虚摆、掉下、落地不稳等进行扣分。

E 分从 10 分开始，以 0.1 分为单位进行扣分。4~7 名 E 组裁判员扣分，去掉最多和最少的 1 个扣分，取中间的平均分为 E 组裁判员扣分；如果只有 2~3 名 E 组裁判员扣分，则取其平均分为 E 组裁判员扣分。从 10 分减去 E 组裁判员平均扣分即为最后的 E 分。

（3）最后得分：最后得分 = D 分 + 最后的 E 分 – 中性扣分。

例如，某运动员成套动作的 D 分 = 4.5 + 2.0 = 6.5 分；E 组裁判中编号 1~7 的扣分分别为：0.8 分、0.7 分、0.6 分、0.6 分、0.7 分、0.8 分、0.6 分，平均扣分 = (0.70 + 0.60 + 0.70) /3 = 0.666（小数点后保留 3 位），E 组得分 = 10-0.666 = 9.334 分；中性扣分 = 0.1 分。该运动员的最后得分 = 6.5 + 9.334-0.1 = 15.734 分。

（二）竞技体操比赛的欣赏

比较而言，男、女竞技体操的比赛内容和具体要求不同，欣赏的观测点也有差异。男子竞技体操的欣赏主要体现在成套动作有用力动作、高难动作，还要求动作准确、稳健、高飘、流畅，欣赏的观测点偏重"壮美"；女子竞技体操的欣赏主要体现在高难动作数量、优美的姿态、动作的飘逸和成套动作的艺术性等方面，欣赏的观测点偏重"优美"。

随着竞技体操国际规则的变化，男子竞技体操在着重发展难度的同时，对动作的幅度、伸展度和姿态的扣分趋于严厉，女子竞技体操则开始向男子化靠近，对力量、高度等提出更高的要求。因此，当今男、女竞技体操开始走向"刚柔相济"的新时期。

在男子竞技体操 6 个项目、女子竞技体操 4 个项目中，除了自由体操和跳马是共有的比赛项目，其他项目比赛内容和要求不同，欣赏的角度存在差异，即使是男、女共有的自由体操项目的比赛内容和要求也存在差异。

成套动作下法的欣赏（女子自由体操称为"最后一串技巧动作"），其共同的观测点是高难稳健之美。下面着重从艺术属性角度分析自由体操、器械体操和跳马比赛欣赏的主要观测点。

1. 男、女自由体操的欣赏

男子自由体操成套动作多采用若干"技巧串"动作，"技巧串"难度高、路线长，成套动作刚劲有力，跌宕起伏，落地稳健。成套动作中，与其他非技巧动作（如平衡、倒立等）连接组合，构成了一个韵律和谐、节奏鲜明的整体。

欣赏男子自由体操的观测点，一是"技巧串"产生的"动作流"节奏美感。空翻中的翻腾与旋转是"技巧串"的主干动作，"动作流"由动作方向、速度、力量、节奏等因素构成，讲究"时—空"聚变的节奏美感。旋空翻在视觉上能产生立体美感；动作速度体现空翻周数、转体度数上的快速变化的聚变；动作力量是运动员具备翻腾高度的实力显示；节奏体现运动员链接技术的时空转换能力。二是非技巧动作准确、稳健之美。平衡、倒立等非技巧动作要求到位准确，停止2秒，否则将被扣分。

女子自由体操伴有音乐，并以此为节奏基础，节奏的美就显得特别鲜明。其整套动作内容主要由有腾空或无腾空的向前、向侧或向后的"技巧串"动作（"技巧串"是指2个及以上翻腾或空翻的直接连接动作），以及跳步、转体、走和跑的组合、身体波浪等舞蹈动作构成。但现代女子竞技体操也突出了对动作难度、高度和力度的追求，更明显地表现出了"柔中带刚"的特点。

欣赏女子自由体操成套动作的观测点：一是运动员舞蹈动作的新颖独特之美。规则强调舞蹈动作应有原创性，用新的创意、形式和表达来编排动作，要求运动员具备将成套编排结构转化为一个艺术作品的能力。为此运动员必须展示出较强的舞蹈流畅性、艺术性、表现力、乐感和完美的技术，编排的跳步、转体、走和跑的组合、身体波浪等动作与音乐要有呼应性，突出音乐与动作相互作用形成的感染力来展现艺术表现力，使成套动作具有新颖性、独特性。二是"技巧串"的强劲美感。优秀运动员"技巧串"动作需要强有力的腿部力量，才能做出多周多轴的空翻动作，体现强劲之感。

2. 男、女器械项目的欣赏

（1）鞍马：鞍马是运动员完全用两只手控制，身体重心变化最多、最快的项目。在两手窄小的支撑面积内，运动员必须不断变化动作，再加上竞技体操评分规则不允许除手之外的其他身体部位触器械，所以稍有闪失，就会碰马或从马上跌落。在比赛中，运动员完成各种全旋、转体、移位、交叉以及倒立等动作，动作之间不允许停顿，也不允许出现用力动作，否则均要扣分。

欣赏鞍马比赛的主要观测点：一是全旋动作的飘逸之美。成套动作的基础动作是全旋，动作幅度大（即伞型全旋，我国优秀体操运动员肖钦的全旋动作在国际上被称为教科书的规格），是成套动作飘逸性的主要表现。以全旋动作开发的移位、转体、打滚等难度动作，都是以伞型全旋质量为前提。二是成套动作的流畅之美。鞍马成套动作不能出现中断，即使是交叉、起倒立类动作及与其他动作的连接，也要重点观测该类动作的流畅性，以及动作幅度、到位情况。

（2）吊环：吊环悬垂在两条钢丝绳上，两环没有固定的支点，因此运动员除需要应用摆动技术来完成一些动作，更需要用力量来控制两条摇摆不定的环绳，这就对运动员的上肢力量提出了更高的要求。因此，吊环被视为"大力士"项目。一套吊环动作应由比例大致相等的摆动、力量和静止动作组成。摆动到静止或由静止力量动作过渡到摆动动作是吊环项目的显著特点。一套吊环动作，运动员必须全部用直臂姿势来完成摆动与静止力量类动作的转换，如屈伸上成直角支撑、后摆成水平十字、前摆成倒十字等动作。

欣赏吊环比赛的主要观测点：一是成套动作的动静转换之美。成套动作必须合理编排好静止用力动作与摆动动作是否有交替、有变化，形成动静鲜明的转换之美。二是成套动作中静止与用力动作的从容稳健之美。这里的从容稳健之美是指力量动作角度正、停留时间足，动作做得轻松稳健。整体上，运动员成套动静转换鲜明、高难动作储备多、动作准确到位、静止用力动作角度正、停留时间足，且完成得轻松，就能获得高分。

（3）双杠：一套完整的双杠动作除了少数支撑静止、用力动作，大部分动作是在杠上支撑、挂臂、杠下悬垂的摆动过程中直臂完成的。在摆动动作中可以做倒立、转体、空翻、回环、弧形、屈伸、摆越等各种类型的动作。

欣赏双杠比赛的主要观测点：一是成套动作时空展现之美。例如，杠上动作中做前摆后空翻成倒立，优秀运动员能够做到前摆与顶肩充分，空翻后有充裕的时间和空间再撑杠，展现出动作的时空之美。再如，倒立经悬垂前摆分腿后切杠上直体再握杠动作（巴夫萨），优秀运动员能够做到后切杠前的带杠技术先进，做到杠上的腾空时间长、身体笔直再握杠。我国优秀体操运动员邹敬园做的巴夫萨动作被国际上称为教科书的规格。二是杠上、杠下翻腾与转体动作的灵动之美。后上转体、巴夫萨、谛佩尔特、挂臂上转体等动作，展现的杠上与杠下动作转换，使成套动作跌宕起伏，体现了成套动作的灵动之美。

（4）单杠：一套精彩绝伦的单杠包括各种回环、转体、腾越（也称"飞行动作"）动作。单杠成套动作由大回环类动作、飞行动作、近杠动作与阿德勒动作构成。运动员在单杠比赛中较其他项目容易"失手"，从一个侧面反映出单杠是很难的项目，因而单杠又被称为器械体操之王和"勇敢者的运动"。

欣赏单杠比赛的主要观测点：一是飞行动作的惊险美。现代单杠飞行技术发展很快，运动员要获取高分就是要通过完成那些超乎常人预料的飞行动作或连接来提高成套动作分值。惊险性的动作是要冒风险的，但它可以使裁判员、观众为之紧张，有悬念感。二是成套动作中的流畅之美。单杠成套动作不能停顿，不论是大回环动作，还是飞行动作、近杠动作与阿德勒动作，都强调成套动作的流畅性。

（5）高低杠：现代高低杠成套动作要求多次变换方向，避免停顿、虚摆和附加支撑，低杠和高杠之间的转换以及飞行动作、回环、转体等，使成套动作具有惊险、多变、流畅的整体效果。因此，高低杠在女子竞技体操中为具有惊险性的项目，被称为"女子体操之王的竞争"，备受观众的喜爱。

欣赏高低杠比赛的主要观测点：一是成套动作编排的立体美。由于高低杠是一高一低两杠组成，成套编排中，上杠与下杠的变向、转体、飞行等动作，体现了上下翻飞、内外穿梭的立体美感。二是成套动作中不仅具有男子双杠成套动作的灵动流畅之美，而且具有单杠成套动作的惊险之美。大回环动作、近杠动作与阿德勒动作等，强调成套动作连接不中断，展现出灵动流畅之美。现代高低杠优秀运动员移植了男子单杠飞行动作的趋势，要求运动员摆动振浪技术先进，飞行高度高，给人带来惊险的美感。

（6）平衡木：运动员在平衡木上完成动作，身体重心很容易超出有效的支撑面，对身体姿态与身体控制要求很高。除了少数静止用力动作，平衡木成套动作的编排包括"技巧串"难度动作，以及跳步、转体、走和跑的组合、身体波浪等舞蹈动作，尤其是动作之间的连接不能停顿，否则将不承认连接加分。

欣赏平衡木比赛的主要观测点：一是成套动作轻松稳健之美。优秀运动员编排的"技巧串"动作，难度大，动作容易失误。各种转体、跳步的直接连接也强调稳健。因此，运动员能够既轻松又稳健地完成成套动作是比赛获得成功的关键。二是动作连接的连贯流畅之美。无论是"技巧串"动作连接，还是转体、跳步之间的连接，动作间的过渡变化强调动作的动力性并与动作间所有变化连接不间断地进行，以此获得连接加分。规则要求运动员充分利用身体各部分参与舞蹈表现，动作缺少韵律和节奏变化，出现成套动作表现如同分开的片段（缺乏流畅性），将被扣 0.1~0.2 分。

3. 男、女跳马项目的欣赏

跳马是男、女共有的比赛项目，以单个动作进行比赛。在所有器械项目中，男、女跳马项目欣赏的差异性相对较小。因为男、女跳马的动作类型、动作结构等几乎一致。跳马动作主要包括第一腾空身体姿势、撑马、第二腾空和落地等技术环节。跳马的欣赏重点包括身体姿势、推手力量和落地稳定性等方面。

欣赏跳马比赛的主要观测点：一是动作的稳定性。跳马动作落地是扣分的重要环节，如若某运动员动作难度价值高，落地又稳，该运动员就有"摘金夺银"的可能。二是完成难度动作的时空与姿势完美性。优秀运动员完成难度动作时，凭借推手有力，第二腾空既高又飘，获得了充分的时间与空间完成难度动作。同时，身体姿势控制良好，达到跳马完美性的要求。

思考与实践

❶ 制订一份高中阶段徒手体操比赛的竞赛规程，并制订一套 8 节运动的徒手体操比赛内容和评分细则。

❷ 教学实践中，你是如何利用队列队形的秩序美感教育资源实施美育教育的？

❸ 通过徒手体操动作学习，体验徒手体操比赛欣赏动作准确性的三要素。

❹ 尝试思考竞技体操比赛项目中除从艺术属性角度了解欣赏的主要观测点，是否还有其他的欣赏观测点。

附录 1 《体操课程学生运动能力测评规范》简介

2024 年 5 月 28 日发布和实施的中华人民共和国国家标准《体操课程学生运动能力测评规范》（GB/T 44097-2024），是测评学生体操运动能力发展水平的工具，为学生体操运动水平认证提供参考依据。《体操课程学生运动能力测评规范》按能力进阶，将学生运动能力划分为六个等级，分别为一级、二级、三级、四级、五级、六级测评。

一、测评项目、内容与达标要求

等级	项目	性别	内 容	能力要求
一级	技巧	男女	前滚翻成直角坐—仰卧推起成桥慢落下成仰卧—直角坐—单腿后摆成纵叉 2 秒—转体 90° 成横叉 2 秒—转体 90° 单腿前摆成直角坐—后滚翻成蹲撑—前滚翻成蹲撑—直体跳转 180° 成站立	受测者达到体操一级应在技巧、支撑跳跃、双杠和单杠 4 个项目中任意 3 个项目具有一级的能力
	支撑跳跃	男女	山羊分腿腾越	
	双杠	男女	杠中站立（可垫高垫）跳上成支撑—前摆成分腿坐—双腿弹杠并腿进杠后摆—杠中跳下	
	单杠	男女	跳上成正握杠悬垂—悬垂转体 180° 2 次—悬垂屈膝收腹举腿 2 次—悬垂起摆—悬垂摆动 2 次—后摆下	
二级	技巧	男女	前滚翻交叉腿转体 180° 成蹲撑—后倒成肩肘倒立 2 秒—回落成蹲撑—后滚翻直腿起—燕式平衡 2 秒—屈体前倒成单腿后举屈臂俯撑—单腿后摆并腿落下成立撑—侧手翻接并腿站立	受测者达到体操二级应在技巧、支撑跳跃、双杠和单杠 4 个项目中任意 3 个项目具有二级的能力
	支撑跳跃	男女	纵箱前滚翻	

等级	项目	性别	内 容	能力要求
二级	双杠	男女	杠中跳上成外侧坐—向内转体180°成分腿坐—举单腿成外侧坐—向外转体180°下	
	单杠	男女	跳上成支撑（可垫高垫）—支撑前倒慢翻下成蹲悬垂—团身蹬杠穿臂前后翻成蹲悬垂—举单腿穿臂成单挂膝挺身悬垂—还原经蹲悬垂成直立	
三级	技巧	男女	侧平衡2秒—手倒立前滚翻—前滚翻成直角坐—后倒经单肩后滚翻成一腿后举的单膝跪撑平衡2秒—跪跳起—直体跳转180°成站立—侧手翻并腿站立	受测者达到体操三级应在技巧、支撑跳跃、双杠和单杠4个项目中任意3个项目具有三级的能力
	支撑跳跃	男女	横箱侧腾越	
	双杠	男女	杠端跳上前摆成分腿坐—前进1次成外侧坐—越两杠下	
	单杠	男女	单脚蹬地翻上成支撑—单腿摆越成骑撑—骑撑后倒挂膝上—骑撑前腿向后摆越成支撑—后摆挺身下	
四级	技巧	男女	前滚翻分腿起接跳起成站立—连续后滚翻2次—跳转360°—团身后倒经单肩挺身后滚翻成俯撑—提臀起成立撑—直腿后滚翻成站立—侧平衡2秒—侧手翻一脚落地向内转体90°成站立	受测者达到体操四级应在技巧、支撑跳跃、双杠和单杠4个项目中任意3个项目具有四级的能力
	支撑跳跃	男女	横箱屈腿腾越	
	双杠	男女	杠端跳上前摆成分腿坐—前进1次并腿进杠支撑前摆—后摆转体180°成分腿坐—双腿弹杠并腿进杠后摆—前摆下	
	单杠	男女	双脚蹬地翻上成支撑—单腿摆越成骑撑—骑撑后腿向前摆越转体180°成支撑—支撑后回环—支撑后摆转体90°下	
五级	技巧	男生	鱼跃前滚翻成站立—单腿前踢跳转180°成后举腿单脚站立—侧搬腿平衡2秒—单臂侧手翻并步向外转体90°成站立—直体前倒成单腿后举俯撑平衡2秒—俯撑单腿全旋转体180°成仰撑2秒—直角坐后倒成肩臂倒立2秒—前倒团身滚动成站立—踺子挺身跳	受测者达到体操五级应在技巧、支撑跳跃、双杠和单杠4个项目中任意3个项目具有五级的能力
		女生	远撑前滚翻成站立—前踢腿交换腿转体180°成单脚站立—后滚翻直腿起—侧搬腿平衡2秒—单臂侧手翻—三步助跑跨跳—踺子挺身跳	

等级	项目	性别	内　容	能力要求
五级	支撑跳跃	男生	纵箱分腿腾越	
		女生	斜进直角腾越	
	双杠	男生	杠中跳起成挂臂支撑—挂臂摆动前摆上成分腿坐—滚杠成分腿坐—慢起肩倒立2秒—前滚翻成分腿坐—双腿弹杠并腿进杠支撑摆动1次—后摆挺身下	
		女生	杠中跳上前摆成分腿坐—滚杠成分腿坐—前进1次成外侧坐—向内转体180°成分腿坐—双腿弹杠并腿进杠支撑摆动1次—前摆挺身下	
	单杠	男生	跑动外挂膝上成骑撑—骑撑前回环—骑撑后腿向前摆越成后撑—前摆下	
		女生	单脚蹬地翻上成支撑—单腿摆越成骑撑—骑撑后腿向前摆越成后撑—前摆下	
六级	技巧	男生	助跑前手翻—鱼跃前滚翻直腿起—倒立转体180°屈体落成站立—单臂侧手翻2次—并步向外转体90°成站立—直腿后滚翻经倒立屈体落下成站立—前踢腿跳转180°交换腿成一腿后举单脚站立—踺子接屈体分腿跳	受测者达到体操六级应在技巧、支撑跳跃、双杠和单杠4个项目中任意3个项目具有六级的能力
		女生	挺身跳接狼跳—单臂侧手翻2次—单足立转540°—连续跨跳2次—前踢腿跳转180°交换腿成一腿后举单脚站立—头手倒立前滚翻成直角坐—后倒经单肩挺身后滚翻成俯撑—跪跳起—踺子接屈体分腿跳	
	支撑跳跃	男生	纵箱屈腿腾越	
		女生	横箱分腿腾越	
	双杠	男生	杠端长振屈伸上—支撑后摆成肩倒立—前滚挂臂后摆上—前摆向内转体180°下	
		女生	杠端跳上成支撑—前摆成分腿坐—前进1次成分腿坐—前滚翻成分腿坐—双腿弹杠并腿进杠支撑后摆—前摆向内转体90°下	
	单杠	男生	跳上杠悬垂—摆动屈伸上成支撑—支撑后回环—支撑后倒弧形前摆—后摆挺身下	
		女生	双脚蹬地翻上成支撑—单腿摆越成骑撑—骑撑前回环—后腿向前摆越转体180°成支撑—支撑后回环—后摆挺身下	

二、等级测评内容与合格要求

（一）一级测评内容与合格要求

测评内容		观测点	合格要求
技巧	前滚翻成直角坐	蹬地	蹬地至膝关节伸直
		滚翻、屈体角度	屈肘、低头缓冲，滚翻时，髋角小于 90°
		直角坐	直角坐时，直膝绷脚尖、并腿，髋角 90°，上体挺直
	仰卧推起成桥慢落下成仰卧	肩关节、肘关节和膝关节角度	推起成拱形时，直臂肩关节角度不小于 180°，膝关节角度大于 135°
		落下速度	从拱形有控制地慢落下成仰卧
	直角坐	膝关节	两腿伸直、并拢
		直角坐姿势	直角坐时，直膝、并腿、绷脚尖，髋角 90°，上体挺直
	单腿后摆成纵叉 2 秒	纵向劈叉角度	纵叉两腿成直线，大腿贴地
		纵叉静止时间	纵叉静止时间达到 2 秒
	转体 90° 成横叉 2 秒	横叉角度	横叉两腿成直线，大腿贴地
		横叉静止时间	横叉静止时间达到 2 秒
	转体 90° 单腿前摆成直角坐	膝关节	直腿前摆成并腿，膝关节伸直
		直角坐姿势	直角坐时，直膝、并腿、绷脚尖，髋角 90°，上体挺直
	后滚翻成蹲撑	团身	团身紧，髋角小于 45°，大腿与小腿夹角小于 45°
		推撑	后滚翻过程中双手积极推撑助力成蹲撑
	前滚翻成蹲撑	团身	团身紧，髋角小于 45°，大腿与小腿夹角小于 45°
		推撑	双手推撑与前滚配合连贯协调
		蹲撑	蹲撑双手撑地

测评内容		观测点	合格要求
技巧	直体跳转180° 成站立	跳起转体垂直于地面	跳起，空中直体转体垂直于地面
		转体角度	转体角度停止于180°
支撑 跳跃	山羊分腿腾越	上板起跳	单脚蹬地上板，双脚踏跳，踏跳有力
		推手	双手同时推手
		空中姿势	分腿挺身，两腿分腿大于90°
		落地	并腿落地，屈膝缓冲站稳
双杠	杠中站立（可 垫高垫）跳上 成支撑	杠上支撑	支撑时，两臂肘关节角度大于135°，两腿 并拢，身体伸直
	前摆成分腿坐	支撑前摆	支撑时，两臂肘关节角度大于135°；前摆 时，两腿并拢
		分腿坐	两腿同时落成分腿坐，上体正直
	双腿弹杠并腿 进杠后摆	双腿弹杠	双腿弹杠有力
		进杠后摆	并腿进杠，后摆时双腿并拢，保持身体平衡
	杠中跳下	落地	并腿落地，屈膝缓冲站稳
单杠	正握杠悬垂	握杠	正握杠（大拇指和另外四指相向抓杠），同 肩宽
		身体控制	身体垂直，静止不动
	悬垂转体 180° 2次	转体度数	完整转体180°
		换握	换握不停顿，两手换握间歇不超过1秒
	悬垂屈膝收腹 举腿2次	屈伸角度	髋角小于90°
		伸腿	回落至悬垂位置伸腿至膝关节伸直
		连续屈伸	连续屈伸2次，间歇不超过1秒
	悬垂起摆	起摆动作完整性	起摆有收腹、举腿、前伸、带杠过程
		后摆高度	后摆高度达杠垂直面后30°
	悬垂摆动2次	前、后摆发力时机， 扣腕时机	过杠垂直面再前、后摆发力；后摆至极点， 扣腕

测评内容		观测点	合格要求
单杠	悬垂摆动2次	前、后摆高度	前摆、后摆高度达杠垂直面前、后30°
	后摆下	后摆高度	后摆高度达杠垂直面后30°
		推杠、腾空展体	推杠有力，腾空明显，空中充分展体
		落地	双脚落地，屈膝缓冲站稳

（二）二级测评内容与合格要求

测评内容		观测点	合格要求
技巧	前滚翻交叉腿转体180°成蹲撑	团身	团身紧，髋角小于45°，大腿与小腿夹角小于45°
		交叉腿转体	交叉腿蹲转体连贯，转体方向正确
		蹲撑	蹲撑双手撑地
	后倒成肩肘倒立2秒	手肘支撑的位置	两手撑在腰背间，肘内夹，成肘、头和肩支撑
		展髋立腰	向上伸腿、展髋；后倒成肩肘倒立静止时间不少于2秒
	回落成蹲撑	团身	团身前滚配合连贯协调，团身时髋角小于45°，大腿与小腿夹角小于45°
		蹲撑	蹲撑双手撑地
	后滚翻直腿起	团身后滚	滚翻屈体角度小于90°
		推撑直腿起	有直腿过程，膝关节角度大于135°
	燕式平衡2秒	燕式平衡角度	两臂侧举、上体与后举腿高于臀水平
		膝关节	支撑腿与后举腿伸直
		静止时间	静止时间不少于2秒

测评内容		观测点	合格要求
技巧	屈体前倒成单腿后举屈臂俯撑	后举腿水平角度	后举腿高于水平45°
		膝关节	支撑腿与后举腿伸直
	单腿后摆并腿落下成立撑	单腿后摆角度	后摆腿与上体角度大于135°
		并腿角度	并腿时，角度大于120°
		膝关节	摆腿和落地膝关节伸直
	侧手翻接并腿站立	经分腿倒立角度	经过分腿倒立时，肩关节和髋关节伸直与地面垂直，两腿分开大于135°
		蹬摆腿落地	摆动腿和蹬地腿依次落地
支撑跳跃	纵箱前滚翻	上板起跳	单脚蹬地上板，双脚踏跳，踏跳有力
		入撑	有第一腾空，主动撑箱，提臀、后摆腿动作明显
		滚翻	滚翻圆滑，滚翻方向偏差小于15°，分腿小于肩宽；滚翻结束充分展体
		落地	并腿落地，屈膝缓冲站稳
双杠	跳上成外侧坐	跳上支撑	支撑时，肘关节角度大于135°；前摆时，两腿并拢
		外侧坐	上体正直，外侧腿后伸，内侧腿折叠，膝关节角度小于90°
	向内转体180°成分腿坐	向内转体180°	外侧腿摆越两杠时，向内转体180°，两腿伸直
		分腿坐	支撑时，两臂肘关节角度大于90°；分腿坐时，上体正直
	举单腿成外侧坐	外侧坐	上体正直，外侧腿后伸，内侧腿折叠，膝关节角度小于90°
	向外转体180°下	转体180°	落地前完成转体180°
		落地	并腿落地，屈膝缓冲站稳
单杠	跳上成支撑（可垫高垫）	支撑姿势	直臂支撑，微屈臂大于90°，重心稳定

测评内容		观测点	合格要求
单杠	支撑前倒慢翻下成蹲悬垂	慢翻下过程	缓慢、有控制地前倒翻下
		落地控制	有控制地落下，脚不砸地
	团身蹬杠穿臂前后翻成蹲悬垂	举腿中穿	举腿中穿流畅，一次用力穿过
		后悬垂提臀	后悬垂身体充分下落，肩角大于90°，提臀有力
	举单腿穿臂成单挂膝挺身悬垂	单腿挂膝	单腿挂膝抬头挺身
		挺身	挺身时，髋角大于180°，身体稳定，静止1秒
	还原经蹲悬垂成直立	杠前并腿落地	并腿不触杠，落地有控制，向前迈步离开

（三）三级测评内容与合格要求

测评内容		观测点	合格要求
技巧	侧平衡2秒	侧平衡角度	一臂侧举，一臂贴侧举腿，身体与地面平行
		膝关节	支撑腿与侧举腿伸直
		静止时间	静止时间不少于2秒
	手倒立前滚翻	肘关节	直臂顶肩
		倒立角度	身体伸直与地面垂直
		前滚翻	前滚翻圆滑、流畅
	前滚翻成直角坐	滚翻屈体角度	屈肘、低头缓冲，滚翻髋角小于90°
		直角坐	直角坐时，直膝、并腿、绷脚尖，髋角90°
	后倒经单肩后滚翻成一腿后举的单膝跪撑平衡2秒	一臂侧举单手推撑	经单肩后滚时，一臂直臂侧举，一臂屈肘推撑助力后翻
		滚动流畅性	滚翻连贯、流畅

测评内容		观测点	合格要求
技巧	后倒经单肩后滚翻成一腿后举的单膝跪撑平衡2秒	跪撑后举腿高度	跪撑一腿后举高于肩水平
		后举腿膝关节角度	后举腿伸直
		跪撑静止时间	静止时间不少于2秒
	跪跳起	脚背	跪姿脚背贴地
		摆臂	直臂摆臂有制动
		脚背压地助跳	跳起时脚背压地助跳
	直体跳转180°成站立	跳起转体垂直于地面	跳起空中直体转体垂直于地面
		转体角度	转体角度停止于180°
	侧手翻并腿站立	经分腿倒立角度	经过分腿倒立时,肩关节和髋关节伸直与地面垂直,两腿分开大于135°
		方向	沿直线做连续侧手翻
支撑跳跃	横箱侧腾越	上板起跳	单脚蹬地上板,双脚踏跳,踏跳有力
		推手	双臂支撑,屈肘不超过30°;经单臂推撑越过横箱
		空中姿势	并腿侧摆高于跳箱水平面,屈髋保持大于135°,有明显的展体动作
		落地	并腿落地,屈膝缓冲站稳
双杠	杠端跳上成分腿坐	支撑前摆	直臂支撑,前摆时两腿并拢
		分腿坐	两腿同时落杠成分腿坐,上体正直
	前进1次成外侧坐	体前撑杠,并腿进杠前摆	立腰,换手体前撑杠,顺势并腿进杠前摆;前摆时直臂支撑
		外侧坐	两腿同时落成外侧坐;上体正直,外侧腿后伸,内侧腿折叠,膝关节角度小于90°
	越两杠下	并腿越杠	压杠摆腿有力,空中并腿越两杠,越杠高度高于杠面10厘米
		落地	并腿落地,屈膝缓冲站稳

测评内容		观测点	合格要求
单杠	单脚蹬地翻上成支撑	拉引、蹬地摆腿、贴杠	拉引重心靠近杠，蹬地摆腿有力，小腹贴杠
		抬上体、支撑	抬上体有控制，一次用力抬起，成支撑稳定
	单腿摆越成骑撑	摆腿、越杠	摆腿迅速，一次完成越杠
		推手、骑撑	倒肩推手，成骑撑稳定
	骑撑后倒挂膝上	挂膝	挂膝稳固
		摆腿	回摆时后摆腿加速
		直臂压杠	直臂压杠成骑撑
		骑撑稳定性	骑撑稳定
	骑撑前腿向后摆越成支撑	摆腿	摆腿迅速，推杠、摆腿，再支撑
		推手	倒肩推手，成支撑稳定
	后摆挺身下	后摆	后摆高度高于杠水平30°
		推手	推手有力
		腾空	腾空挺身明显
		落地	并腿落地，屈膝缓冲站稳

（四）四级测评内容与合格要求

测评内容		观测点	合格要求
技巧	前滚翻分腿起接跳起成站立	蹬地	蹬地至膝关节伸直
		滚翻屈体角度	滚翻屈体角度小于90°

测评内容		观测点	合格要求
技巧	前滚翻分腿起接跳起成站立	分腿起	直膝分腿起
		跳起成站立	有明显的腾空，并腿屈膝缓冲成站立
	连续后滚翻2次	团身后滚连贯	滚翻时，髋角小于45°，大腿与小腿夹角小于45°；2次后滚翻动作连贯协调
		推撑	双手推撑与后滚翻配合连贯协调
		滚翻方向	沿直线连续滚翻
	跳转360°	转体垂直于地面	跳起空中直体转体垂直于地面
		转体角度	转体角度停止于360°
	团身后倒经单肩挺身后滚翻成俯撑	经单肩后滚	一臂侧举，另一臂单手推撑，经单肩后滚翻时，有控制地保持平衡
		后滚挺身背弓俯撑	伸膝挺髋挺直身体成背弓，经胸至腿缓冲落地成俯撑
	提臀起成立撑	双臂双脚	直臂俯撑，双脚蹬地
		膝关节	收髋直膝成屈体立撑
	直腿后滚翻成站立	滚翻身体角度	滚翻屈体角度小于90°
		膝关节	直膝、并腿完成动作
	侧平衡2秒	侧平衡角度	一臂上举、一臂贴侧举腿，身体与地面平行
		膝关节	支撑腿与侧举腿伸直
		静止时间	静止时间不少于2秒
	侧手翻一脚落地向内转体90°成站立	经分腿倒立角度	经过分腿倒立时，肩关节和髋关节伸直与地面垂直，两腿分开大于135°
		两脚依次落地并转体	两脚依次落地与内转90°配合连贯协调
		转体角度	一脚落地支撑时，转体角度90°
支撑跳跃	横箱屈腿腾越	上板起跳	单脚蹬地上板，双脚踏跳，踏跳有力
		推手	迅速并腿收髋屈膝，大小腿夹角小于90°；直臂、快速、有力推撑；脚不触碰箱体

	测评内容	观测点	合格要求
支撑跳跃	横箱屈腿腾越	空中姿势	有明显的展体、腾空过程
		落地	并腿落地，屈膝缓冲站稳
双杠	杠端跳上前摆成分腿坐	支撑前摆	直臂支撑，前摆时两腿并拢
		分腿坐	两腿同时落成分腿坐，上体正直
	前进 1 次并腿进杠支撑前摆	体前撑杠，两腿并腿进杠	立腰，换手体前直臂撑杠，顺势并腿进杠
		支撑前摆	直臂支撑，前摆时两腿并拢
	后摆转体 180° 成分腿坐	支撑后摆	后摆高度过杠面
		转体 180°	并腿以脚尖带动髋部和上体转体
		分腿坐	成分腿坐时不砸杠，换握，直臂体后握杠，上体正直
	双腿弹杠并腿进杠后摆	双腿弹杠	双腿弹杠有力
		进杠后摆	并腿进杠，直臂支撑摆动，保持身体平衡
	前摆下	前摆越杠	并腿前摆，直臂支撑；越杠高度高于杠面 10 厘米
		落地	并腿落地，屈膝缓冲站稳
单杠	双脚蹬地翻上成支撑	拉引、摆腿、贴杠	拉引重心靠近杠，向后举腿有力，小腹贴杠
		抬上体、支撑	缓慢抬上体有控制，一次用力抬上体，成支撑稳定
	单腿摆越成骑撑	摆腿	摆腿迅速无停顿
		推手	倒肩推手，成骑撑稳定
	骑撑后腿向前摆越转体 180° 成支撑	倒重心、转体	向侧后方倒肩，单臂支撑稳定，转体顺畅，先转体后抓杠
		支撑稳定性	支撑稳定

测评内容		观测点	合格要求
单杠	支撑后回环	倒肩	梗头倒肩迅速
		回环	小腹贴杠，直体回环，可微屈髋
		支撑	抬上体制动腿一次用力，成支撑稳定
	支撑后摆转体90°下	后摆	后摆高度高于肘关节
		转体	推手有力，转体到位，落地前完成转体90°
		腾空	腾空明显
		落地	并腿落地，屈膝缓冲站稳，单手抓握杠

（五）五级测评内容与合格要求

男生五级测评内容与合格要求

测评内容		观测点	合格要求
技巧	鱼跃前滚翻成站立	跃起高度	跃起高度高于腰部水平线
		跃起远度	跃起撑手远度大于100厘米
		撑手	撑手屈臂缓冲
		团身起	团身抱膝，团身前滚翻连贯、流畅
	单腿前踢跳转180°成后举腿单脚站立	踢腿高度	单腿前踢高于45°
		转体角度	转体角度停止于180°
		后举腿单脚站立	屈膝缓冲成单腿站立后举腿高于45°
	侧搬腿平衡2秒	侧搬腿高度	侧搬腿高于髋水平面，单腿支撑，挺胸抬头
		平衡稳定性	单腿直膝站立不少于2秒
	单臂侧手翻并步向外转体90°成站立	侧手翻经单臂支撑	经过分腿单臂倒立时，肩关节和髋关节伸直与地面垂直
		倒立时两腿分开角度	经分腿倒立时，两腿分开大于135°

	测评内容	观测点	合格要求
技巧	单臂侧手翻并步向外转体 90° 成站立	两脚依次落地	两脚依次落地在一条直线上成侧举开立
		并步向外转体 90° 成站立	向外转体 90°，方向正，脚并拢直立
	直体前倒成单腿后举俯撑平衡 2 秒	撑手屈臂缓冲	撑手屈臂缓冲成俯撑，动作连贯协调
		膝关节	支撑腿和后举腿膝关节伸直
		举腿角度	后举腿高于水平线 45°
		静止时间	平衡静止时间不少于 2 秒
	俯撑单腿全旋转体 180° 成仰撑 2 秒	膝关节、脚触地	单腿后举和单腿全旋膝关节伸直
		转体角度	依次推手转体与单腿全旋配合连贯协调，转体 180° 成仰撑
		仰撑静止时间	仰撑静止时间不少于 2 秒
	直角坐后倒成肩臂倒立 2 秒	肩臂支撑	双臂伸直、手掌压地支撑肩倒立
		倒立角度	倒立时，身体伸直与地面垂直
		静止时间	静止时间不少于 2 秒
	前倒团身滚动成站立	前倒团身滚动	前倒与团身滚动配合，连贯协调；团身时，髋角小于 45°，大腿与小腿夹角小于 45°
		前滚顺势成站立	团身抱膝前滚顺势由蹲成站立连贯协调
	踺子挺身跳	双手依次撑地经倒立	双手依次撑地，在垂直面之前并腿，经过倒立时肩关节和髋关节伸直与地面垂直
		单臂支撑内转 90°	单臂支撑与内转 90° 配合连贯协调
		挺身跳	并腿挺身跳有背弓姿势
支撑跳跃	纵箱分腿腾越	上板起跳	单脚蹬地上板，双脚踏跳，踏跳有力，有明显的第一腾空
		推手	含胸摆臂、两手同时积极、主动远撑跳箱，并迅速推离跳箱；支撑时，屈肘不超过 45°

测评内容		观测点	合格要求
支撑跳跃	纵箱分腿腾越	空中姿势	充分展体，两腿夹角大于 90°，有第二腾空；屈腿不超过 45°
		落地	并腿落地，屈膝缓冲站稳
双杠	杠中跳起成挂臂支撑	挂臂支撑	直体挂臂，两腿并拢
	挂臂摆动前摆上成分腿坐	前摆上	挂臂前摆过杠面；两臂压杠推撑上成支撑；支撑时臀部过杠面
		分腿坐	两腿同时回落成分腿坐，上体正直
	滚杠成分腿坐	握杠手法	握杠时掌根相对、掌心向内
		滚杠部位	以腰骶部着杠滚杠
		滚杠时两腿开度	分腿开度大于 90°
		滚杠流畅性	滚杠连贯流畅，无停顿
	慢起肩倒立 2 秒	慢起	张肘，肩部撑杠，提臀立腰，分腿，匀速慢起成肩倒立，分腿开度大于 90°
		肩倒立 2 秒	倒立时，身体垂直于地面，停止时间不少于 2 秒
	前滚翻成分腿坐	前滚翻	保持张肘肩部撑杠，低头、提臀、屈髋、并腿前滚，臀部在杠水平面上
		分腿坐	及时换握，双手推撑杠，同时分腿抬上体成分腿坐；分腿坐时上体正直
	双腿弹杠并腿进杠支撑摆动 1 次	双腿弹杠进杠	双腿弹杠有力；并腿进杠
		支撑摆动	两腿并拢摆动，摆动时直臂支撑，前摆肩角大于 30°，后摆过杠面
	后摆挺身下	后摆挺身落地	后摆顶肩，高度高于肘关节；有挺身动作，并腿落地，屈膝并腿站稳
单杠	跑动外挂膝上成骑撑	跑动，外挂膝	向前跑动顺畅，外挂膝稳固
		摆腿	向后摆腿加速

测评内容		观测点	合格要求
单杠	跑动外挂膝上成骑撑	直臂压杠	直臂压杠成骑撑
		骑撑稳定性	一次用力完成骑撑，骑撑稳定
	骑撑前回环	提升重心	骑撑重心升高
		向前远跨	前腿向前、向远跨
		上体前倒、回环	倒肩迅速，分腿大，回环顺畅
		跟上体成骑撑	主动跟上体，制动腿成骑撑，一次用力完成动作
	骑撑后腿向前摆越成后撑	摆腿，推手	摆腿迅速，倒肩推手
		后撑稳定性	成后撑稳定
	后撑前摆挺身下	摆腿	并腿前摆有高度
		推手	推手有力
		展体	展体明显，有挺身动作，腾空明显
		落地	落地点离单杠距离大于 50 厘米，双脚落地，屈膝缓冲站稳

女生五级测评内容与合格要求

测评内容		观测点	合格要求
技巧	远撑前滚翻成站立	撑手远度	撑手远度大于 70 厘米
		撑手屈臂缓冲	双手撑垫时屈臂缓冲与团身前滚翻配合连贯协调
		团身起	团身前滚髋角小于 45°，大腿与小腿夹角小于 45°
	前踢腿交换腿转体 180° 成单脚站立	前踢腿高度	单腿前踢高于 45°
		转体角度	转体停止于 180°
		单脚站立	屈膝缓冲成单腿站立，后举腿与支撑腿夹角不小于 45°

测评内容		观测点	合格要求
技巧	后滚翻直腿起	滚翻身体角度	滚翻屈体角度小于 90°
		推手	滚翻过程中双手推撑有力
		直膝	并腿直膝，双脚着地推起成站立
	侧搬腿平衡 2 秒	搬腿角度	手搬一侧腿，角度大于 135°
		膝关节	支撑腿与搬起的腿膝关节伸直
		单腿支撑身体立直	单腿支撑挺直，身体与地面垂直
		静止时间	静止时间不少于 2 秒
	单臂侧手翻	经单臂支撑侧翻	经过单臂支撑的分腿倒立时，肩关节和髋关节伸直，身体与地面垂直
		分腿倒立角度	经分腿倒立时，两腿分开大于 135°
		两脚依次落地	两脚依次落地在一条直线上成侧平举开立
	三步助跑跨跳	跨跳高度	跨跳高度高于腰部水平线
		跨跳开度	空中两腿之间角度大于 180°
	踺子挺身跳	双手依次撑地	双手依次撑地，在垂直面之前并腿，经过倒立时肩关节和髋关节伸直与地面垂直
		单臂支撑内转 90°	单臂支撑与内转 90° 配合连贯协调
		挺身跳	并腿挺身跳有背弓姿势
支撑跳跃	斜进直角腾越	上板起跳	助跑有节奏，单脚踏跳有力，蹬踏、摆腿协调配合
		支撑推手	经单臂支撑迅速过渡到双臂直臂支撑，顶肩推手明显；臀、腿无触碰箱体
		身体姿势	在跳箱上经直角支撑，并腿高举，脚尖高于肘水平
		落地	并腿落地，屈膝缓冲站稳
双杠	杠中跳上前摆成分腿坐	支撑前摆	直臂支撑，前摆时两腿并拢
		分腿坐	两腿同时落成分腿坐，上体正直
	滚杠成分腿坐	握杠手法	握杠时掌根相对、掌心向内

测评内容		观测点	合格要求
双杠	滚杠成分腿坐	滚杠部位	以腰骶部着杠滚杠
		滚杠时两腿开度	分腿开度大于 90°
		滚杠流畅性	滚杠连贯流畅，无停顿
	前进 1 次成外侧坐	体前握杠，并腿进杠前摆	挺髋立腰，换手体前直臂撑杠，顺势后摆并腿进杠；直臂支撑前摆，前摆时两腿并拢
		外侧坐	两腿同时落成外侧坐，上体正直，外侧腿后伸，内侧腿折叠，膝关节角度小于 90°
	向内转体 180°成分腿坐	向内转体 180°	外侧腿摆越两杠时向内转体 180°，两腿伸直
		分腿坐	撑杠转体成分腿坐时直臂；分腿坐时上体正直
	双腿弹杠并腿进杠支撑摆动 1 次	双腿弹杠进杠	双腿弹杠有力；并腿进杠
		支撑摆动	支撑摆动时，直臂支撑，两腿并拢，前摆肩角大于 30°，后摆过杠面
	前摆挺身下	前摆、越杠、挺身	并腿前上摆；越杠后挺身展髋，越杠高度高于杠面 10 厘米
		落地	并腿落地，屈膝缓冲站稳
单杠	单脚蹬地翻上成支撑	拉引、蹬地摆腿、贴杠	拉引重心靠近杠，蹬地摆腿有力，小腹贴杠
		抬上体、支撑	抬上体有控制，成支撑稳定，一次用力完成动作
	单腿摆越成骑撑	摆腿	摆腿迅速
		推手、骑撑	倒肩推手，成骑撑稳定
	骑撑后腿向前摆越成后撑	摆腿、推手	摆腿迅速，倒肩推手
		后撑稳定性	成后撑时，身体无晃动
	后撑前摆下	摆腿	并腿前摆双腿达到杠水平
		推手	推手有力，腾空明显
		落地	落地点离单杠距离大于 50 厘米，双脚落地，屈膝缓冲站稳

（六）六级测评内容与合格要求

男生六级测评内容与合格要求

测评内容		观测点	合格要求
技巧	助跑前手翻	蹬地摆腿	蹬地、摆腿协调连贯，直臂撑手摆腿经倒立
		顶肩、推手	顶肩、推手有力，身体有腾空
		并腿落地	并腿时直膝
			前脚掌先着地，并腿落地
	鱼跃前滚翻直腿起	跃起高度	跃起高度高于腰部水平线
		跃起远度	跃起撑手远度大于 100 厘米
		撑手	撑手屈臂缓冲
		滚翻	直腿滚翻，滚动圆滑，直腿起
	倒立转体 180°屈体落成站立	倒立	直臂倒立支撑，身体垂直于地面
		转体角度	单臂支撑转体 90°，转体停止于 180°
		膝关节	膝关节始终保持伸直
	单臂侧手翻 2 次	经分腿单臂倒立角度	经过分腿单臂倒立时，身体与地面垂直，两腿分开大于 135°
		方向正	沿直线做侧手翻
		连接流畅性	2 次单臂侧手翻连接流畅
	并步向外转体 90°成站立	并步外转 90°	向外转体 90°，方向正确，脚并拢直立
	直腿后滚翻经倒立屈体落下成站立	直腿屈体后倒支撑	直腿屈体后倒支撑与滚动配合连贯协调
		膝关节	滚翻、倒立、屈体落下无屈膝
		倒立	经过倒立支撑，身体垂直于地面
		屈体落下	屈体落下髋角小于 90°
	前踢腿跳转 180°交换腿成一腿后举单腿站立	前踢腿高度	单腿前踢高于 45°
		前踢跳转交换腿	跳转达到 180°，角度准确；前踢与跳转 180°交换腿落地配合连贯协调
		落地	单腿屈膝缓冲成站立，后举腿高于 45°，落地站稳

测评内容		观测点	合格要求
技巧	踺子接屈体分腿跳	双手依次撑地经倒立	双手依次撑地，经倒立时肩关节和髋关节伸直与地面垂直
		单臂支撑内转90°	单臂支撑与内转90°配合连贯协调
		屈体分腿跳	屈体分腿跳时，腿与躯干夹角小于90°，分腿开度大于90°；分腿跳时，腿伸直
支撑跳跃	纵箱屈腿腾越	上板起跳	助跑有节奏，单脚蹬地上板，双脚踏跳，踏跳有力
		第一腾空	含胸摆臂、双手远撑，有明显的第一腾空；双腿并拢
		推手	双腿后摆高于肘水平；双手同时推撑，推手迅速、果断、有力；屈膝、收髋小于90°
		第二腾空	有明显的第二腾空，展体充分，双腿并拢；身体保持平衡
		落地	并腿落地，屈膝缓冲站稳；落地远度大于120厘米
双杠	杠端长振屈伸上	跳起经直角悬垂前摆	跳起屈髋经直角悬垂前摆，过杠下垂直部位后，髋关节自然伸展；无拉肩、脚蹬地动作
		收髋屈体悬垂回摆	回摆时，充分屈髋收腿成屈体悬垂，髋角小于45°
		伸髋、两臂压杠成支撑	回摆过垂直面后向前上方伸髋，两臂压杠，及时跟肩、梗头压上成支撑
	支撑后摆成肩倒立	支撑后摆	直臂支撑；后摆高于水平面45°以上
		屈臂成肩倒立	有控制地屈臂、分肘、肩部撑杠成肩倒立；肩倒立时紧腰、身体垂直于地面，髋角大于135°
		肩倒立稍停顿	肩倒立有停顿
	前滚挂臂后摆上	前滚翻成挂臂	保持分肘肩部撑杠，折体并腿前滚，及时换握手成屈体挂臂支撑
		后摆上	拉杠、屈肘，肩前移接近握点，同时两腿向前上方远伸送髋；后摆向后上方摆腿，两臂压杠、推杠成支撑，肘关节角度大于90°

测评内容		观测点	合格要求
双杠	前摆向内转体 180° 下	前摆向内转体 180°	直臂前摆并腿越杠，向内转体；越杠高度高于杠面 10 厘米，落地前完成转体 180°
		落地	并腿落地，屈膝缓冲站稳
单杠	跳上成正握杠悬垂	手握杠	正握杠，同肩宽
		身体控制	身体垂直，静止不动
	摆动屈伸上成支撑	收腹举腿	向前放浪充分，收腹举腿靠近杠
		伸腿制动	伸腿迅速有制动
		压臂跟上成支撑	直臂压臂跟上体成支撑
	支撑后回环	倒肩	梗头倒肩迅速
		回环	小腹贴杠，直体回环，可微屈髋
		支撑	抬上体制动腿，成支撑稳定
	支撑后倒弧形前摆	后倒	梗头含胸后倒肩，手压杠腹部贴杠
		弧形前摆腿前伸	稍屈髋，经弧形前摆举腿向前上方伸腿同时手向后直臂引杠开肩，身体经弧形抛物线前摆
	后摆挺身下	后摆	后摆过杠垂直面 45° 以上
		推手	推手有力
		腾空	腾空挺身明显
		落地	并腿落地，屈膝缓冲站稳

女生六级测评内容与合格要求

测评内容		观测点	合格要求
技巧	挺身跳接狼跳	挺身跳	并腿挺身跳展体大于 180°
		动作连贯性	挺身跳接狼跳连接无停顿
		狼跳	狼跳大腿与上体角度小于 90°
	单臂侧手翻 2 次	经分腿单臂倒立角度	经过分腿单臂倒立时，身体与地面垂直，两腿分开大于 135°

测评内容		观测点	合格要求
技巧	单臂侧手翻 2 次	方向正	沿直线做侧手翻
		连接流畅性	2 次单臂侧手翻连接流畅
	单足立转 540°	膝关节	单足提踵支撑直膝转体
		立转	立转达到 540°，转体时身体垂直于地面，保持平衡
	连续跨跳 2 次	跨跳高度	跨跳高度高于腰部水平线
		跨跳开度	空中两腿开度不小于 120°
		流畅性	动作流畅
	前踢腿跳转 180° 交换腿成一腿后举单脚站立	前踢腿高度	单腿前踢高于 45°
		前踢跳转交换腿	跳转达到 180°，角度准确；前踢与跳转 180° 交换腿落地配合连贯协调
		落地	单腿屈膝缓冲成站立后举腿高于 45°，落地站稳
	头手倒立前滚翻成直角坐	头手倒立	头手倒立身体直、平衡、稳定
		前滚翻	身体重心前移、低头，依次经肩、背、腰、臀滚动
		直角坐	直角坐时，并腿、直膝、髋角 90°
	后倒经单肩挺身后滚翻成俯撑	经单肩后滚翻	一臂侧举，另一臂单手推撑，经单肩后滚翻时有控制地保持平衡
		挺身	伸膝、挺髋、身体成背弓，经胸至腿缓冲落地成俯撑
		流畅性	没有出现停顿
	跪跳起	跪姿脚背	跪姿脚背贴地
		摆臂	直臂摆臂有制动
		脚背压地助跳	跳起时，脚背压地助跳

测评内容		观测点	合格要求
技巧	踺子接屈体分腿跳	双手依次撑地经倒立	双手依次撑地，经倒立时肩关节和髋关节伸直与地面垂直
		单臂支撑内转90°	单臂支撑与内转90°配合连贯协调
		屈体分腿跳	屈体分腿跳时，腿与躯干夹角小于90°，分腿开度大于90°；分腿跳腿伸直
支撑跳跃	横箱分腿腾越	上板起跳	单脚蹬地上板，双脚踏跳，踏跳有力
		第一腾空	含胸摆臂，肩角大于90°；有明显的第一腾空，空中分腿不超过肩宽
		推手	双腿后摆高于肘水平；双手同时推撑，顶肩推手迅速、果断、有力
		第二腾空	有明显的第二腾空和空中展体，分腿开度大于90°，身体保持平衡
		落地	并腿落地，屈膝缓冲站稳；落地远度大于100厘米
双杠	杠端跳上成支撑	杠上支撑	直臂支撑，两腿并拢
	前摆成分腿坐	支撑前摆	直臂支撑，前摆时两腿并拢
		分腿坐	两腿同时落杠成分腿坐，上体正直
	前进1次成分腿坐	体前握杠，并腿进杠前摆	挺髋、立腰、换手体前直臂撑杠，顺势并腿进杠前摆；前摆时直臂支撑，两腿并拢
		分腿坐	两腿同时落杠成分腿坐，上体正直
	前滚翻成分腿坐	前滚翻	两手体前靠近大腿内侧握杠，两肘外张，肩部撑杠，低头提臀，并腿前滚，臀部在杠水平面上
		分腿坐	双手迅速换握杠，同时推撑杠，两腿伸直、分开；分腿坐时上体正直
	双腿弹杠并腿进杠支撑后摆	双腿弹杠进杠，支撑后摆	双腿弹杠有力，并腿进杠，直臂支撑摆动，保持身体平衡
	前摆向内转体90°下	前摆向内转90°	前摆并腿越杠，向内转体；前摆时直臂支撑，越杠高度高于杠面10厘米，落地前转体90°
		落地	并腿落地，屈膝缓冲站稳

测评内容		观测点	合格要求
单杠	双脚蹬地翻上成支撑	拉引、摆腿、贴杠	拉引重心靠近杠，向后举腿有力，小腹贴杠
		抬上体、支撑	缓慢抬上体有控制，成支撑稳定，一次用力完成动作
	单腿摆越成骑撑	摆腿、越杠	摆腿迅速
		推手、骑撑	倒肩推手，成骑撑稳定
	骑撑前回环	提升重心	骑撑重心升高
		向前远跨	前腿向前、向远跨
		上体前倒、回环	倒肩迅速，分腿大，回环顺畅
		跟上体成骑撑	主动跟上体，制动腿成骑撑，一次用力
	后腿向前摆越转体180°成支撑	倒重心	敢于向侧后方倒肩，单臂支撑稳定转体顺畅，先转体，再抓杠
		转体	成支撑稳定
	支撑后回环	倒肩	梗头倒肩迅速
		回环	小腹贴杠，直体回环，微屈髋须大于90°
		支撑	抬上体制动腿，成支撑稳定，一次用力完成动作
	后摆挺身下	后摆	后摆过杠垂直面45°以上
		推手	推手有力
		腾空	腾空挺身明显
		落地	双脚落地，屈膝缓冲站稳

参考文献：

国家市场监督管理总局，国家标准化管理委员会. GB/T 44097—2024 体操课程学生运动能力测评规范 [S]. 北京：中国标准出版社，2024.

附录 2　体操器械的规格和式样

一、国际体操联合会标准体操器械

为了保证世界各地竞技体操运动员能够在同等、最佳条件下进行训练和准备参加国际竞技体操比赛，确保运动员的训练安全和比赛的公平，国际体操联合会制定了竞技体操比赛器械标准，并对生产的器械进行严格认证。在国际体操联合会举行的正式比赛，如奥运会体操比赛、世界体操锦标赛和世界杯体操比赛中，必须使用国际体操联合会认证的器械。随着竞技体操技术的不断发展，国际体操联合会通常每 4 年进行 1 次竞技体操器械标准修订和器械认证工作。

（一）自由体操场地

自由体操场地由多块单板拼接组成，木板为加强的复合板材，单板下面加置弹簧或用橡胶材料制成的弹性层，单板表面有柔软舒适的保护层（如弹性橡胶涂层或高密度聚乙烯海绵），上面覆盖自由体操地毯。自由体操地毯由羊毛或合成纤维编制而成。其规格如附表 1 和附图 1 所示。

附表 1　自由体操场地规格

名称	规格 / 厘米
比赛区域	1 200×1 200
比赛区边界线宽	5
比赛区边沿宽	100
比赛场地安全区宽	200
单板厚度（包括弹性层）	5~7.5
单板长、宽	200×120 或 200×150 或 150×150

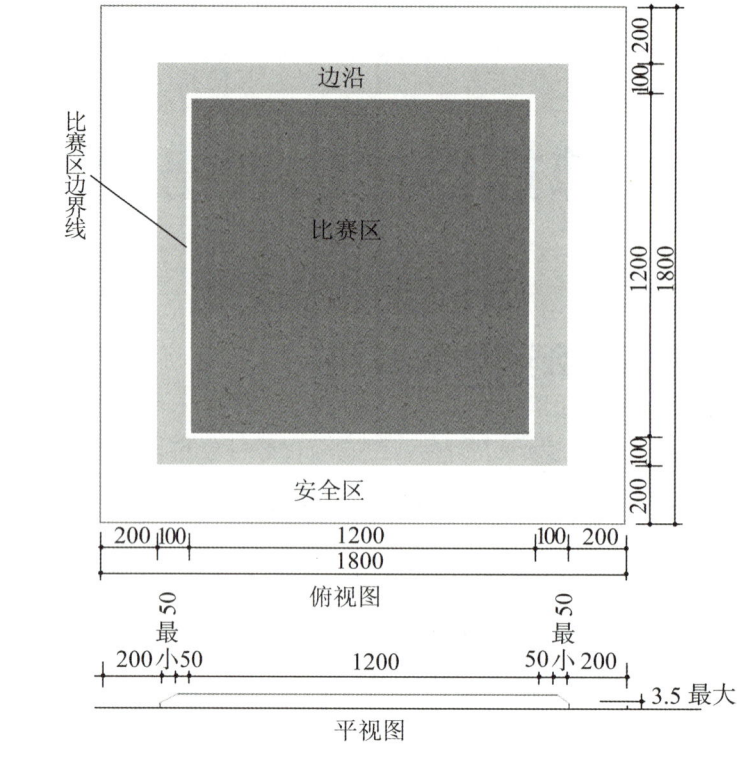

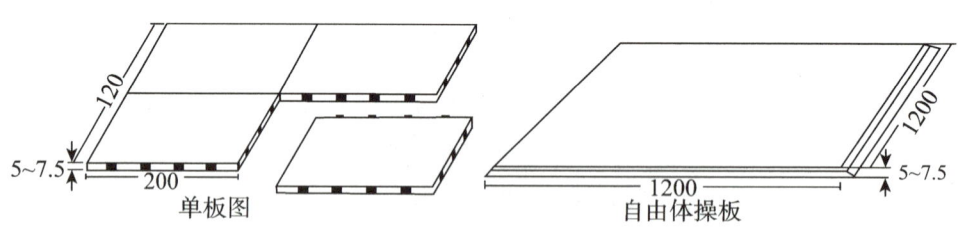

>> **附图 1** 　自由体操场地示意图（单位：厘米）

（二）鞍马

　　鞍马由鞍环、马身、马腿和腹下接地固定拉链组成。以前鞍马有四条腿，现在发展为带底座的两根立柱（或斜立柱）。鞍环为胶合木环或吸湿的硬质塑料环，两鞍环之间距离可调节，鞍环安装方便。马身使用木头和铁制作框架，垫上毛毯、海绵等物，用皮革包裹而成，表面光滑。马腿、底座和拉链均为铁制，马腿可以升降。其规格如附表 2 和附图 2、附图 3 所示。

附表 2 鞍 马 规 格

名　称	规格/厘米
鞍环高度	12
鞍环间距	40~45
鞍环横截面直径	3.4
鞍马长度	160
地面至鞍马上表面高度	115
鞍马上部宽度	35

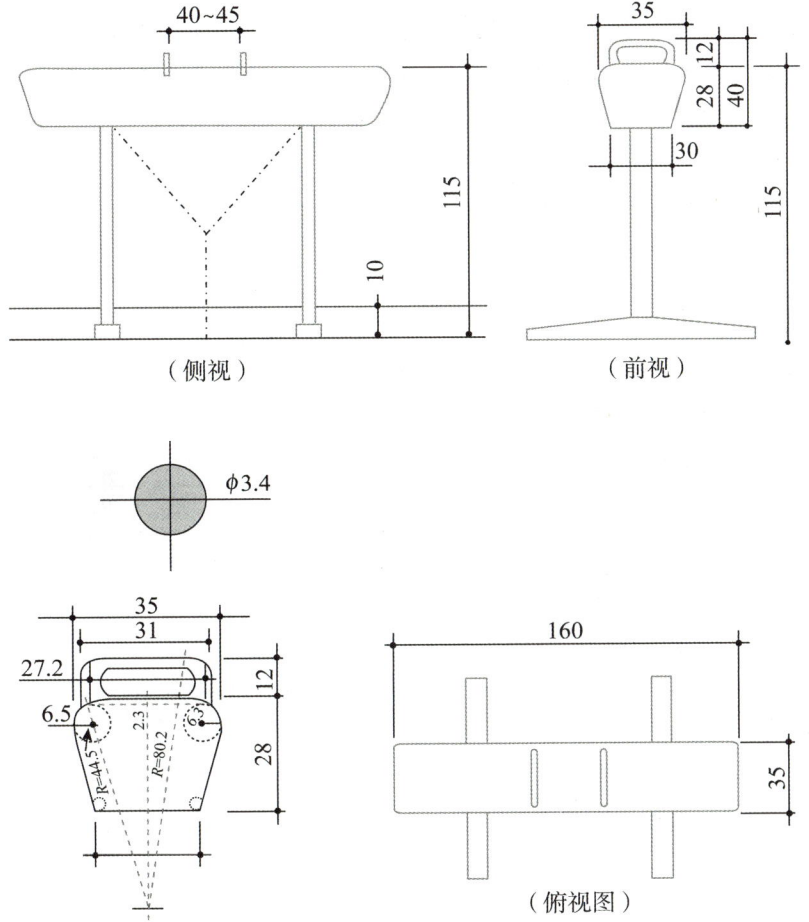

》 附图 2 　鞍马示意图（单位：厘米）

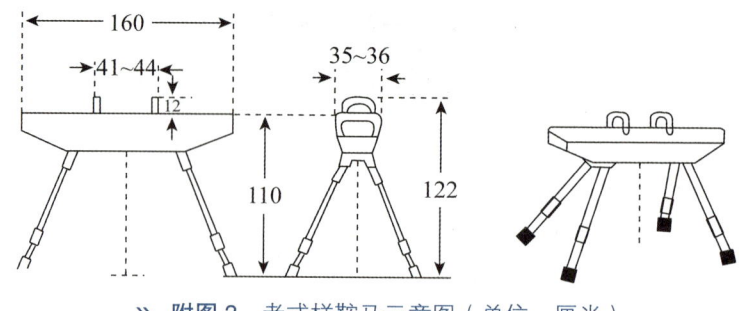

» 附图 3　老式样鞍马示意图（单位：厘米）

（三）吊环

吊环由圆环、环带、环绳（上端有一个枢轴装置）、架子和固定拉索组成。圆环为胶合木质材料或合成材料。环带由皮革或类似的坚固耐用的材料制成。环绳为钢绳，钢绳外有圆滑的合成材料制成的护套。架子为金属，拉索为钢丝。其规格如附表 3 和附图 4 所示。

附表 3　吊 环 规 格

名称	规格 / 厘米
圆环内径	18
圆环横截面直径	2.8
环的高度（从地面量起）	290
两环之间距离	50
环架高度	590
地面上两立柱距离	至少 260

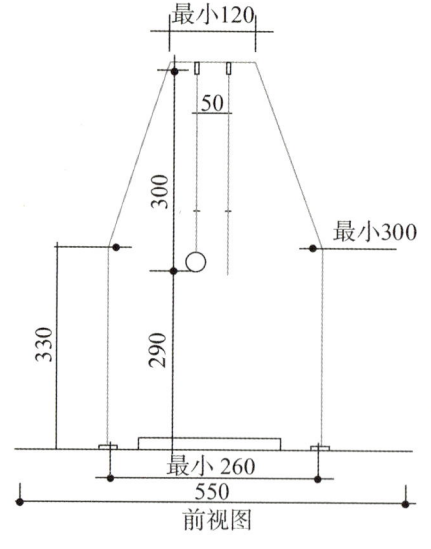

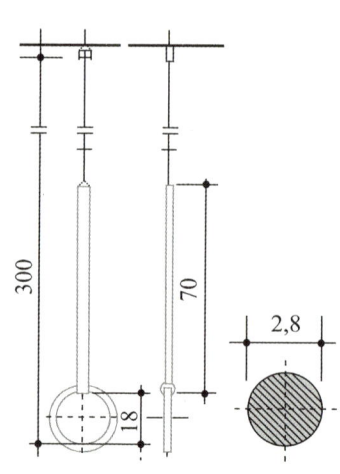

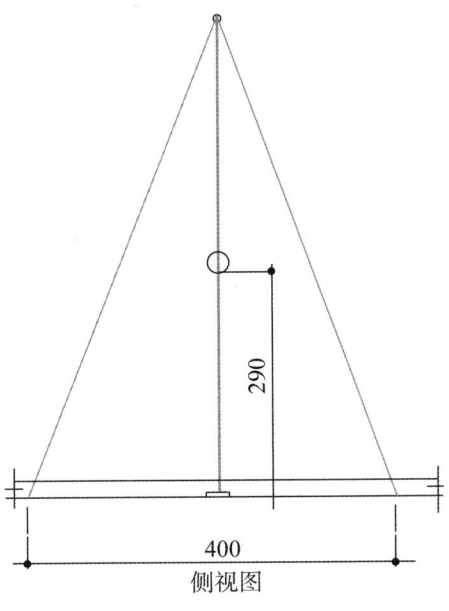

290

400

侧视图

» **附图4** 吊环示意图（单位：厘米）

（四）跳马

跳马由马身、马腿、底座和腹下固定拉链组成。以前跳马为四条腿，后发展成两条腿。马身使用木头和铁制作框架，内置弹性海绵或毛毯等物，用皮革包制，使马身柔软有弹性。马腿、底座和腹下拉链均为铁制。为适应跳马技术的发展和运动员的安全，当今跳马形状发生很大改变，马身宽度增加了一倍多（俗称"舌头马"），有助于运动员撑马完成动作，减少运动员损伤发生。跳马的规格如附表4和附图5、附图6所示。

附表4 跳 马 规 格

名称	规格 / 厘米
马长	120
马高	135（男）；125（女）
马身宽	95
升降幅度	5

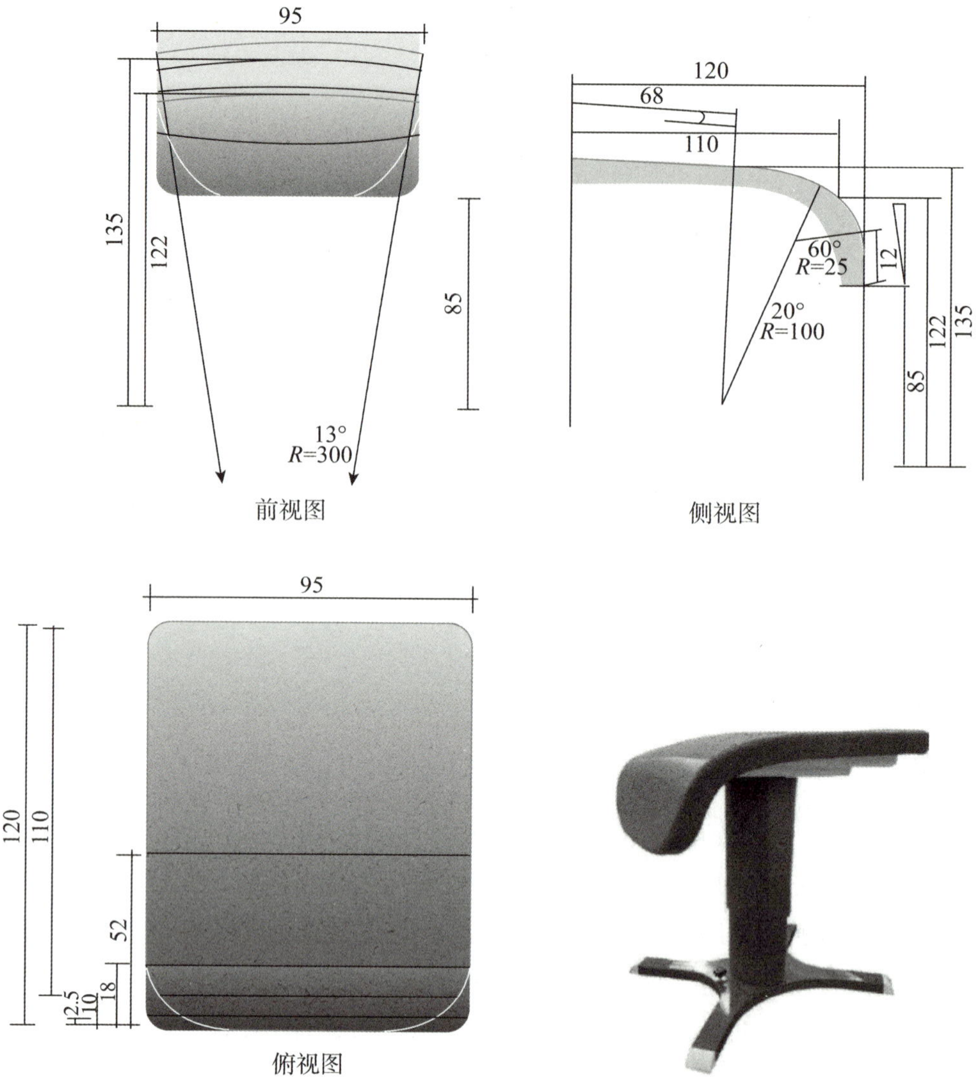

95

135
122
85

13°
R=300

前视图

120
68
110

60°
R=25
12

20°
R=100

85
122
135

侧视图

95

120
110

52

2.5
10
18

俯视图

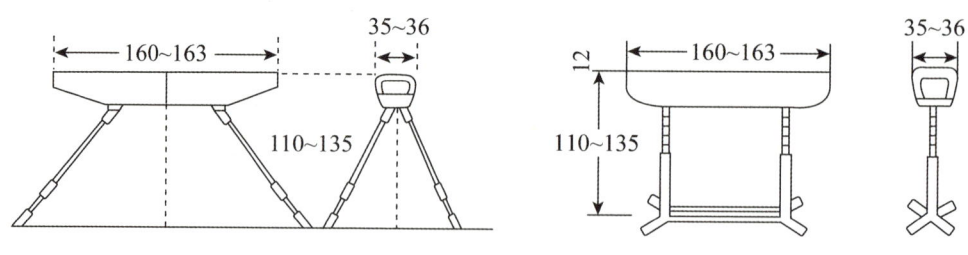

» **附图5** 跳马示意图（单位：厘米）

160~163
35~36
110~135

12
160~163
35~36
110~135

» **附图6** 老式样跳马示意图（单位：厘米）

（五）双杠

双杠由横杠、立柱和底座三部分组成。两根横杠平行，用木料和玻璃钢制成，内插直径为1.0~1.2厘米的弹性钢筋，横切面为椭圆形，下设铸铁或钢铁制底座。其规格如附表5和附图7所示。

附表5 双杠规格

名称	规格/厘米
横杠长度	350
从横杠上端到地面的距离	200
横杠截面长轴直径	5
横杠截面短轴直径	4
两根横杠之间的距离	42~52

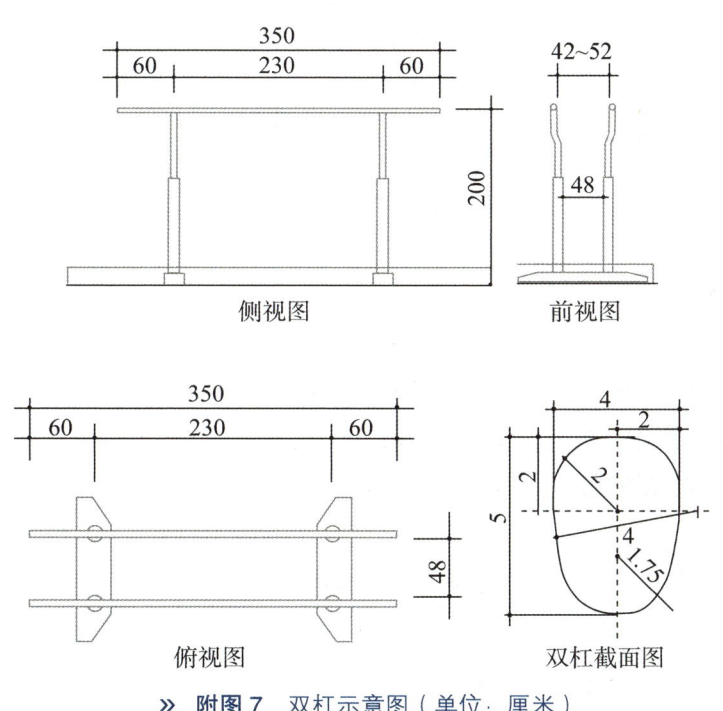

侧视图　　　　　前视图

俯视图　　　　　双杠截面图

» **附图7** 双杠示意图（单位：厘米）

（六）单杠

单杠由横杠、立柱和4根斜拉钢索三部分组成。横杠为有弹性的圆钢，一般用高碳钢、弹簧钢和镍铬钢制成。立柱可以升降，下面有底座，支撑立柱竖立在地面。钢索外有护套包裹，钢索上有调节松紧的装置，4根绳索与地面的4个地钩相连，将单杠拉成直立。其规格如附表6和附图8所示。

附表6　单　杠　规　格

名称	规格 / 厘米
横杠长度	240
横杠直径	2.8
横杠高度（从地面量起）	280

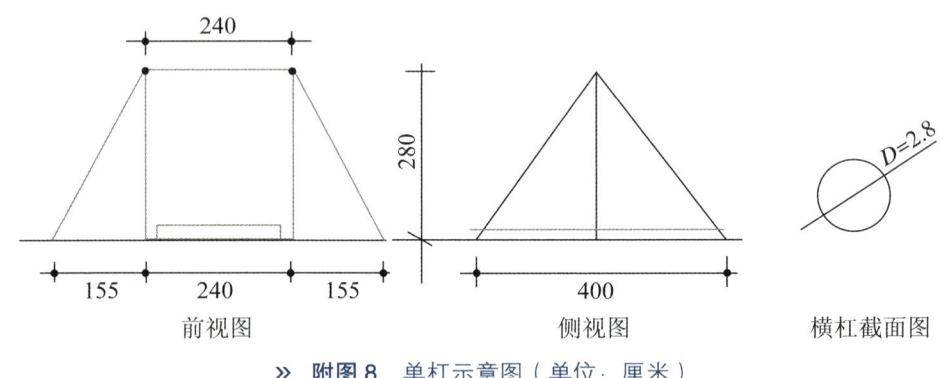

» 附图8　单杠示意图（单位：厘米）

（七）高低杠

高低杠由两根不同高度、平行的横杠、立柱、宽度调节器、底座和钢索组成。横杠为中间带钢筋的木杠或玻璃钢杠，其余部分为铁质材料制成。有8条尼龙钢索拉链，链上有调节松紧的装置。其规格如附表7和附图9所示。

附表7　高低杠规格

名称	规格 / 厘米
高杠高度	255
低杠高度	175
横杠直径	4
横杠长度	240
两横杠之间可调节的直线距离	130~181

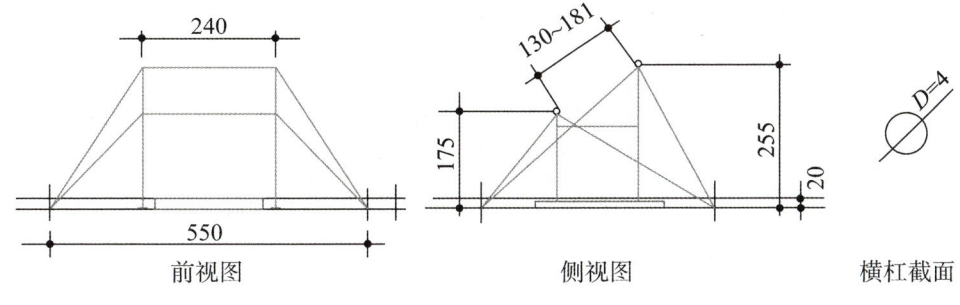

前视图   侧视图   横杠截面

» **附图 9** 高低杠示意图（单位：厘米）

（八）平衡木

平衡木由横木和支架组成。横木由木头或合金制成，上面粘有一层橡胶垫，外面包裹薄毯，不易打滑和磨伤皮肤。支架为金属材料制成，可以调节升降，平稳、不打滑。其规格如附表 8 和附图 10 所示。

附表 8　平衡木规格

名称	规格 / 厘米
横木长	500
横木面（上端）	10
横木高（地面至横木上端）	125
横木厚	16

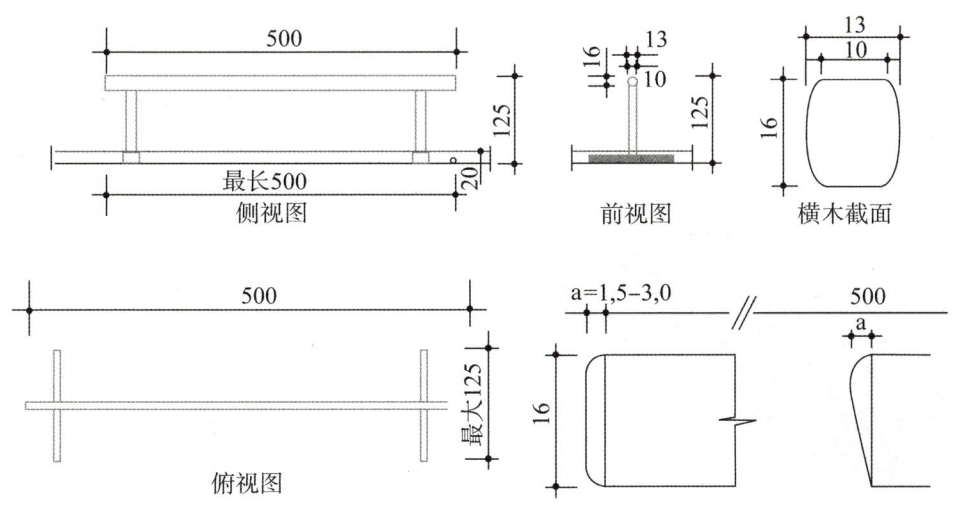

侧视图   前视图   横木截面

俯视图

» **附图 10** 平衡木示意图（单位：厘米）

（九）助跳板

助跳板由上、下两层胶合板、中间位S形或弓形胶合弹板组成，板面铺有1厘米厚的薄海绵和毛毯，使助跳板有弹性、不打滑。新型助跳板上、下层板面之间以弹簧取代了原来的S形板，使助跳板更有弹性。其规格如附表9和附图11所示。

附表9　助跳板规格

名称	规格/厘米
助跳板高	20
助跳板长	120
助跳板宽	60

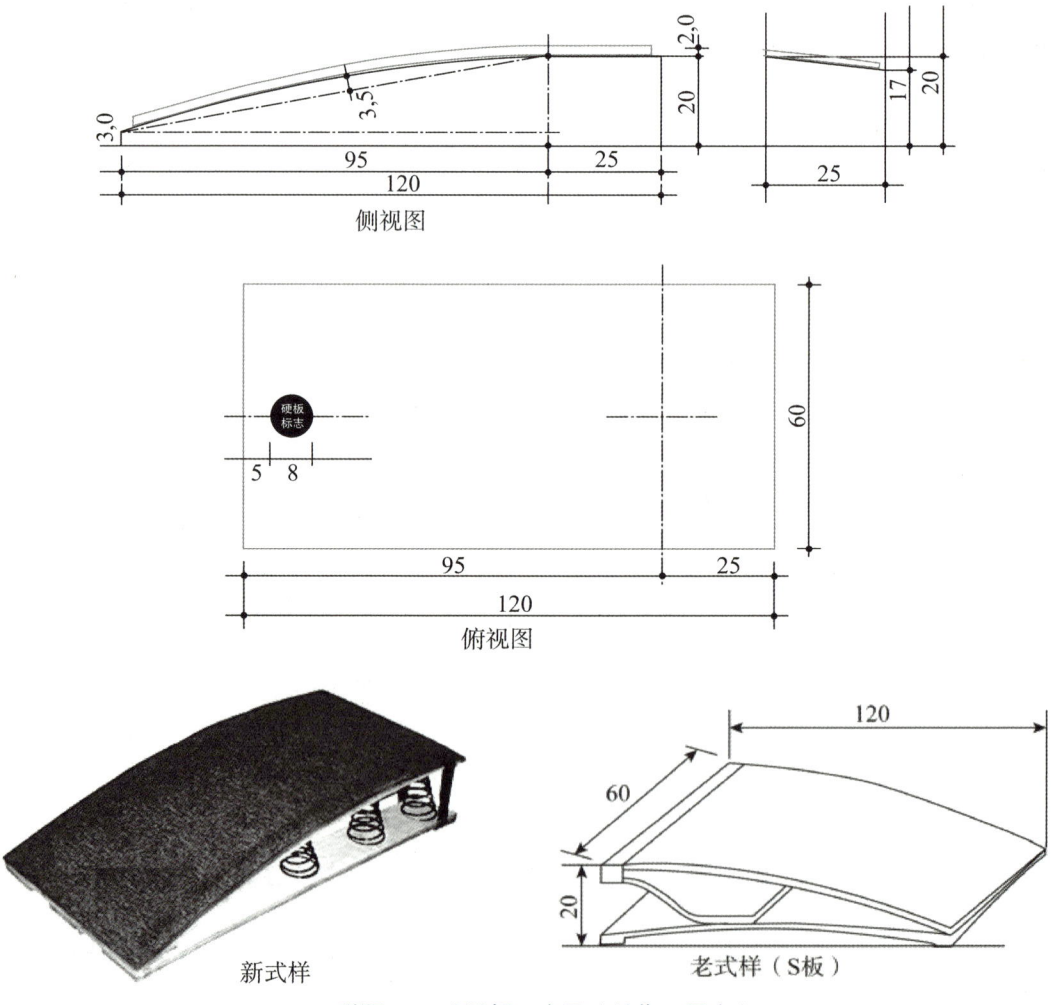

侧视图

俯视图

新式样

老式样（S板）

» **附图11**　助跳板示意图（单位：厘米）

（十）男子体操比赛场地布置（附图12）

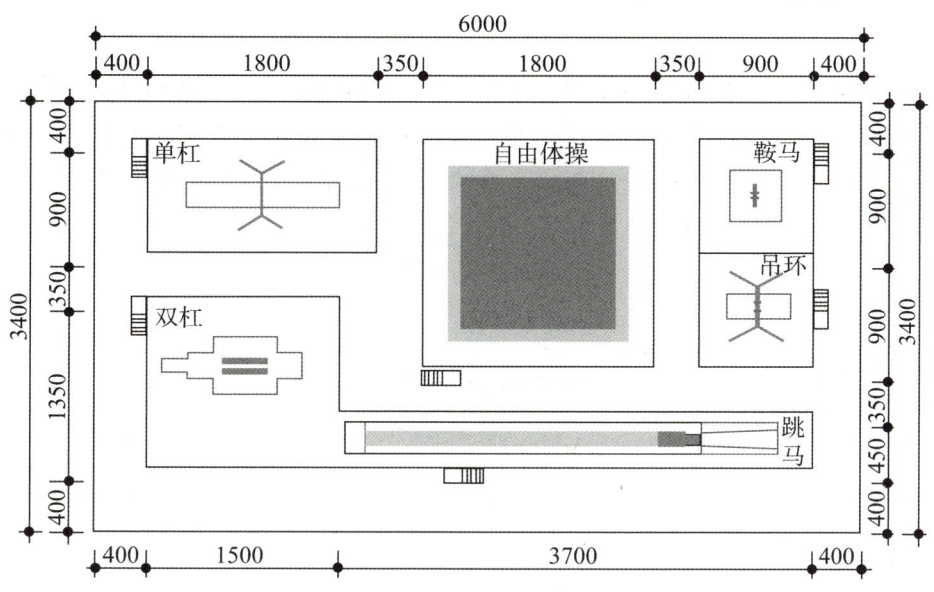

» **附图12** 男子体操比赛场地布置图（单位：厘米）

（十一）女子体操比赛场地布置（附图13）

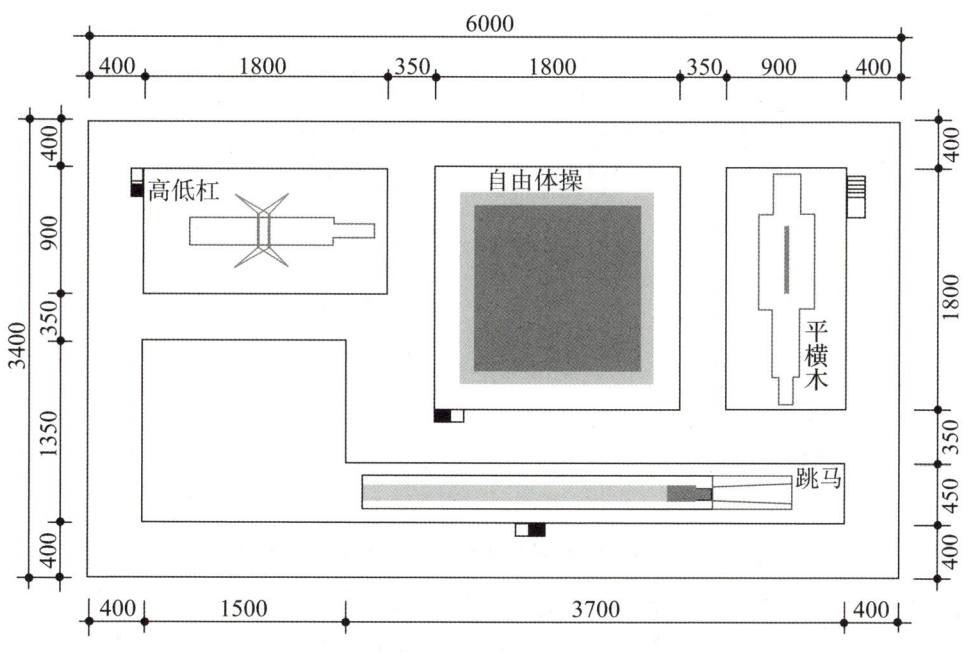

» **附图13** 女子体操比赛场地布置图（单位：厘米）

二、中小学体操器材

（一）山羊

山羊由羊身、羊腿和羊蹄三部分组成。羊身用木板制成，上面和四周用皮革包裹，内填棕、麻、棉或草等材料。羊腿用内、外径相套的两层铁管或结实的木料制成，可升降，升降幅度为 5 厘米。在内层铁管的下端为蹄形铁，提高山羊稳定性，其规格如附表 10 和附图 14 所示。

附表 10 山 羊 规 格

名 称		中学用山羊 / 厘米	小学用山羊 / 厘米
山羊全高	H1	100~130	68~108
山羊头长	L1	50~60	42~46
山羊头宽	B1	36	28
山羊头高	H2	26~33	18~22
立轴升降间距	L2	5	5

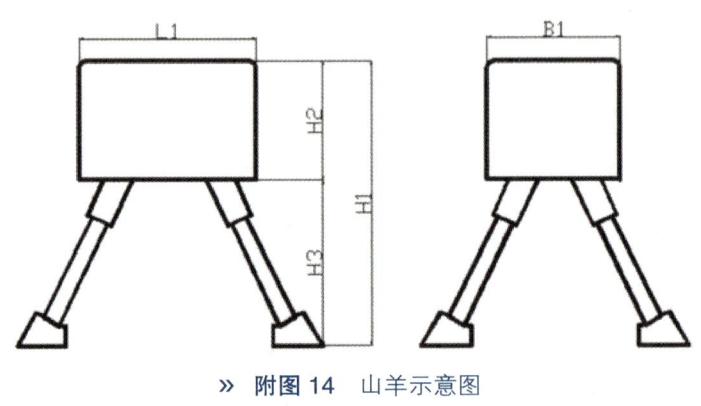

» **附图 14 山羊示意图**

（二）跳箱

跳箱由箱面和箱框组成，箱框用硬木板制作，在箱面上垫以棉絮、棕丝、海绵、麻和草等，并用帆布、皮革等材料包裹钉制成，箱面有一定的软度和弹性，手感舒适。常用的跳箱成梯形，一般为 5~7 层，每层箱框内角上方均有 4 个高出 4~5 厘米的小木柱，以便连接上层框箱。每层箱高约 15 厘米，其规格如附表 11 和附图 15

所示。

附表 11 跳 箱 规 格

名称	规格 / 厘米
箱长 L	120~140
箱高 H1（7 层）	125
箱底层宽 B1	78
箱盖宽 B2	38
箱盖高 H2	35
箱其他层 H3	15

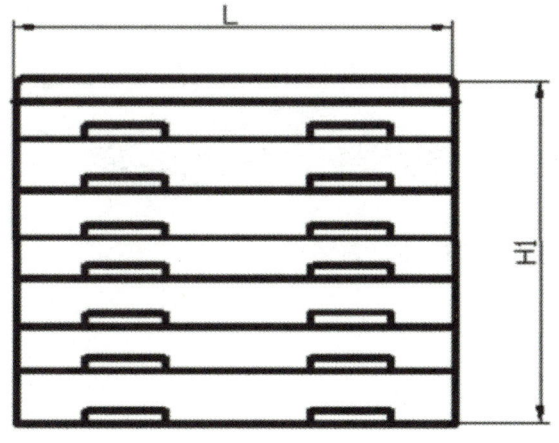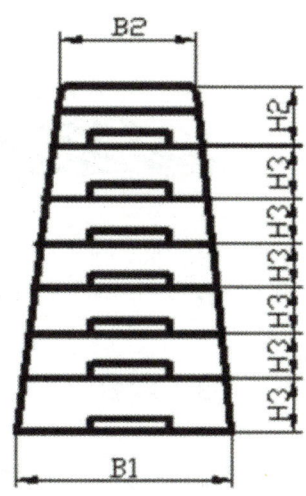

» 附图 15 跳箱示意图

（三）助跳板

助跳板由板面和板架两个部分构成。板面用结实而富有弹性的木板或木条拼钉制成。助跳板分为三种类型：Ⅰ型、Ⅱ型和Ⅲ型。为防止跳板打滑，可在板面上覆盖柔性层和防滑层，其规格如附表 12 和附图 16 所示。

附表 12　助跳板规格

名称	规格 / 厘米
Ⅰ型：长 × 宽 × 高（L×B×H）	76×50.5×17.5
Ⅱ型：长 × 宽 × 高（L×B×H）	90×50×15
Ⅲ型：长 × 宽 × 高（L×B×H）	120×60×20
覆盖层厚度 H1	10～20

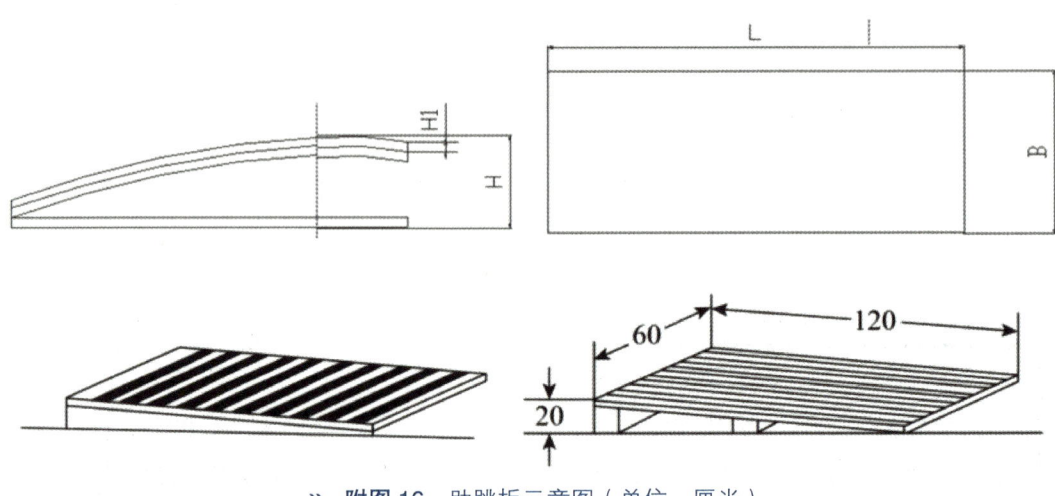

» **附图 16**　助跳板示意图（单位：厘米）

（四）双杠

简易双杠分为移动式和固定式两种。双杠由杠面、立柱和底座三部分组成。杠面制作材料可以是玻璃钢、木质钢筋或其他同等强度性能的材料，立柱和底座的制作材料可以全部用钢管、铁板，也可以用结实坚固的木质材料。移动式双杠的底座用方钢、槽钢等材料制成。固定式双杠的立柱向地下延长至少 100 厘米，在相对的两杠立柱间装上十字交叉结构，埋入地下。埋入地下的立柱涂上柏油，立柱四周用石块和土塞满压实或浇铸水泥来固定，其规格如附表 13 和附图 17 所示。

附表 13　双 杠 规 格

项目	中学用双杠 / 厘米	小学用双杠 / 厘米
杠高 H	130～170	100～130
杠长 L	300～350	270～300

项目	中学用双杠 / 厘米	小学用双杠 / 厘米
杠面断面（卵圆型）	短径 4、长径 5	短径 4、长径 5
两杠内侧距离 S1、S2	41~61	32~52
纵向立轴中心距 L1	200~230	180~200
升降间距	5	5

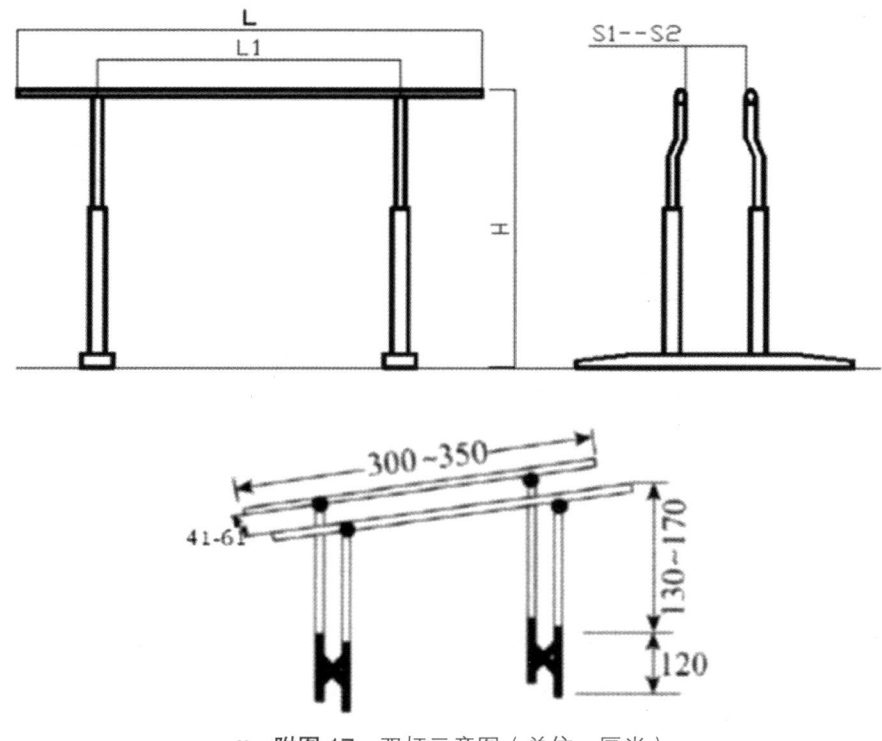

» **附图 17** 双杠示意图（单位：厘米）

（五）单杠

单杠由横杠、立柱和 4 根斜拉钢索三部分组成。横杠为有弹性的圆钢，一般用高碳钢、弹簧钢和镍铬钢制成。立柱可以升降，下面有底座，支撑立柱竖立在地面。4 根钢索与地面的 4 个地钩相连，将单杠拉成直立，其规格如附表 14 和附图 18 所示。

附表14 单杠规格

名 称		中学用单杠规格/厘米	小学用单杠规格/厘米
杠面高度 H		140~240	120~200
两立柱支点中心距 S		200~240	200~240
横杠直径 d		2.8	2.8
立柱升降间距		5	5
地板钩位置	L	550	550
	B	400	400

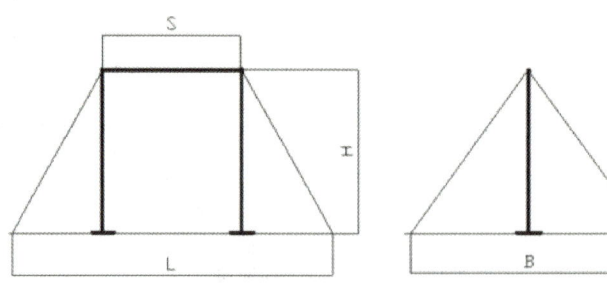

» **附图18** 单杠示意图

简易单杠分铁质和木质两种。铁质可升降式单杠由铁质材料制成，横杠选用直径为2.8厘米的弹簧钢或钢管，横杠两端垂直焊接长为8厘米、内径比立柱外径粗0.2~0.3厘米的钢管。立柱选用直径为4厘米的钢管，立柱上每隔10厘米钻一直径1厘米的小圆孔，安装时将横杠两端的钢管套在立柱上，用插销插入钢管和立柱的小孔中，把横杠固定在一定的位置。木质可升降单杠的立柱采用木质，横杠仍用铁质材料。立柱选用15厘米×15厘米的长方木做材料，在方木内侧作成L形槽孔，并在槽孔内侧装上制作的"铁冷"（由铁片加工而成的定制品）。横杠两端做成小于立柱槽孔0.2厘米的方形，便于连接立柱横孔。底座下面要做成水平交叉的十字木，增大接地面积。把立柱埋入地下。安装木质升降式单杠时，应在杠端与槽孔连接外插入铁片和木块，固定横杠。埋入地下的立柱涂上沥青，以防腐蚀，立柱四周用石块和土塞满压实或浇铸水泥来固定，或用拉纤的形式加强固定（附图19）。

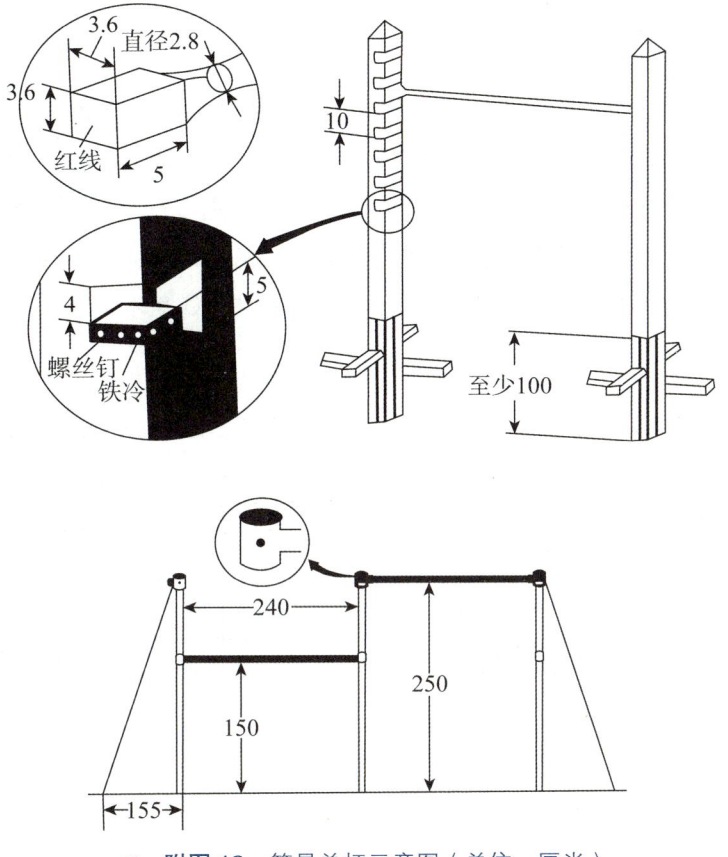

» **附图 19** 简易单杠示意图（单位：厘米）

（六）平衡木

平衡木由横木、立柱、斜撑和底座组成。横木用方木或圆木制成，上、下面为10厘米宽平直面。立柱、斜撑和底座可以用木质材料，也可以用钢材。平衡木长为400~500厘米，宽为10厘米，高为80~120厘米（附图20）。根据教学需要，也可制作高为20~30厘米的低平衡木。低平衡木的制作方法是直接将横木固定在底架上（附图21）。

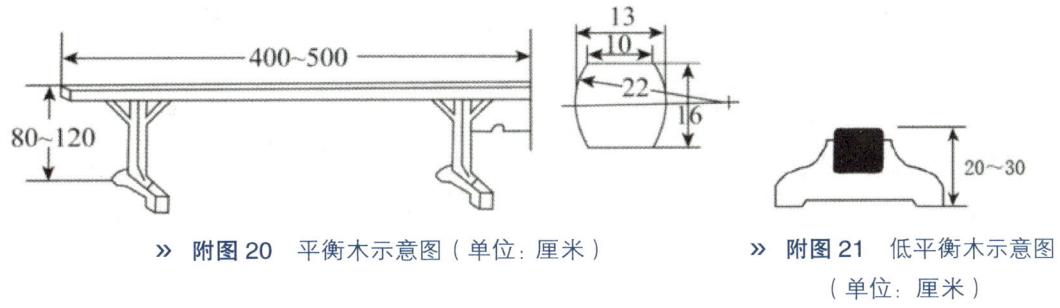

» **附图 20** 平衡木示意图（单位：厘米）

» **附图 21** 低平衡木示意图
（单位：厘米）

（七）弹跳板

弹跳板由底座、支架和面板组成。底座用坚实的木料制作，面板大多用牢固而有弹性的木条拼合，支架有木板和弹簧两种。常见的弹跳板分为大和小两种。大弹跳板面板长为 200 厘米，宽为 50 厘米，厚为 2.5 厘米。由多根 6~8 厘米宽的木条按照一定间距拼合而成。面板的前端钉有防滑橡胶垫。底座做成前大后小的斜形，最宽处约为 80 厘米。小弹板面板长为 125~130 厘米，宽为 40 厘米（附图 22）。

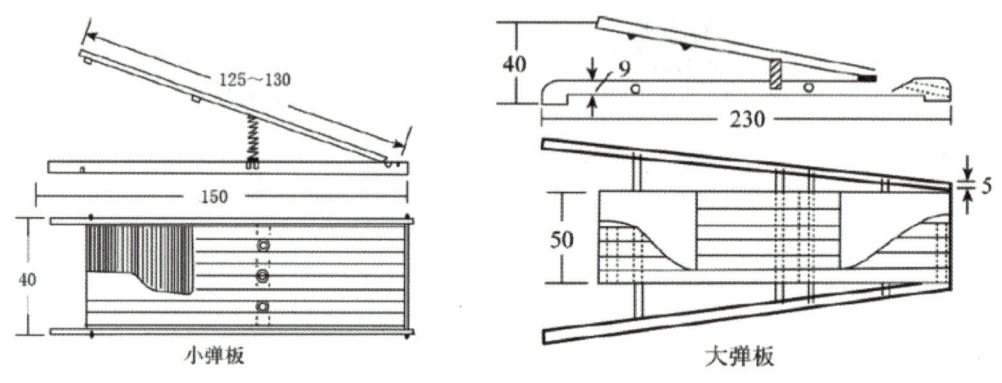

» **附图 22　弹跳板示意图（单位：厘米）**

（八）联合器械

联合器械是将多种体操练习器械联合在一起的体操练习器械，由支架、秋千、爬绳、爬竿、吊环、云梯等组成。支架为铁质，由立柱、横梁和固定拉索组成，横梁长为 880~910 厘米，立柱埋入地下部分至少 100 厘米。各项练习器械悬挂于横梁上（附图 23）。

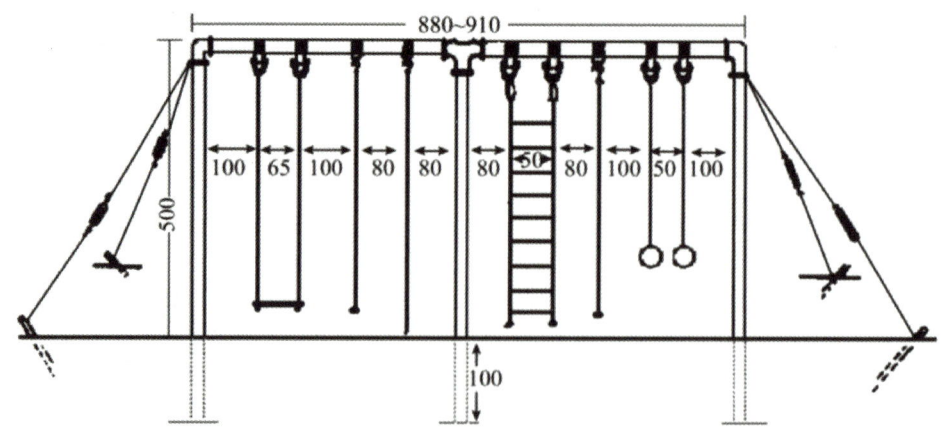

» **附图 23　联合器械示意图（单位：厘米）**

三、健身器械

随着我国经济的发展，科技水平不断提升，人们的生活水平也不断提高。在《"健康中国2030"规划纲要》的指引与推动下，全民健身理念得以深入贯彻落实，大众对健身、健美的需求日益增长，满足人们健身、健美需求的各种各样的健身器械不断被制造出来，成为深受大众欢迎的练习工具。健身器械种类繁多，功能多样，这里仅介绍有代表性的几种健身器械。

（一）跑步机

有单功能机、多功能机，具有占地面积小、摆放灵活、练习方便的特点，主要用于跑步练习。

（二）健骑机

具有占地面积小、摆放灵活、练习方便的特点，主要用于腰腹肌练习。

（三）大风扇车

有多种样式和规格。兼有健骑机、跑步机、自行车的多种锻炼效果。

（四）多功能综合机

多功能综合机主要特点是功能多，综合了各种健身器械的功能，并且适用于各种训练层次的练习者健身。

（五）健身路径器械

用于健身长廊和健身路径安放的练习器械，具有简易、实用、安全、易于维修的特点，能满足大众各层次健身锻炼的需求。

四、体操器材的管理和保养

为了保证体操器材与场地设备能更好地为教学训练服务，管理和使用者必须密切配合，制订出切实可行的管理制度和使用规则，并严格执行。

体操器材多样复杂，性能不一，如有铁制、木制、橡胶制和帆布制等。因此，在管理和保养工作中，应该按照不同的性能分别管理。

（一）铁制器械

如健身器、单杠、双杠、高低杠等应避免与水接触，以防生锈，室外单杠用完后应盖好防护罩，不用的单杠最好涂上滑油，发现存在生锈的地方应及时处理。横杠容易弯曲，在使用时必须拧紧拉链，储存时要平放或直立，经常使用的单杠要及时检查维修。

（二）木制器械

如跳箱、平衡木、双杠、高低杠等器械的木制部分要防潮和防止干裂。室外器械用完后应加盖防护罩，逢雨季最好将横杠拆下放到室内（活动器械可搬入室内）。储存时应注意横杠变形，避免斜放或受重压，最好放在平整而干燥的地方。

（三）包裹皮革的器械

如鞍马、山羊、跳箱的皮革部分及其他橡胶和皮制器械应防潮或防干裂，不要靠近暖气或暴晒，最好常擦保革油。橡胶制的器材要防止与油污接触，以免起化学反应。

（四）垫子与地毯

垫子和地毯除须防潮外，储存时还应防止虫蛀与重压，为了保证有一定弹性，应经常打扫（地毯可用吸尘器吸除尘土）。使用时，禁止沾水或穿普通鞋子踩踏。

（五）跳板

跳板的保养除须防止日晒雨淋外，使用时要避免多人同时踏板，以免损坏弹性。存放时，应将跳板侧向立起，防止重压。

主要参考文献

[1] 体操教材编写组. 体操 [M]. 北京：高等教育出版社，1987.

[2] 柳光植，李德孝. 体操 [M]. 北京：高等教育出版社，1995.

[3] 黄燊. 体操 [M]. 3 版. 北京：高等教育出版社，2000.

[4] 梁慈民，陈俊钦. 体操 [M]. 北京：高等教育出版社，2001.

[5] 童昭岗. 体操 [M]. 北京：高等教育出版社，2005.

[6] 童昭岗. 体操 [M]. 2 版. 北京：高等教育出版社，2010.

[7] 张涵劲. 体操 [M]. 3 版. 北京：高等教育出版社，2015.

[8] 李育林，李亚楠. 啦啦操运动 [M]. 北京：高等教育出版社，2021.

[9] 张涵劲，江芸，郑鸿，等. 秩序感的教育价值与队列教学的实验研究 [J]. 体育科学研究，2001，5（3）：59-61.

[10] 张涵劲. 竞技体操运动的美感形态与审美态势取向研究 [J]. 福建体育科技，2001，20（5）：11-14.

[11] 吕博. 对竞技体操的美学特征及应用的研究 [D]. 北京：北京体育大学，2018.

[12] 张涵劲，朱昌义，陈俊钦，等. 我国普通高校体育教育专业体操课程内容设置的基本价值取向研究 [J]. 北京体育大学学报，2002，25（2）：251-253.

[13] 李文记. 浅析男女竞技体操的不同审美风格 [J]. 山东师范大学学报（自然科学版），2002，17（4）：113-115.

[14] 曲建春. 竞技体操项目特点与体能训练特征分析 [J]. 山东体育科技，2016，38（2）：44-46.

读者意见反馈

为收集对教材的意见建议，进一步完善教材编写并做好服务工作，读者可将对本教材的意见建议通过如下渠道反馈至我社。

咨询电话　400-810-0598

反馈邮箱　gjdzfwb@pub.hep.cn

通信地址　北京市朝阳区惠新东街4号富盛大厦1座
　　　　　高等教育出版社总编辑办公室

邮政编码　100029

防伪查询说明

用户购书后刮开封底防伪涂层，使用手机微信等软件扫描二维码，会跳转至防伪查询网页，获得所购图书详细信息。

防伪客服电话 （010）58582300